Verantwortung

Waxmann Verlag GmbH
Steinfurter Straße 555, 48159 Münster
info@waxmann.com

University – Society – Industry

Beiträge zum lebensbegleitenden
Lernen und Wissenstransfer

herausgegeben vom
Postgraduate Center der Universität Wien

Band 3

Waxmann 2014
Münster • New York

Nino Tomaschek, Andreas Streinzer (Hrsg.)

Verantwortung

Über das Handeln in einer komplexen Welt

Waxmann 2014
Münster • New York

Bibliografische Informationen der Deutschen Nationalbibliothek
Die Deutsche Nationalbibliothek verzeichnet diese Publikation in der
Deutschen Nationalbibliografie; detaillierte bibliografische Daten sind im
Internet über http://dnb.d-nb.de abrufbar.

University Society Industry, Band 3

ISSN 2194-9530
Print-ISBN   978-3-8309-3163-8
E-Book-ISBN 978-3-8309-8163-3

© Waxmann Verlag GmbH, 2014
www.waxmann.com
info@waxmann.com

Umschlaggestaltung: Anne Breitenbach, Münster
Umschlagbild: inkje – Photocase.de
Lektorat: Marisa Tasser, Wien
Satz: Stoddart Satz- und Layoutservice, Münster

Gedruckt auf alterungsbeständigem Papier,
säurefrei gemäß ISO 9706

Inhalt

III. (Eigen-)Verantwortungsübernahme durch Unternehmen

Vorwort

Andreas Streinzer und Nino Tomaschek

Das dritte Jahr von University Meets Industry vereinte unter dem Jahresthema „Eigenverantwortung" eine Vielzahl an Aktivitäten mit dem Ziel, PraktikerInnen, ForscherInnen, StudentInnen und anderweitig Interessierte zusammenzubringen, um gegenseitiges Lernen und eine Erweiterung von Perspektiven zu erwirken. Im Kern ist University Meets Industry ein Forum für lebensbegleitendes Lernen. Das Postgraduate Center der Universität Wien versteht sich in diesem Projekt als Drehscheibe für verschiedene Formen der Weiterbildung, da wir der Überzeugung sind, dass gegenseitiges Verständnis und Lernen ein wichtiges Element für die Zukunftsfähigkeit unserer Gesellschaften sind.

Eine besondere Ehre war es deshalb, von der Österreichischen UNESCO-Kommission als „Dekadenprojekt Bildung für nachhaltige Entwicklung" ausgezeichnet zu werden.

> Bildung für nachhaltige Entwicklung stellt eine umfassende zukunftsfähige Ausrichtung der Bildung dar und ist daher nicht als zusätzliches, ergänzendes Segment der bestehenden Bildungslandschaft anzusehen. Wesentlich ist, bereits angewandte pädagogische Prinzipien wie Interdisziplinarität, Wertorientiertheit, kulturelle Sensibilität, Problemlösungsorientiertheit, methodische Vielfalt, Partizipation und lokale Relevanz weiterzuentwickeln und weiter zu verbreiten. (UNESCO, 2014)[1]

University Meets Industry wird durch die großzügige Förderung des Bundesministeriums für Wissenschaft, Forschung und Wirtschaft, der Industriellenvereinigung Wien sowie der Wirtschaftskammer Wien möglich gemacht.

Wir danken allen an dem außergewöhnlichen Projektjahr Beteiligten: den WorkshopleiterInnen Birgit Sauer, Johanna Hofbauer, Hermann Frank, Alexander Keßler, Christiane Spiel und Vera Popper. Paul Tolchinsky für die Kooperation mit dem European Organisation Design Forum. Roman Pfefferle, Nadja Schmidt und Karl Grammer für die außerordentliche uniMind-Lecture zum CADDY-Projekt. Den Vortragenden der Ringvorlesung: Bernhard Hadolt, Bettina Steinbrugger, Manfred Zottl, Christian Korunka, Hans-Peter Hutter, Peter Lewisch, Anja Christanell, Karl-Michael Brunner, Sighard Neckel, Ulrike Felt und Ulrich Brand. Für die Publikation allen AutorInnen, dem Waxmann Verlag und im Speziellen Julia Fuchs und für das großartige Lektorat Marisa Tasser.

---

1   Verfügbar unter: http://www.unesco.at/bildung/nachhaltigkeit.htm [11.07.2014].

(Eigen-)Verantwortung:
über das Handeln in einer komplexen Welt

Andreas Streinzer und Nino Tomaschek

Universitäten sind Denkstätten der Gesellschaft und Orte intensiver Auseinander-setzung mit Begriffen, Konzepten und Trends von Gegenwartsgesellschaften. Das „University Meets Industry"-Projekt am Postgraduate Center der Universität Wien ist ein Teil dieser Aufgabe und organisiert Workshops und Lectures für Interessierte, ForscherInnen und ExpertInnen aus der Praxis, um eine solch intensive Auseinandersetzung voranzubringen.

„Eigenverantwortung" lautete das Jahresthema des dritten Projektjahres 2014. Als zentrales Konzept von Gegenwartsgesellschaften ist Eigenverantwortung in vie-ler Munde. Manche sollen eigenverantwortlich für ihre Gesundheit handeln, ande-re sollen auch als Angestellte wie UnternehmerInnen agieren, wieder andere sol-len sich als KonsumentInnen eigenverantwortlich verhalten und somit den Planeten vor dem Untergang retten. Wenn Individuen ihre Handlungen ungenügend an diese Forderungen anpassen, werden sie mit der Forderung nach mehr Eigenverantwortung konfrontiert. Eigenverantwortung ist also einerseits ein normativer Begriff, hin-ter dem Vorstellungen über die Richtigkeit von Handeln stecken. Andererseits wird der Begriff meist in einer neoklassisch-neoliberalen Denkschule verwendet, die das Individuum als das Maß der Dinge in der Betrachtung von Gesellschaft versteht.

Wird jedoch gefordert, dass jemand Eigenverantwortung übernehmen soll, ist dies immer auch eine relationale Forderung, also eine, die sich auf andere bezieht. Eine starke Raucherin etwa sollte das Rauchen aufgeben, da sie ein Kostenelement im Gesundheitssystem ist. Ein Konsument, der sich gegen eine nachhaltige Auswahl entscheidet, handelt zu wenig im Interesse der Gemeinschaft.

Für die vorliegende Publikation und das dritte Projektjahr haben wir uns ent-schlossen, den Begriff weiter zu denken und in ein Spannungsverhältnis mit der „gro-ßen Schwester" Verantwortung zu bringen. Einerseits, um die Frage von Übernahme und Zuschreibung von Verantwortung auf andere Fragen und Themenfelder aus-zuweiten und diese Ebene des Individuums zu verlassen, um Fragen nach der Beziehung zwischen Individuen und einer imaginierten Gemeinschaft zu stellen.

Zum anderen, weil beide Begriffe sich auf die Folgen von Handlungen in ei-ner komplexen Welt beziehen. Die Menschheit ist global vernetzt, und Folgen in ei-nem Teil der Erde können weitreichende Auswirkungen andernorts mit sich bringen. Weiters liegt eine Herausforderung für Wissenschaft und Praxis darin, dass die zu-nehmende Technologisierung unserer Lebenswelten uns vor große Probleme in der Zuordnung von Verantwortung zu Handlungen stellt. Deutlich wurde dies insbe-sondere durch die Folgen der Finanzkrise von 2008, als eine breitere Öffentlichkeit sich bewusst darüber wurde, dass der Großteil des gehandelten Finanzvolumens nicht von HändlerInnen, sondern von automatisierten Formeln und Algorithmen in Nanosekunden über die Erde gejagt wird.

Im Bereich der Umweltfolgen von Handeln stellen sich ebenso große Heraus-forderungen: der dramatische Rückgang der Bevölkerung von bestäubenden Insekten als drohende Erinnerung daran, dass die Menschheit vom Funktionieren von Ökosystemen abhängt. Die lähmende Ignoranz gegenüber höchsten wissenschaftlichen Leistungen im Bereich der Klimawandelforschung. Die neuen Gesteinsformationen aus Plastiglomeraten, die sich aus Sand, Gestein und Plastikmüll in den Ozeanen bilden. Es ist also zeitgerecht und angebracht, große Fragen zu Eigenverantwortung, Verantwortung und den Folgen unseres Handelns in einer komplexen Welt zu stellen.

Wir sind beeindruckt von der Vielfalt und Qualität von Reaktionen, Diskussionen und theoretischen wie praktischen Zugängen zu den Themen des „University Meets Industry"-Jahres. Für diesen dritten Sammelband der Reihe University-Industry-Society freuen wir uns, neun Beiträge veröffentlichen zu dürfen, die zentrale Aspekte der Auseinandersetzung mit den großen Themen dieses Projektjahres abdecken. Dieser Band soll mit dazu beitragen, die wichtige Frage nach einer tiefergehenden Auseinandersetzung mit der Bedeutung von Eigenverantwortung und Verantwortung in unserer Welt zu stellen.

Aus konzeptuellen Gründen ist dieser Band in drei Kapitel unterteilt, um die Beiträge rund um drei Fragen zu gruppieren. Das erste Kapitel stellt wichtige Fragen zur begrifflichen Natur von (Eigen-)Verantwortung und wie diese Begrifflichkeiten auf Handeln anwendbar sind.

In ihrem Beitrag „Der Mensch, ein Trampeltier" entwirft Maria-Sibylla Lotter eine Perspektive auf eine oft vernachlässigte Dimension menschlichen Handelns. In einer Kritik der modernen Betrachtung von Verantwortung zeigt sie auf, wie die Verflechtung von moralischer Verantwortung und Schuldvorwurf aufgebrochen werden kann.

Martin K.W. Schweer und Benjamin Müller verbinden die Betrachtung eines sozialen Feldes mit der Entwicklung einer differentiellen Theorie sozialer Verantwortung. Über das Thema Vielfalt und Diskriminierung anhand des Fallbeispiels Homosexualität und Homonegativität im Sport zeigen sie auf, wie fruchtbar eine differentielle Perspektive auf die Ebenen sozialer Verantwortung ist.

Anja Christanell und Karl-Michael Brunner verbinden eine sozialwissenschaftliche Perspektive sozialer Ungleichheit mit der Frage nach der Eigenverantwortung von KonsumentInnen. Sie zeigen auf, wie eine solche Perspektive produktive neue Fragen über die sozial-ökologische Gesellschaftsgestaltung aufbringt.

Für das zweite Kapitel wurden die Beiträge rund um die Frage, wie Verantwortung, Risiko und Innovation in Organisationen gestaltet werden können oder sollen, gruppiert.

Der Beitrag „Zukunft braucht Eigenverantwortung" von Wolfgang Hesoun beschreibt Eigenverantwortung als Grundlage unternehmerischen Denkens. Über die Messung der Anzahl von Unternehmensneugründungen stellt er die Forderung nach unternehmerischer Erziehung in Schulen und Hochschulen. Anhand mehrerer Beispiele zeigt er auf, wie die Industriellenvereinigung damit „Entrepreneurship" rehabilitieren will.

Stephan A. Jansen und Tim Göbel beschreiben in ihrem Beitrag „Verantwortung für Verantwortungsübernahme" eine Erweiterung der Verantwortungsübernahme von Hochschulen. Als Werkstatt für soziale Innovation beschreiben sie Elemente der Strategie und Implementierung neuer Lernformate an der Zeppelin Universität, deren Ziel eine tiefschürfende Auseinandersetzung der Studierenden mit Verantwortungsfragen ist.

Manfred Zottl zeigt auf, wie „PatientInnensicherheit im Krankenhaus" eine Frage der systematischen Herangehensweise an das Risiko von Fehlern und unerwünschten Ereignissen ist. Sein Beitrag gibt Einblick in die Rolle von Fehlerkulturen, kritischen Checks, Risikoanalysen und die formale Ausdifferenzierung von Rollen in Krankenhäusern.

Im dritten Teil des Bandes wird die Frage nach Verantwortung in und von Unternehmen für Gesellschaft und Umwelt aufgebracht.

Ann-Marie Nienaber, Ansgar Buschmann, Bastian Neyer, Monika Käs und Gerhard Schewe präsentieren neue Studienergebnisse über die Praxis der Nachhaltigkeitsberichterstattung von deutschen Unternehmen. Über die Auswertung der eigenverantwortlichen Kommunikation von Nachhaltigkeitsindikatoren von 2000–2010 zeigen sie Trends in der Berichterstattung auf.

Nikolai Haring zeigt auf, wie Berichterstattungspraktiken sowohl wirtschaftliche Leistung als auch gesellschaftlichen Fortschritt messen können. In seinem Beitrag beschreibt er, wie der „Better Life Index" der OECD neue Chancen zur Übernahme von Eigenverantwortung von Unternehmen und Nationalstaaten eröffnen kann.

In ihrem Beitrag „Corporate Volunteering: Personalentwicklung und -bindung durch Engagement" zeigt Sabine Remdisch, wie die Übernahme von Freiwilligentätigkeiten durch Mitarbeitende eine Möglichkeit für Unternehmen ist, soziales Engagement zu fördern und dabei ihre Reputation zu verbessern.

Wir bedanken uns für die große Bereitschaft der AutorInnen, diesen Sammelband zu unterstützen und möglich zu machen! Aus unserer Sicht ist dieser Band ein substantieller Beitrag zu einer hochaktuellen wissenschaftlichen Diskussion, die aber auch in anderen Feldern geführt wird. Im Sinne des Mottos von University Meets Industry trägt dieser Band dazu bei, eine Denkstätte von Gesellschaft zu sein.

I.

(Eigen-)Verantwortung – Begriffe und Betrachtungsweisen

Der Mensch, ein Trampeltier

Moralische Verantwortung von Schusseln[1]

Maria-Sibylla Lotter

> *„Jede Handlung aber muss frei sein von Unüberlegtheit und Nachlässigkeit und nichts tun, wofür man nicht einen einleuchtenden Grund angeben könnte."* (Cicero, *De officiis*, Buch I, § 100)

Moralische Verantwortung tragen wir nach verbreiteter Ansicht nur für Dinge, die auch in unserer Macht stehen, worunter man ungefähr versteht, dass der Handelnde weiß, was er tut, warum er es tut, und sich frei dafür entschieden hat. Es gibt jedoch einen nicht gerade kleinen Bereich menschlichen Verhaltens – Ungeschicklichkeiten, Unaufmerksamkeiten, Dämlichkeiten, kurz: das ganze immense Ausmaß unserer Schusseligkeit – das davon nicht erfasst wird. Vielleicht ist es sogar der Normalfall, dass wir nicht ganz bei uns sind. Sind wir nicht immer mehr oder weniger schusselig, ungeschickt, geistesabwesend, unaufmerksam oder inkompetent bei dem, was wir gerade tun – oder auch lassen? Auch wenn Cicero wenig von solchen menschlichen Schwächen hält – Menschen scheinen wie dafür gemacht, einander durch Schusseligkeit, Ungeschicklichkeit oder Unüberlegtheit in die Quere zu kommen. Ungeschickte Körperbewegungen, Kurzschlusshandlungen, Naivität und unüberlegte Bemerkungen erzeugen aber nicht nur Ärger im Alltagsleben, sondern sind auch moralisch relevant – sie lösen moralische Vorwürfe und Anklagen aus, ziehen Verpflichtungen nach sich etc. Das wirft die Frage auf, wer in welchem Sinne dafür verantwortlich ist.

Im Alltagsleben scheint zumindest dies klar: An den Schussel, nicht etwa an sein Opfer, richten sich Vorwürfe und Anklagen; von diesem wenig kontrollierten Wesen, nicht etwa von dem Opfer seiner Tölpelhaftigkeit, wird eine Entschuldigung erwartet, auch wenn es wesentlich mehr Kontrolle über sein Tun und Lassen bewiesen hat als der Schussel. Nur: Wie ist das mit unserem Verständnis von moralischer Verantwortung zu vereinbaren? Wie wäre moralische Verantwortung von Schusseln zu verstehen?

Werfen wir zunächst einen Blick auf ein antikes Modell, denn während die moderne Philosophie es als einen intellektuellen und moralischen Fortschritt in der Geschichte der Menschheitsentwicklung betrachtet hat, Menschen Verantwortung für Handlungen und ihre Wirkungen abzusprechen, die ihnen nicht bewusst waren und daher auch nicht ihrer Kontrolle unterlagen, scheinen die homerischen Griechen damit kein gleichartiges Problem gehabt zu haben. Zwar verfügen die kriegerischen Helden Homers über erstaunliche physische Koordinationsfähigkeiten, ihre physischen Kollisionen sind in der Regel gewollt, auf geistiger Ebene weisen sie aber gleichzeitig ein erstaunliches Maß an Schusseligkeit, geistiger Abwesenheit und Dämlichkeit auf. Auch Homer wollte dies offenbar nicht als menschlichen Normalfall verstanden wissen – jedenfalls lässt er seinen Helden viel Raum für ge-

---

1   Die folgenden Überlegungen sind ausführlicher dargestellt in: Lotter, M.-S. (2012). *Schuld, Scham, Verantwortung. Über die kulturellen Grundlagen der Moral*. Berlin: Suhrkamp.

sichtswahrende Ausreden. Lässt ein homerischer Heerführer wie Agamemnon auf eine eklatante Weise Urteilskraft und Selbstkontrolle vermissen, wie bei seinem Übergriff auf eine Frau, die zur Kriegsbeute des Achilleus gehörte, dann kann er zur Entschuldigung anführen, dass ihn kein Geringerer als ein Gott betört haben muss.

Das hat gelegentlich Interpreten zu dem Schluss verleitet, in der Welt Homers trügen die Menschen keine Verantwortung für ihre Handlungen.[2] Wenn man die Aufmerksamkeit auf die zwischenmenschlichen moralischen Reaktionen richtet, so wie sie bei Homer dargestellt werden, zeigt sich jedoch, dass die homerischen Helden mit moralischen Gefühlen aufeinander reagieren, die uns durchaus vertraut sind: Sie werden wütend und entwickeln nachhaltigen Groll, bringen Vorwürfe vor oder drücken Hochschätzung und Dankbarkeit aus – Gefühle, die untrennbar von der wechselseitigen Wahrnehmung als moralisch zurechnungsfähige Personen sind. Die Vorstellung, Homer führe Menschen vor, die sich nicht als verantwortliche Handelnde verstehen, ist nur dann plausibel, wenn wir einen anderen – moderneren – Begriff moralischer Verantwortung unterstellen. Das wäre jedoch wenig sinnvoll, denn umgekehrt kann uns Homer dabei helfen, eine Dimension moralischer Verantwortung, die ich moralische Haftung nennen möchte, von einem modernen Modell moralischer Verantwortung zu unterscheiden, das Selbstkontrolle voraussetzt und mit einem tiefer gehenden Schuldvorwurf verbunden ist.

Typisch ist die Passage, in der Agamemnon zu seinem folgenreichen Fehlverhalten Stellung nimmt. Agamemnon bezieht sich hier ausdrücklich auf die Vorwürfe, die er sich seitdem immer wieder hatte anhören müssen:

> Oftmals haben dasselbe mir bereits gesagt die Achaier
> und mich gescholten darum;
> doch ich bin sicher nicht schuldig,
> sondern das Schicksal und Zeus und Erinys, die wandelt im Dunkel,
> welche das Herz mir im Rat erfüllten mit arger Betörung,
> jenes Tags, als ich selbst dem Achill entwand seine Gabe.
> Aber was konnte ich tun? Vollbrachte doch alles die Gottheit […].
> (Homer, zitiert nach Voss, 1957, S. 339)

Agamemnon behauptet also, er sei eigentlich nicht schuld (*aitios*) an seinem damaligen Verhalten, weil ihn Zeus und Erinys damals „betört", das heißt in einen Zustand der geistigen Unzurechnungsfähigkeit versetzt hätten (der von ihm verwendete Ausdruck *aitios* bedeutet sowohl „ursächlich", als auch „schuldig" im Sinne von tadelbar[3]). Agamemnon bedient sich also einer anerkannten Form von Ausrede, um sich dem Tadel zu entziehen. Der Gebrauch solcher Ausreden sollte nicht zu der Annahme verleiten, der „homerische Mensch" kenne keine Verantwortung für sein Handeln. Schließlich sind Ausreden überhaupt nur dort möglich und sinnvoll, wo Menschen sich für ihr Tun und Lassen verantworten müssen. Sie legen dar,

---

2   Zu der Einschätzung, dass in der archaischen Antike Handlungen als „von außen" verursacht gedacht wurden, und nicht durch die Person selbst, vgl. insbesondere Bruno Snells einflussreiche Studie *Die Entdeckung des Geistes. Studien zur Entstehung des europäischen Denkens bei den Griechen.* (Snell, 1986, S. 10, 28, 34) Vgl. jedoch die Kritik an diesen Einschätzungen bei Williams (1993, S. 5, 171), dem die Forschung sich heute weitgehend anschließt.

3   Hier folge ich Williams, (1993, S. 51).

warum aus speziellen Gründen, die das Besondere der Situation ausmachen, ein Schuldvorwurf ungerecht wäre; insofern sind sie „kein Unfall, sondern struktureller Teil der Verantwortung". (Breithaupt, 2012, S. 9)

Worin besteht hier die Verantwortung? Während Agamemnon moralische Schuld von sich weist, bekennt er sich durch sein anschließendes Handeln in einem anderen Sinne durchaus verantwortlich für die Folgen seines vergangenen Fehlverhaltens. Er erklärt sich nämlich uneingeschränkt bereit, alles in seiner Macht Stehende zu tun, um den Schaden wieder gutzumachen, was in diesem Fall bedeutet, Achilleus die Sklavin Briseis zurückzugeben, mit zusätzlichen aufwändigen Versöhnungsgeschenken. Damit erkennt er an, dass er aufgrund seines törichten Verhaltens – auch wenn er die Torheit auf externe Ursachen zurückführt – verantwortlich für die materielle und soziale Wiedergutmachung der angerichteten Verletzungen geworden ist.

Handelt es sich hier um so etwas wie eine rechtliche Haftung, also um etwas ganz anderes als „moralische" Verantwortung? Nein und ja. Die Akzeptanz der Wiedergutmachungspflicht ist keine im engeren Sinne rechtliche. Das bedeutet, sie ergibt sich nicht aus einem Rechtscode, der vorschreibt, was in bestimmten Fällen zu tun ist, sondern aus ethisch-moralischen Anliegen des guten Lebens und der Gerechtigkeit. Andererseits handelt es sich offenkundig nicht um die Art von moralischer Schuldzuschreibung, die das moderne Verständnis moralischer Verantwortung prägt. Thomas Nagel hat dieses moderne Verständnis folgendermaßen formuliert:

> Wenn wir jemandem seine Handlungen vorwerfen, dann sagen wir nicht nur, es sei schlecht, dass sie passiert sind oder es sei schlecht, dass es ihn gibt. Wir verurteilen ihn. Wir sagen: er ist schlecht. Und das bedeutet etwas anderes, als dass er ein schlechtes Ding sei. (Nagel, 1979a, S. 25)

Diese Form moralischer Beurteilung verbindet nicht nur die Bewertung der Handlung mit ihrer Zuschreibung zu einem Handlungsträger, der dadurch verantwortlich für die Folgen wird; sie bewertet auf einer tieferen Ebene auch den Handlungsträger. Dies ist nur möglich nach dem Prinzip der Kontrolle: Wenn wir davon ausgehen, dass das, was geschah, der vollen Kontrolle des Handelnden unterlag, dann lässt der moralische Wert der Handlung auch Rückschlüsse auf den moralischen Wert der Person zu. Wenn wir dies in Anlehnung an Susan Wolf als tiefe moralische Verantwortung bezeichnen – eine Verantwortung, die in der Tiefe des moralischen Charakters wurzelt (Wolf, 1990, S. 15) –, können wir sie von einem Typ flacher moralischer Verantwortung oder moralischer Haftung unterscheiden. Moralische Haftung hat mit tiefer moralischer Verantwortung die Gemeinsamkeit, dass sie auf der Bewertung einer Handlung und ihrer Zuschreibung zu einem Handelnden beruht; sie unterscheidet sich jedoch insoweit, als die Handlung dem Handelnden nur kausal oder aufgrund einer sozialen Rolle zugerechnet wird, ohne notwendig Kontrolle zu unterstellen.

Moralische Haftbarkeit ist vom Schuldvorwurf unabhängig und kann ohne ihn vorkommen, sie kann ihn aber auch ergänzen. Sie bedeutet eine moralische Verpflichtung zur Linderung oder Heilung von sozialen Verletzungen, für die man kausal oder aufgrund einer sozialen Rolle verantwortlich ist – unabhängig davon, ob man die entsprechende Handlung wohl bewusst und bei klarem Verstand oder aus Schusseligkeit begangen hat.

Moralische Haftbarkeit ergibt sich aus der Rollenverantwortung oder kausalen Verantwortung für die Verletzung oder Schädigung anderer als Pflicht zur Reparation. Ein solcher Fall kann beispielsweise vorliegen, wenn wir die Verletzung nicht vermeiden konnten oder nur um den Preis eines größeren Übels hätten vermeiden können. Wenn jemand vor einem lebensgefährlichen Schneesturm flüchtet und in eine Berghütte einbricht, dort die Nahrungsmittel verzehrt und die Möbel als Feuerholz verheizt, würden wir ihm keinen moralischen Vorwurf machen, weil die Rettung eines Menschenlebens uns *wichtiger* erscheint als der Schutz des Eigentums. Gleichwohl würden wir aus der kausalen Verantwortlichkeit des Einbrechers gewöhnlich auch die moralische (nicht nur die rechtliche) Pflicht herleiten, die Besitzerin der Hütte nach der Rettung zu entschädigen. (Cane, 2002, S. 107) Das heißt, auch wenn der Einbruch selbst nicht zu tadeln ist, leitet sich daraus eine Verpflichtung ab, deren Nichterfüllung durchaus zu tadeln wäre.

In welcher Form eine Person moralisch haftbar ist, hängt im heutigen Leben nicht anders als im archaischen von den jeweils betroffenen sozialen Beziehungen ab. Hier handelt es sich weniger um festgelegte Pflichten, die sich auf allgemeine Handlungstypen beziehen. Oft ergibt sich die moralische Haftbarkeit erst aus der individuellen Eigenart der Betroffenen und ihrer individuellen Geschichte. Ein plastisches Beispiel bietet der Umgang mit Schusseligkeiten unter Arbeitskollegen, Freunden oder Verwandten, die verletzte Gefühle zur Folge haben.

Ein Beispiel: Tabea hat auf der Fahrt zu einer Familienfeier spontan eine sympathische Zufallsbekanntschaft eingeladen, sie zu begleiten. Das erweist sich als keine gute Idee – der in nüchterner Verfassung sympathisch und kultiviert wirkende Unbekannte, von dem sie dachte, dass er ihrer Mutter sehr gefallen würde, betrinkt sich und wird ausfällig. Tabeas Geschwister machen sich nichts daraus, und auch ihr Vater, der familiäre Harmonie ohnehin nicht leiden kann, ist eher amüsiert über den unkontrollierbaren Gast. Ihre Mutter jedoch ist schockiert und tief betrübt, und ihr Onkel, der mit Unbehagen ein früheres Gespräch mit Tabea über lästige Familienfeiern erinnert, fragt sich, ob sie das nicht absichtlich arrangiert hat, um sich über ihre Mutter und ihn lustig zu machen.

Nehmen wir einmal an, dass Tabea an diesen Missstimmungen und Missverständnissen nicht moralisch „schuld" ist. Spontaneinladungen sind in ihrer Familie nicht ganz unüblich, und sie hatte keine Provokation geplant. Allenfalls wäre ihr Fahrlässigkeit vorwerfbar – mangelnde Vorsicht bei der Auswahl des Gastes. Es hatte jedoch nichts gegen die Annahme gesprochen, ihre neue Bekanntschaft sei eine angenehme, familientaugliche Gesellschaft. Irren ist menschlich. Trotzdem wären gewisse Familienmitglieder zu Recht verärgert, würde sie jetzt mit den Achseln zucken und die Sache nicht als ihr Problem betrachten. Allein aus ihrer kausalen Verantwortlichkeit und ihrer Rolle in der Familie ergibt sich die Verpflichtung, sich zu bemühen, die entstandenen Probleme zu entschärfen, die Verletzungen wieder zu heilen. In diesem Fall verhält es sich jedoch umgekehrt wie bei der moralischen Schuld: *Die moralischen Verpflichtungen zur Wiedergutmachung entsprechen weniger dem eigenen aktiven Anteil am Geschehen als dem Leidensanteil der davon Betroffenen.* Je nach Art der betroffenen Persönlichkeit können sich daraus unterschiedliche Verpflichtungen ergeben.

Aufgrund der besonderen Verletzbarkeit ihrer Mutter ist Tabea ihr gegenüber auch besonders verpflichtet; und obgleich der Onkel ein mündiger Mann ist, der selbst für seine Gedankengänge verantwortlich ist und hier einen falschen Schluss gezogen hat, schuldet sie ihm eine Klarstellung. Den Geschwistern und dem Vater gegenüber ist sie nicht unbedingt zu einer Entschuldigung verpflichtet, weil sie nicht unter dem Vorkommnis leiden. Gegenüber den Kellnern im Restaurant wiederum ist die ganze Familie moralisch haftbar geworden. Sie alle sind dazu verpflichtet, sich um den betrunkenen Randalierer zu kümmern, der mittlerweile dazu übergegangen ist, die Angestellten zu beschimpfen, und das Problem nicht allein ihnen zu überlassen, denn schließlich haben sie ihn mitgebracht. Für jede dieser Personen ergeben sich aus der spontanen Einladung aufgrund ihrer Zugehörigkeit zu einer sozialen Einheit einerseits, ihrer unterschiedlichen Betroffenheit andererseits, jeweils gewisse Anrechte, aber auch Verpflichtungen auf Wiedergutmachung.

Moralische Haftbarkeit erstreckt sich über das komplexe und dynamische Beziehungsgefüge eines Akteurs im Sozialleben, der auch für Unbeabsichtigtes Verantwortung zu übernehmen hat. Sie ist abhängig von den Perspektiven der jeweils betroffenen Personen. Zwischen moralischer Schuld und moralischer Haftbarkeit ist im wirklichen Sozialleben – und ein anderes haben wir nicht – keine eindeutige Grenze zu ziehen, weil die Kriterien der Freiwilligkeit von Fall zu Fall variieren. Das erleben wir nicht als Willkür, weil wir im Prozess der Sozialisation mit der Kenntnis der Dinge auch Rangordnungen ihrer relativen Wichtigkeit erwerben, mit entsprechend unterschiedlichen Sorgfaltsanforderungen. Es ist vor allem die Bereitschaft, moralische Haftbarkeit zu übernehmen, die uns als Sozialpersonen ausmacht. Wenn wir im Sozialleben nur für das moralisch Verantwortung übernähmen, was in unserer (als individuelles Vermögen verstandenen) Macht steht, dann wäre das Leid, das wir unbeabsichtigt zufügen, das Pech anderer Personen.[4] Die Maßstäbe und Gesichtspunkte, unter denen wir als moralische Personen im Sozialleben wirklich moralische Verantwortung übernehmen, haben wenig mit unseren Ideen von moralischer Schuld gemein.

Ein anderer Fall ist das Bedauern des Handelnden, das sich auf seine kausale, aber nicht intentionale Rolle bezieht. Reaktive moralische Gefühle wie Empörung wären in Fällen von Verletzungen oder Schädigungen unangebracht, die nicht intendiert waren und auch bei größerer Sorgfalt nicht hätten vermieden werden können. Gleichwohl wird ein Lastwagenfahrer, der – unabsichtlich und ohne dass man ihm Nachlässigkeit vorwerfen könnte – ein Kind überfährt, das unerwartet auf die Straße läuft, sich selbst irgendwie für den Vorfall verantwortlich fühlen, aus dem schlichten Grund, dass er ihn verursacht hat. Hier liegt eine auffällige Asymmetrie zwischen der Perspektive der Handelnden selbst und anderen Personen (den Opfern, Zuschauern oder Mitwissern) vor. (Kutz, 2002, S. 558f.)[5] Gleichwohl ist das selbstbezogene Gefühl nicht rein subjektiv, sondern in intersubjektiven normativen Erwartungen verwurzelt. Man erwartet durchaus von dem Täter, dass er die Sache „nicht zu leicht nimmt", dass er aufgrund seiner kausalen Rolle in dem Geschehen ein gewisses Bedauern erkennen lässt. Je nach Art der Gemeinschaft und der sozialen Bekanntschaft – handelt es sich um ein kleines Dorf oder eine anonyme Großstadt? – wird man von ihm auch einen rituellen Ausdruck gegenüber der betroffenen Familie erwarten.

---

4   Vgl. auch den Einwand Margaret Walkers gegen die Verwechslung von moralischen Personen mit noumenalen Handelnden (Walker, 1991, S. 23).

5   Diese Asymmetrie beschreibt Christopher Kutz in: „Responsibility" (Kutz, 2002, S. 558f.).

Das Bedauern, das der Verursacher eines schlimmen Unfalls auch dann fühlt, wenn er ihn nicht hätte vermeiden können, ist allerdings empirisch in den meisten Lebenssituationen schwer von dem Schuldgefühl trennbar, nicht alles getan zu haben, um ihn zu verhindern, denn Situationen, die vom Handelnden *unter gar keinen Umständen* hätten verhindert werden können, sind eher selten. Wir bewegen uns physisch und sozial gewöhnlich nicht mit solcher Vorsicht, dass wir einen vermeidbaren eigenen Anteil an den Verletzungen und Schäden anderer vollständig ausschließen könnten. Meistens hätte die Geschwindigkeit beim Autofahren geringer sein können (auch wenn sie nicht die vorgeschriebene Geschwindigkeitsbegrenzung überschritt), die Aufmerksamkeit größer, ein Umweg, der nicht durch ein Wohngebiet führt, hätte zur Durchfahrt gewählt werden können etc.

Während die moderne Moralphilosophie moralische Verantwortung weitgehend auf das Prinzip der Kontrolle bezieht, wird die Problematik einer schuldfreien moralischen Verantwortung in vielen griechischen Tragödien wie den Ödipus-Dramen von Sophokles aus unterschiedlichen Perspektiven beleuchtet. So weist Ödipus einerseits (in Ödipus auf Kolonnos) die Vorwürfe Kreons scharf zurück, der ihm die Schuld an Vatermord und Inzest gibt und beides mit einem schlechten Charakter in Verbindung bringt. Dass er auf den Thron verzichtet und ins Exil geht, zeigt andererseits, dass er durchaus anerkennt, dass er (wer sonst?) für seine Handlungen und ihre Folgen verantwortlich ist. Beides kann man als Anerkennung moralischer Haftbarkeit und als Ausdruck von Täterbedauern verstehen.[6] Dass die Art, wie Ödipus moralische Haftung übernimmt, in der Moderne oft nur als ein antiquiertes, irritierendes und rückständiges Schuldverständnis wahrgenommen werden konnte,[7] zeigt, wie die gedankliche Weichenstellung, die durch die Konzentration auf moralische Schuld zustande kommt, eine latente Unfähigkeit nach sich zieht, der gewöhnlichen menschlichen Schusseligkeit Rechnung zu tragen.

Literatur

Breithaupt, F. (2012). *Kultur der Ausrede*. Berlin: Suhrkamp.
Büchner, K. (1994). Cicero, M. T. *De officiis/Vom Rechten Handeln*, Buch I, § 100 Darmstadt: Wissenschaftliche Buchgesellschaft.
Cane, P. (2002). *Responsibility in Law and Morality*. Oxford: Hart Publishing.
Coleman, J. & Shapiro, S.J. (2002). *The Oxford Handbook of Jurisprudence and Philosophy of Law*. Oxford: Oxford University Press.

---

6   Andere Elemente kommen hinzu: Das Entsetzen, mit dem Ödipus auf die Entdeckung reagiert, dass er seinen Vater getötet und mit seiner Mutter Kinder gezeugt hat – eine moralische Reaktion, die in seine Selbstblendung mündet –, ist nicht nur ein Ausdruck von Täterbedauern. Es ist eine moralische Reaktion auf einen extremen Tabubruch. Diese moralische Reaktion ist uns heute fremd, nicht jedoch moralische Haftung und Täterbedauern.

7   Andere versuchen, es als Charakterschwäche umzudeuten, was der modernen Vorstellung moralischer Schuld nicht ganz so fern liegt. So erklärt John Kekes die Blendung damit, dass Ödipus einen schweren Defekt in seinem persönlichen Charakter entdeckt habe, der seinem Verhalten zugrunde liegt. Es sei sein persönlicher Charakter, der bei ihm ein Entsetzen auslöst, was zur Blendung führt (vgl. Kekes, 1989, S. 18). Mir scheint diese Deutung weder plausibel mit Blick auf die Darstellung des Ödipus bei Sophokles, der mir nicht (auch nicht in dem von Kekes angesprochenen Sinne) als charakterlich defizient geschildert scheint, noch mit Blick auf das in diesen Tragödien herausgestellte Problem.

Kekes, J. (1989). *Moral Tradition and Individuality*. Princeton: Princeton University Press.

Kutz, C. (2002). Responsibility. In J. Coleman, S.J. Shapiro, *The Oxford Handbook of Jurisprudence and Philosophy of Law* (S. 458–487). Oxford: Oxford University Press.

Lotter, M.-S. (2012). *Schuld, Scham, Verantwortung. Über die kulturellen Grundlagen der Moral*. Berlin: Suhrkamp.

Nagel, T. (1979a). Moral Luck. In T. Nagel (Hrsg.), *Mortal Questions* (S. 24–38). Cambridge: Cambridge University Press.

Nagel, T. (1979b). *Mortal Questions*. Cambridge: Cambridge University Press.

Snell, B. (1986). *Die Entdeckung des Geistes. Studien zur Entstehung des europäischen Denkens bei den Griechen*. Göttingen: Vandenhoeck & Ruprecht.

Voss, J.H. (1957). *Homer. Illias*. Berlin/Darmstadt: Tempel Verlag.

Walker, M.U. (1991). Moral Luck and the Virtues of Impure Agency, *Metaphilosophy, 22*, 23.

Williams, B. (1993). *Shame and Necessity*. Berkeley: University of California Press.

Wolf, S. (1990). *Freedom Within Reason*. Oxford: Oxford University Press.

Facetten individueller und kollektiver Verantwortung im Kontext von Vielfalt und Diskriminierung in unserer Gesellschaft

Das Fallbeispiel „Homosexualität und Homonegativität im Sport"

Martin K.W. Schweer und Benjamin Müller

1. Verantwortung als zentrale psychologische Ressource der Handlungsregulation

Im interdisziplinären Diskurs ist der Verantwortungsbegriff mittlerweile zu einer moral-philosophischen Schlüsselkategorie avanciert und findet als solche Anwendung im Sinne einer adäquaten Lösungsstrategie für zentrale Herausforderungen und Probleme unserer modernen Gesellschaft (Heidbrink, 2007). So fordert bspw. die Politik mehr Eigenverantwortung der Bürger/innen, Unternehmen werden zu sozialer Verantwortung aufgerufen, im Zuge technischer Innovationen wird von Verantwortung seitens Wissenschaft und Technik gesprochen; darüber hinaus wird der Begriff der Verantwortung sogar mit so hochkomplexen und abstrakten Herausforderungen wie Globalisierung, Klimawandel, Wirtschafts- und Finanzkrisen in Verbindung gesetzt (u.a. Heiß, 2010; Lessenich, 2003).

Diese Vielfalt hinsichtlich eines Transfers auf diverse und so divergente gesellschaftliche Phänomene geht allerdings in der Gesamtschau mit einer erheblichen begrifflichen Unschärfe einher, identifizierte Problembereiche werden einerseits im Sinne eines *Mangels an Verantwortung* diskutiert, andererseits wird eben *mehr Bereitschaft zur Verantwortung* als effektive Lösungsstrategie betrachtet. Hierbei bleibt eine hinreichende Konzept- und Kontextualisierung zumeist aus, der Verantwortungsbegriff ist daher in seiner Anwendung auf ein Modewort unserer Zeit beschränkt (Banzhaf, 2002). So führt etwa Luhmann (1997, S. 133) an, dass die „verbreitete Neigung, in dieser Lage >Verantwortung< anzumahnen, […] nur als Verzweiflungsgeste beobachtet werden" kann, und Heidbrink (2003, S. 19) spricht von einem „Symptom der normativen Ratlosigkeit hochkomplexer Gesellschaften". Im wissenschaftlichen Diskurs birgt eine derart unspezifische terminologische Verwendung sicherlich die Gefahr der „Entleerung des Begriffs" (Sombetzki, 2014, S. 16); in ähnlicher Weise wie in den 1960er Jahren mit Blick auf die Erforschung des Vertrauensphänomens lässt sich von daher mit Griffin (1967, S. 104) konstatieren: „The concept is somewhat similar to Mark Twain's notion of the weather: Everybody knows about trust, but few people have studied it."

Sicherlich sind angesichts der Omnipräsenz des Phänomens im sozialen Miteinander (Barthold, 2013) sowie der vielfältigen interdisziplinären Zugänge diverse Schwerpunktsetzungen in der Analyse von Verantwortung unvermeidlich und auch sinnvoll (s. hierzu u.a. Heidbrink, 2007; Krawietz, 2007), hierfür sind jedoch klare paradigmatische Verortungen zwingend erforderlich.

In der (sozial-)psychologischen Auseinandersetzung ist Verantwortung hinsichtlich des empirisch hinreichend fundierten grundlegenden Bedürfnisses des Menschen (und damit eben auch sozialer Systeme) nach *Kontrolle und Sicherheit*

(s. u.a. Grawe, 1998; Grob, Flammer & Neuenschwander, 1992; Sprenger, 2009) ein gewinnbringendes Konstrukt: Je weniger nämlich spezifische Handlungs- und Ereignisfolgen subjektiv steuerbar erscheinen, umso dringlicher werden angemessene Kompensationsstrategien. Wie noch weiter auszuführen sein wird, stellt gerade in modernen Gesellschaften mit ihren vielschichtigen, oftmals wenig durchschaubaren Komponenten die Suche nach Verantwortung (oftmals im Wechselspiel mit der Antizipation resp. der Erfahrung von Vertrauen und Loyalität als zwei weiteren zentralen psychologischen Konstrukten der Handlungsregulation im sozialen Miteinander (s. Schweer, 2013) eine immer wichtiger werdende Möglichkeit der subjektiven Risikominimierung dar, sie macht den Umgang mit einer insofern immer komplexeren Welt handhabbar (s.a. Heidbrink, 2000). Verantwortung wird also gerade in solchen Situationen gefordert, in denen die wahrgenommenen Anforderungen unklar sind, sodass eindeutige Pflichten beteiligter Akteure (sowohl auf individueller als auch kollektiver Ebene) nicht genau definiert und differenziert werden können (Stahl, 2000).

In der Analyse sozialer Verantwortung geht es dementsprechend nicht nur um die Kontrolle über Folgen von Handlungen, sondern zugleich um die Frage, ob und durch wen jene Kontrolle ausgeübt, vor allem aber verantwortet werden kann. Verantwortung beinhaltet dabei also stets eine *moralisch-evaluative Komponente*; diese umfasst nicht allein die bloße Zuschreibung von Fähigkeiten einer Person (im Sinne von Verantwortungsbewusstsein oder -kompetenz), ebenso müssen Positionen und Rollen von Individuen (eingeschlossen Repräsentant/inn/en kollektiver Träger von Verantwortung) innerhalb der Gesellschaft und damit einhergehendes Handeln in die Betrachtung integriert werden (Kaufmann, 1989).

Zudem sind im Spiegel der vorliegenden Forschung nachfolgende Aspekte bei der Analyse sozialer Verantwortung zu berücksichtigen:

a) Verantwortung zeichnet sich durch spezifische Relationselemente aus (bspw. Verantwortungssubjekt, normative Kriterien; s. u.a. Kaufmann, 2004; Lenk, 1992a; Sombetzki, 2014), welche den spezifischen und zu betrachtenden Kontext von Verantwortung charakterisieren.

b) Verantwortung als moralische Dimension (s. etwa Wallace, 1994): Ähnlich der Ausbildung von Moral (u.a. Colby & Kohlberg, 1986; Kohlberg, 1995) muss die Fähigkeit zur Verantwortungsübernahme im Lebenslauf sukzessive entwickelt werden (s. Fischer & Ravizza, 1998).

c) Die Möglichkeit einer Verantwortungsübernahme ist stets an konkrete Bedingungen geknüpft; Verantwortungsfähigkeit gründet sich dabei auf spezifische personale Voraussetzungen und Fertigkeiten (u.a. Moralbewusstsein, Umgang mit Unsicherheit, praktisches Handlungswissen) (u.a. Heidbrink, 2007; Nida-Rümelin, 1998; Stahl, 2000; Zimmerli, 1987).

d) Nur ein autonomes Subjekt verfügt über die erforderliche Handlungsfreiheit für verantwortliches Handeln (u.a. Sombetzki, 2014).

e) Verschiedene Handlungsmodi müssen zur Verfügung stehen (Fischer, 2006), die verbunden sind mit einem Folgenbewusstsein für erfolgte resp. etwaige künftige Handlungen (Birnbacher, 2003).

f) Je geringer in einem spezifischen Kontext das Ausmaß individueller bzw. kollektiver Kontrolle ist, desto geringer ist die jeweilige Handlungsfähigkeit und somit auch das Maß an Verantwortung, das prinzipiell eingefordert werden kann (Pauen, 2008).

g) Die Einforderung bzw. Zuschreibung von Verantwortung erfolgt sodann sowohl retrospektiv für Vergangenes als auch prospektiv für Zukünftiges.

Insgesamt fällt die Zuschreibung von Verantwortung sicherlich umso schwerer, je vielschichtiger und damit wenig durchschaubar sich die Anforderungen psychologisch gestalten – vermutlich werden also gerade in solchen Bereichen, in denen eine ausgesprochen differenzierte Betrachtung erforderlich wäre, oftmals quasi zum Selbstschutz vor Überforderung sehr vereinfachende und verzerrende Attributionsmuster gewählt.

Sexuelle Vielfalt und deren soziale Diskriminierung stellen einen solchen Phänomenbereich dar: Trotz einer seit den 1980er Jahren gesamtgesellschaftlich voranschreitenden Liberalisierung gegenüber Homosexualität (Kelley, 2001) überwiegt doch bei vielen Menschen das „Quasi-Wissen" gegenüber Personen mit homo- bzw. bisexueller Orientierung. Dabei mangelt es oftmals an fundierten Informationen und Handlungskompetenzen, während stereotype Vorstellungen und zum Teil auch Vorurteile kontext- und milieuspezifisch dominieren (ADS, 2008; Frohn, 2007). Homonegativität (als negative Einstellung gegenüber Homosexuellen) ist dabei im Alltag offensichtlicher und präsenter als Homophobie (verstanden als irrationale Angst vor Homosexualität und Aversion gegenüber Homosexuellen), sie äußert sich u.a. in der Verwendung abwertender Begriffe sowie unterschiedlicher Formen der Ausgrenzung (u.a. Degele & Jantz, 2011; Leibfried & Erb, 2011).[1]

Vorliegende Untersuchungen zu diesem Themenfeld weisen darauf hin, dass eine Reihe von Faktoren wie Geschlecht, Alter, sozioökonomischer Status, Wohnort und Religiosität (Steffens & Wagner, 2004; Willer, 2005) sowie die psychische Nähe zu einer homosexuellen Person (Norris, 1991; Steffens & Wagner, 2009) homonegatives versus akzeptierendes und wertschätzendes Verhalten entscheidend beeinflussen können. Jedoch stehen Erkenntnisse gerade zu den kurz- und langfristigen Auswirkungen von Homonegativität noch weitestgehend aus (s. etwa Eggeling, 2005; Fiedler, 2004).

Obgleich der Anteil der in Deutschland lebenden bi- und homosexuellen Menschen lediglich ansatzweise geschätzt werden kann (5–10%), sodass die Aussagekraft entsprechender Studien stets einer kritischen Reflexion bedarf (s. etwa Maier, 2010), ist die Relevanz der Thematik für die diversen Bereiche des sozialen Miteinanders unstrittig. Von besonderer Dringlichkeit ist eine vertiefende wissenschaftliche Auseinandersetzung sicherlich in den Handlungsfeldern, in denen Homonegativität vergleichsweise stark negativ hervortritt und empirische Erkenntnisse gleichzeitig eher spärlich vorhanden sind – dies trifft bspw. vermehrt auf die Gruppe der männlichen Jugendlichen (s. u.a. Heitmeyer, 2002–2010) oder für Menschen mit konservativen Einstellungen (Willer, 2005) zu, ferner eben auch für den Bereich des Sports. Gerade im Sport kommen mitunter geschlechtstypische Rollenbilder in besonderer Weise zum Tragen (so etwa weibliche und männliche Ideale physischer Attraktivität; s. u.a. Bar-Tal & Saxe, 1976; Henss, 1992), gleichzeitig werden einzelne Sportarten als „typisch männlich" bzw. „typisch weiblich" und

---

1   Im Folgenden schließt der Begriff der Homonegativität gleichermaßen homonegative und homophobe Einstellungs- und Verhaltensmuster ein.

durch damit vermeintlich verbundene Eigenschaften wie Härte bzw. Emotionalität konnotiert (Eng, 2008; Steinfeldt & Steinfeldt, 2012). Damit einher geht ein beinahe durchgehend heteronormatives Verständnis in der Auseinandersetzung mit sexueller Orientierung, während Facetten sexueller Vielfalt als diskonform erlebt und tabuisiert werden (Schaaf, 2012; Sobiech & Ochsner, 2012).

Im Spiegel einiger weniger Coming Outs von männlichen Profisportlern in jüngerer Vergangenheit (u.a. Thomas Hitzlsperger, Michael Sam, Jason Collins) und damit verbundener weitestgehend positiver öffentlicher Resonanzen (Steffens, 2005) wird im Folgenden der Frage nachgegangen, inwiefern soziale Verantwortung als handlungsleitende Kategorie den Umgang mit Homosexualität und Homonegativität im Lebensbereich des Sports im Sinne eines Mehr an Akzeptanz und Wertschätzung gegenüber (sexueller) Vielfalt signifikant verändern kann. Ausgehend von der Konzeption eines *differentiellen Verantwortungsbegriffs* aus Sicht des dynamisch-transaktionalen Paradigmas (Mischel, 2004; Wirth, Stiehler & Wünsch, 2007; s. bereits Lewin, 1935) werden dabei die Facetten individueller und kollektiver Verantwortung auf personaler, systemischer und transsystemischer Ebene sowie deren Implikationen für das soziale Miteinander diskutiert; ausgewählte erste empirische Ergebnisse einer aktuellen eigens durchgeführten Pilotstudie zu dieser Thematik fließen dabei in die Betrachtung mit ein. Der Frage der strukturellen gesellschaftlichen Verankerung wird abschließend am Beispiel des Netzwerkes im Kontext des Fußballs als Volkssport Nr. 1 in Deutschland nachgegangen, es werden in einem Ausblick abschließende Fragestellungen für die weitere Erforschung von sozialer Verantwortung aus einer differentiellen Perspektive formuliert.

2.   Überlegungen zu einer differentiellen Theorie sozialer Verantwortung

Die Akzentuierung des komplexen Wechselwirkens *personaler* und *situativer* Komponenten für die Handlungsregulation in der Tradition einer *dynamisch-transaktionalen Perspektive* impliziert für die Varianzaufklärung *(eigen-)verantwortlichen Handelns* neben der Berücksichtigung von Faktoren wie Verantwortungsbewusstsein, -kompetenz, -gefühl und Kontrollüberzeugungen stets deren Einbindung in spezifische soziale Kontexte, Rollen, Positionen und strukturelle bzw. temporäre Rahmenbedingungen. Die Wahrnehmung subjektiver (Eigen-)Verantwortung erfolgt dabei mittels Prozessen der Selbst- und Fremdzuschreibung sowohl retrospektiv als auch prospektiv, diese Prozesse sind reziprok miteinander verbunden. Im Sinne eines *differentiellen Verantwortungsbegriffs* wird dabei gleichermaßen *Fähigkeit* und *Bereitschaft* zur Verantwortungsübernahme interindividuell unterschiedlich ausgeprägt sein: Hinsichtlich ihrer Persönlichkeitsmerkmale verfügen Menschen zum einen über divergente Voraussetzungen zur Verantwortungsübernahme (auch in Abhängigkeit vom jeweiligen Entwicklungsstand), zudem unterscheiden sich die (wahrgenommenen) situativen Kontexte, in denen Verantwortung zugeschrieben resp. eingefordert wird (s. Abb. 1).

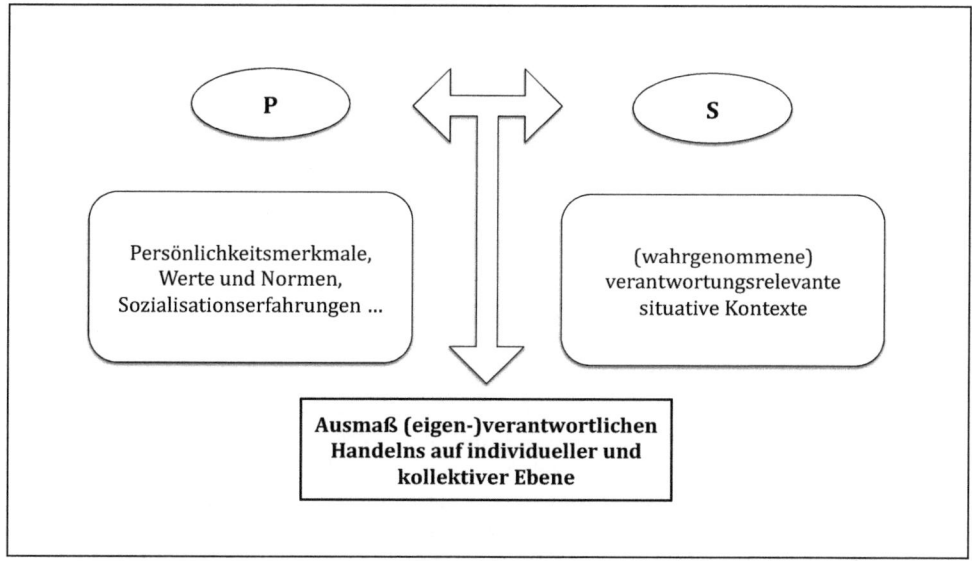

Abb. 1:   differentielle Verantwortungsgenese als dynamisch-transaktionaler Prozess personaler und situativer Faktoren

Stets ist Verantwortung untrennbar mit Prozessen sozialer Interaktion verbunden, Verantwortung impliziert ein „dialogisches Verhältnis" (Sombetzki, 2014, S. 33) zwischen individuellen resp. kollektiven Verantwortungsträgern und anderen Personen bzw. Systemen. Wie bereits im Vorwege angedeutet, sind die gesellschaftlichen Prozesse, in denen Verantwortung vom Einzelnen eingefordert wird, umfangreicher, unübersichtlicher und komplexer geworden. Dies führt einerseits zur Gefahr der Überforderung des Einzelnen mit einer entsprechend sinkendenden Bereitschaft zur Verantwortungsübernahme. Andererseits evoziert steigende Komplexität mitunter gesellschaftliche Verantwortungsbereiche, in denen lediglich kollektive Akteure verantwortet werden können, woraus psychologisch die Gefahr der *Verantwortungsdiffusion* wächst (zum Phänomen der Verantwortungsdiffusion s. etwa Bierhoff & Rohmann, 2011; Latané & Darley, 1970; s. a. Bayertz, 1995a).

Wenngleich einige Autor/inn/en die Auffassung vertreten, dass nur Individuen zur Verantwortungsübernahme fähig sind (u.a. Heidbrink, 2008; Nida-Rümelin, 2007), wird in diesem Beitrag die Auffassung vertreten, dass kollektive Verantwortung vor allem auch in solchen Situationen virulent wird, in denen Verantwortung im Zuge von Komplexität nur (noch) kollektiv gehandhabt werden kann. Die Mitglieder jener Kollektive sind sodann partiell verantwortlich (unter Berücksichtigung der konkreten Bedingungen für die Möglichkeit einer Verantwortungsübernahme sowie bestehender interindividueller Unterschiede). Die Verantwortungsforschung differenziert diesbezüglich zwischen zwei Kollektivarten (Sombetzki, 2014): Korporationen, Unternehmen und Organisationen, die durch unterschiedliche Rollen gesteuert werden, sowie unorganisierte Gruppen, die über ein gemeinsames Ziel verfügen.

Kernelemente einer differentiellen Theorie sozialer Verantwortung

In Anlehnung an die Überlegungen zur Analyse von Vertrauen und Loyalität im Kontext sozialer Verantwortung (s. u.a. Schweer, 1999; 2012) lassen sich mit Schweer (2014a) für den in Frage stehenden Phänomenbereich nachfolgende Kernelemente einer differentiellen Theorie ableiten (s. Abb. 2):

1) Die Zuschreibung von Verantwortung ist auf individueller und kollektiver Ebene mit dem Gewinn an *Kontrolle* über vergangene bzw. künftige Handlungen und Ereignisfolgen verbunden. Dies impliziert gleichermaßen, dass die Wahrnehmung fehlender bzw. unzureichend übernommener Verantwortung mit einem Verlust an Kontrolle einhergeht, die psychologisch kompensiert werden muss. Hierbei ist jedoch zu beachten, dass mit der Zuschreibung von Verantwortung (auf andere) und der damit verbundenen Kontrollsteigerung (und subjektiven Verantwortlichkeitsentlastung) nicht selten zwar (zunächst) selbstwertdienliche, jedoch keineswegs zur Bewältigung der Herausforderungen zielführende Konsequenzen verbunden sind. Dies wird verstärkt durch den Umstand, dass viele Zuschreibungsprozesse zwar psychologisch vorgenommen, jedoch nicht gegenüber den Akteuren kommuniziert werden. Insofern ist für einen gewinnbringenden Umgang mit komplexen Herausforderungen entscheidend, dass Verantwortung an den diversen relevanten Schnittstellen erkannt und gleichermaßen Bereitschaft sowie Kompetenz zur Verantwortungsübernahme gegeben ist bzw. initiiert werden kann.

   Verantwortung kann prinzipiell auf drei verschiedenen Ebenen zugeschrieben werden, nämlich interpersonal, systemisch und transsystemisch: *Interpersonale Verantwortung* bezeichnet Verantwortungsbeziehungen und damit einhergehendes eigenverantwortliches Handeln von Individuen in Begegnungen mit anderen. Unter *systemischer Verantwortung* werden demgegenüber Verantwortungsbeziehungen zwischen (Teil-)Systemen (Unternehmen, Gruppen, Abteilungen usw.) im Kontakt mit anderen (Teil-)Systemen oder auch Individuen verstanden. Besondere Beachtung gilt hierbei den jeweiligen Repräsentant/inn/en jener (Teil-)Systeme, da diese als hervorgehobene Mitglieder nicht nur in besonderer Weise Verantwortung tragen, sondern deren Agieren auch für die zugeschriebene systemische Verantwortung zentralen Stellenwert besitzt. *Transsystemische Verantwortung* schließlich tangiert das interaktive Zusammenwirken diverser individueller und kollektiver Verantwortungsträger in hochkomplexen und abstrakten Wirkungszusammenhängen (bspw. im Zuge des Klimawandels).

2) Als personaler Einflussfaktor besonders bedeutsam ist die subjektive *Verantwortungstendenz* zur Verantwortungsübernahme einerseits im Sinne der Überzeugung, überhaupt selbst Verantwortung übernehmen zu wollen bzw. zu können (*eigenantizipierte Verantwortungstendenz*), andererseits im Sinne der Überzeugung, dritten Akteuren Verantwortung zuschreiben zu wollen bzw. zu können (*fremdantizipierte Verantwortungstendenz*). Ferner umfassen *implizite Verantwortungstheorien* bereichsspezifische Erwartungen an verantwortungswürdige Interaktionspartner oder (Teil-)Systeme; diese Theorien umfassen demnach Vorstellungen darüber, wer für etwas als verantwortlich angesehen wird und wie (eigen-)verantwortliches Handeln im Idealfall aussehen sollte. Beide Komponenten finden sich sowohl auf

individueller als auch auf kollektiver Ebene, sie sind insbes. das Ergebnis bisheriger Erfahrungen im Umgang mit verantwortungsrelevanten Situationen.

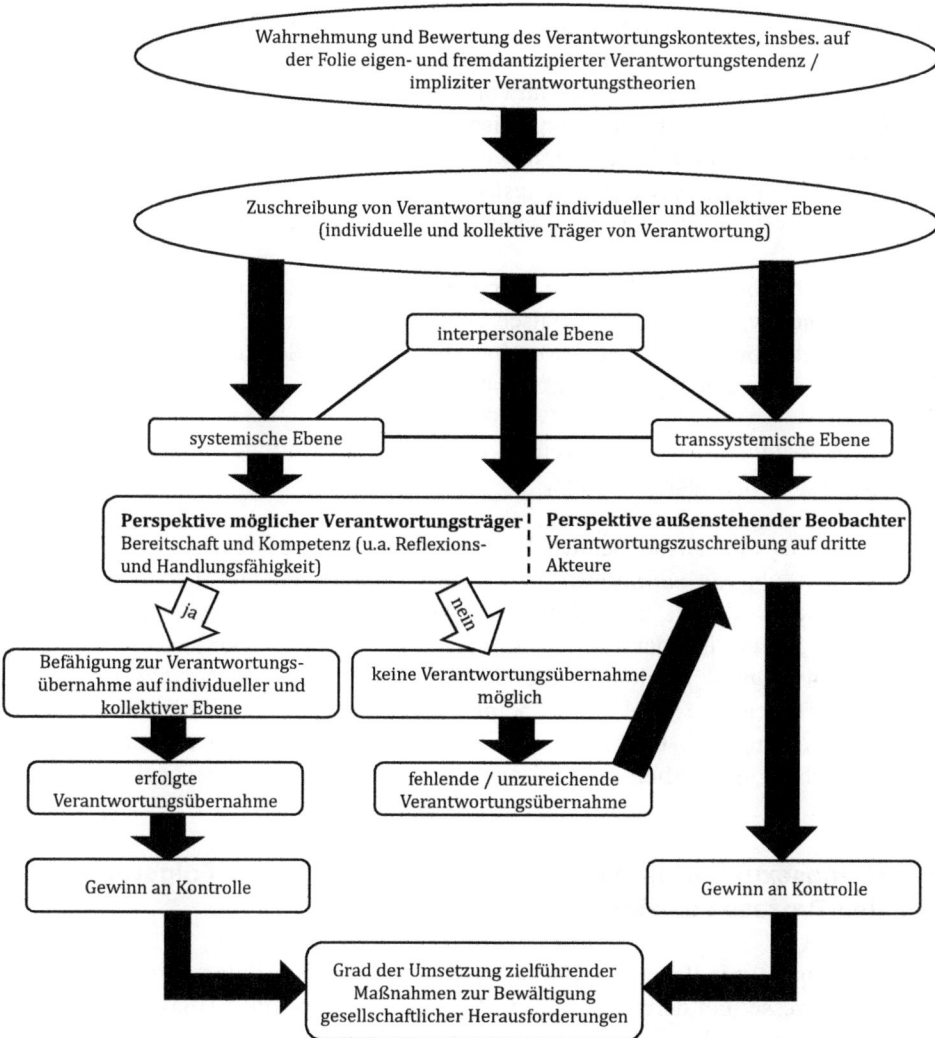

Abb. 2: Kernelemente einer differentiellen Theorie sozialer Verantwortung

Kommunikation zugeschriebener Verantwortung

In Teilen des wissenschaftlichen Diskurses besteht Konsens dahingehend, dass mittels kommunikativer Akte in sozialen Begegnungen auf individueller und kollektiver Ebene Zuschreibungsprozesse von Verantwortung sichtbar werden (u.a. Carassa & Colombetti, 2013), Verantwortung wird somit entlang normativer Kriterien rollen- und systemgebunden antizipiert. Menschen erklären demnach in gewisser Weise sowohl individuelle als auch kollektive Akteure für verantwortlich. Jede Form der Übernahme oder Abgabe von Verantwortung stellt hierbei einen höchst subjektiven Zuschreibungsakt dar. Allerdings ist aus psychologischer Perspektive zu berücksichtigen, dass die mit der Verantwortungszuschreibung verbundene Reduktion von Unsicherheit keineswegs zwangsläufig mit der Kommunikation ebendieser Zuschreibung verbunden sein muss, vielmehr wird postuliert:

1) Die Zuschreibung von Verantwortung auf individueller und kollektiver Ebene kann subjektiv als richtig oder falsch angesehen werden.
2) Die Zuschreibung von Verantwortung auf individueller und kollektiver Ebene kann in unterschiedlicher Weise kommuniziert oder auch nicht kommuniziert werden.
3) Die Bewertungen jener Zuschreibungen können interindividuell und intergruppal höchst unterschiedlich ausfallen.

Ungeachtet des ggf. ausbleibenden kommunikativen Aktes führt die Zuschreibung von Verantwortung zu *normativen Erwartungen* an das Handeln der für verantwortlich betrachteten Akteure und ist mit entsprechenden Bewertungsprozessen verbunden. In der Historizität der Ereignisfolgen (s. etwa Thies, 2008) werden *antizipatorische Erwartungen* resultieren, die je nach Abgleich mit der subjektiven Realität positive oder negative Reaktionen beim Zuschreibenden evozieren (zur grundlegenden Bedeutung von Erwartungen s. u.a. Bierhoff, 2002; Rosemann & Bielski, 2001b), erlebte Unsicherheit versus Kontrolle wird auf diese Weise beeinflusst.

3.   Homosexualität und Homonegativität im Sport – Folgerungen für den Prozess sozialer Verantwortung

Aus den obigen grundlegenden Überlegungen ergeben sich Folgerungen für Verantwortungsprozesse und deren Folgen im Zuge des Umgangs mit Homosexualität und Homonegativität im Kontext des Sports. Unter Einbezug erster Ergebnisse einer im Wintersemester 2013/14 durchgeführten Befragung mit insgesamt 655 Studierenden an der Universität Vechta sollen diese nachfolgend dargestellt werden.[2]

---

2   Im Rahmen dieses Beitrags können nur ausgewählte Wirkungszusammenhänge von Verantwortung auf einzelnen Ebenen (interpersonal, systemisch, transsystemisch) sowie zwischen den Ebenen exemplarisch skizziert werden.

Spezifika des Sports als Kontext sozialer Verantwortung

Der Sport zeichnet sich mit seinen verschiedenen Ebenen des Breiten- und (Hoch-) Leistungssports durch ein komplexes soziales Netzwerk aus, dieses integriert die einzelnen Athlet/inn/en und deren außersportliches Umfeld (Familie, Partner/innen, Freunde), Mannschaftskolleg/inne/n, Trainer/innen und Funktionärinnen und Funktionäre, aber eben auch die organisationalen Strukturen der Verbände und Vereine sowie die Fankultur und – vor allem auf den hohen Leistungsebenen – die Medien. Wie bereits oben skizziert, stellt der Sport einen gesellschaftlichen Bereich dar, in dem Homosexualität und Homonegativität in (noch) auffallend hohem Maße tabuisiert werden, dies gilt gerade auch für den Männersport, für den sich (im Gegensatz zu anderen Lebensbereichen) bis zum heutigen Tage nur wenige bekennende aktive homosexuelle Athleten finden lassen. In o.g. Pilotstudie wird dies empirisch bestätigt: Hinsichtlich der Wahrnehmung homophober Kontexte in unserer Gesellschaft rangiert der Sport nach den Kirchen (92%) an zweiter Stelle (65%). Unwissenheit und Unsicherheit in der Fremdwahrnehmung gegenüber Homosexualität, einhergehend mit einem, mitunter stereotyp- und vorurteilsbehafteten (ADS, 2008; Frohn, 2007), „Quasi-Wissen" gegenüber homo- bzw. bisexuellen Personen auf der einen sowie Ängsten vor Distanz, repressiven und ausgrenzenden Verhaltensweisen bei homo- und bisexuellen Athlet/inn/en auf der anderen Seite (s.a. Behn & Schwenzer, 2006; Hartmann-Tews & Rulofs, 2003), sind dementsprechend in verstärkter Form zu erwarten.

Die besondere Verpflichtung zur Verantwortung im Sport ergibt sich insofern bereits aus der Tatsache, dass Homosexualität und Homonegativität ein besonders sensibles Anwendungsfeld darstellen, und dies ja in verstärktem Maße im Zuge des Entwicklungsprozesses der sozialen Identitätsbildung. Hinzu kommt nun die besondere Verpflichtung und Chance zur Aufklärung und zum Vorbild, sie resultiert aus der hervorgehobenen integrativen Kraft des Sports für die unterschiedlichsten gesellschaftlichen Gruppen (u.a. Braun & Nobis, 2011; Krüger, Neuber, Brach & Reinhart, 2009). Vor diesem Hintergrund wirken die angemerkten Defizite umso gravierender, stellt man den Vergleich zu anderen Formen sozialer Diskriminierung her, etwa dem Rassismus (s. De Hek, 2011; Dembowski, 2011 zit. nach Dietze 2012, S. 59). Es werden von daher im Weiteren Konsequenzen für die Ebenen interpersonaler, systemischer und transsystemischer Verantwortung für ein Mehr an Akzeptanz gegenüber sexueller Vielfalt im Sport aufgezeigt. Die exemplarisch skizzierten Handlungsfelder stellen dabei Optionen (und deren Voraussetzungen) dar, Verantwortung für eine Kultur der (sexuellen) Vielfalt im Sport aktiv zu übernehmen, mit denen gleichzeitig Gefahren der Verantwortungsdiffusion sowie einer unreflektierten/unkommunizierten Abgabe der Verantwortung im Sinne der psychologischen Kontrollsteigerung zielführend begegnet werden kann.

Exemplarische Inhaltsfelder, Verantwortungsträger und Ebenen sozialer Verantwortung für eine Kultur der (sexuellen) Vielfalt im Sport

Verantwortung auf interpersonaler Ebene

Auf interpersonaler Ebene tragen insbesondere Akteure in hervorgehobenen Positionen Verantwortung, dies sind zum einen im unmittelbaren System des Sports Trainer/innen, Berater/innen und Funktionäre. Darüber hinaus stellen – gerade in klassischen Mannschaftssportarten – die weiteren Teammitglieder, vor allem solche in führenden Rollen, wichtige Träger von Verantwortung dar. Über das unmittelbare System des Sports hinaus ist ferner im Kinder- und Jugendbereich die Zielgruppe der Eltern zu nennen, die neben den Peers einen erheblichen Einfluss auf die Werte- und Normenbildung der Heranwachsenden ausüben.

Bei all diesen Personengruppen impliziert Verantwortung zweierlei:

a) die Bereitschaft und Fähigkeit zur Reflexion eigener, ggf. stereotyper und vorur-teilsbehafteter Einstellungs- und Verhaltensmuster sowie damit verbunden
b) die Bereitschaft und Fähigkeit, ebensolche bei dritten Akteuren zu identifizieren und darauf mit entsprechenden Handlungskompetenzen angemessen zu reagieren.

Die Ergebnisse der eigenen Pilotstudie unterstreichen den Stellenwert des „Quasi-Wissens" für eine etwaige Übernahme von Verantwortung auf der interpersonalen Ebene, 48% der Befragten verfügen nämlich über wenig bis gar keine direkten ei-genen Kontakte zu Homosexuellen. In Übereinstimmung mit der Kontakthypothese (s. bereits Allport, 1954) verfügen diese Befragten nun – im Vergleich zu jenen mit vielen oder sehr vielen Homosexuellen im eigenen sozialen Nahraum (31%) – über signifikant ausgeprägtere homonegative Einstellungsmuster. In diesem Sinne wei-sen auch Norris (1991) sowie Steffens & Wagner (2009) darauf hin, dass psychi-sche Nähe zu Homosexuellen wesentlich zu einem grundsätzlich akzeptierenden und wertschätzenden Verhalten gegenüber homosexuellen Personen beitragen kann. Es ist zu vermuten, dass über diesen Weg auch Verantwortungsübernahme mit Blick auf die Förderung eines akzeptierenden, egalitären Denkens, Kommunizierens und Verhaltens gegenüber sexueller Vielfalt gestärkt wird.

Allerdings unterstützen die Befunde der Pilotstudie auch das Postulat einer *Scherenentwicklung* (Schweer, 2014b): Der gesellschaftliche Diskurs um sexuel-le Vielfalt scheint verstärkt geprägt zu sein von einer Diskrepanz zwischen *political correctness*, mit zunehmend öffentlich artikulierter Akzeptanz einerseits, versus einer individuellen Rückbesinnung zu eher traditionellen Werten in den tatsächli-chen Einstellungs- und Verhaltensmustern andererseits. Dementsprechend weisen die Befragten der Pilotstudie zwar insgesamt eine generell liberale Einstellung gegen-über sexueller Vielfalt auf, homonegative Haltungen treten jedoch vor allem unter der Bedingung auf, dass der eigene soziale Nahraum tangiert wird – so würde bspw. die Tatsache, dass ihr (evtl. späterer) Sohn schwul wäre, von 28% der Befragten als problematisch erlebt werden. Dieses Ergebnis unterstützt die Annahme, dass für eine gelingende Verantwortungsübernahme gerade auch die förderlichen und hemmenden Bedingungen auf der Ebene eigen- und fremdantizipierter Verantwortungstendenzen Berücksichtigung finden müssen.

Verantwortung – und damit eben auch die Umsetzung des pädagogischen Auftrages im Sport – wird sicherlich nur dann zielführend übernommen werden (können), wenn mittels entsprechender Schulungen diesbezügliche Bereitschaft und Fähigkeit im Vorfeld gezielt aufgebaut worden sind.[3] Hierbei kann die Forcierung persönlicher Kontakte mit Homosexuellen aus dem Kontext des Sports und deren zunehmende (vor allem auch nach innen und außen sichtbare) Integration in das Netzwerk des Sports einen wichtigen Schritt zur Enttabuisierung von Homosexualität im Sport darstellen.

Auf diese Weise können Vorbilder geschaffen und Multiplikator/inn/en in das System des Sports sukzessive integriert werden, die eine Kultur der Akzeptanz sexueller Vielfalt vorantreiben. Ein in diesem Sinne verstärkt eigenantizipiertes Verantwortungsbewusstsein für proaktives Handeln gegenüber sozialer Diskriminierung im Sport und damit eben für ein Handeln gegen Homonegativität – unabhängig davon, ob der eigene Nahraum aktuell betroffen ist – setzt nachhaltige Zeichen gegen Homonegativität.

Verantwortung auf systemischer Ebene

Der Sport ist ein typisches Beispiel für ein zentrales gesellschaftliches System, das in seiner Gesamtstruktur mit einer Vielzahl von Landes- und Regionalverbänden sowie unzähligen Vereinen auf den verschiedensten Leistungsklassen des Männer- und Frauensports ein höchst komplexes Gebilde darstellt, in welchem die Gefahr von Verantwortungsdiffusionen virulent ist. Folgt man klassischen organisations-theoretischen Überlegungen (s. u.a. Kieser & Ebers, 2006; Miebach, 2012), so begünstigen solche Strukturen langwierige und träge Entscheidungsprozesse, die innovative Entwicklungen oft hemmen. Auf der anderen Seite bietet die Möglichkeit der hohen Vernetzung singulärer Teile innerhalb des Gesamtsystems eben auch die Chance, neue Impulse in die diversen Ebenen der Verbände und Vereine zu tragen. Hierzu bedarf es allerdings (ungeachtet eines sinnvollen Engagements im Zuge von Bottom-up-Prozessen) entsprechender Initiativen auf Top-down-Ebene mit einer klaren Positionierung zur Schaffung eines organisationsinternen Problembewusstseins für soziale Diskriminierung und einem damit verbundenen Engagement, bspw. durch aktive Initiierung bzw. Unterstützung von Bildungs- und Forschungsinitiativen oder Antidiskriminierungskampagnen und -maßnahmen. Durch die Übernahme systemischer Verantwortung kann eine signifikante Enttabuisierung von Homosexualität und Homonegativität im Sport gelingen und schrittweise ein sozialer Raum von Akzeptanz und Wertschätzung gefördert werden. Hierbei ist vor dem Hintergrund grundlegender organisationspsychologischer Arbeiten (Schein, 2010) gerade bei komplexen sozialen (Teil-)Systemen mit hoher gesamtgesellschaftlicher Wahrnehmung und Bedeutung zu beachten, dass organisationskulturelle Ansprüche gleichermaßen nach innen und außen stimmig gelebt und kommuniziert werden.

---

3 S. die Bildungs- und Forschungsinitiative „Fußball für Vielfalt – Fußball gegen Homophobie" der Bundesstiftung Magnus Hirschfeld in Kooperation mit der Arbeitsstelle „Challenges" für sportpsychologische Beratung und Betreuung an der Universität Vechta (http://www.fussball-fuer-vielfalt.de).

Der Stellenwert systemischer Verantwortung wird durch vorliegende Befunde evident, die auf homonegativere Einstellungsmuster gerade im sozialen Raum des Sports hindeuten: In der amerikanischen Studie von Osborne & Wagner (2007) weisen männliche Jugendliche in den Kernsportarten Football, Baseball, Basketball und Fußball im Vergleich zu solchen, die diese Sportarten nicht ausüben, eine dreimal so hohe Wahrscheinlichkeit auf, homonegative Einstellungen zu entwickeln. Eine solche Tendenz zeigt auch die eigene Pilotstudie an der Universität Vechta für den Bereich des Fußballs. Da dieser Bereich des Sports (vermutlich in besonderer Weise mit ausgesprochen starker männlicher Konnotation) also einen für Homonegativität hervorgehoben anfälligen Raum darstellt (s.a. Degele, 2014; Schweer, 2007), besteht für dieses System eine besondere Verpflichtung zur Förderung von Verantwortungsbereitschaft und -fähigkeit.

Verantwortung auf transsystemischer Ebene

Die gerade hervorgehobene besondere Verpflichtung des Systems Sport impliziert jedoch gleichermaßen eine gesamtgesellschaftliche Verpflichtung für eine gelingende Verantwortungsübernahme. Von daher ist bei allen Bemühungen um eine vermehrte Akzeptanz gegenüber sexueller Vielfalt letztendlich immer auch die transsystemische Ebene zu beachten; dieser sicherlich komplexeste Bereich der Verantwortung nimmt nämlich das effektive Zusammenspiel aller Verantwortungsagenten aus den verschiedensten Gesellschaftsbereichen für eben eine solche Kultur der (sexuellen) Vielfalt in den Blick. Damit dies gelingen kann, müssen sich alle Akteure ihrer gemeinsamen Verantwortung bewusst werden und entsprechende Synergieeffekte ausloten – vor allem aber berücksichtigen, dass für eine tatsächliche Veränderung des gesellschaftlichen Klimas ausschließlich „politisch korrekte" Symbole genauso wenig nachhaltige Effekte zeitigen können wie die strategische Haltung, insbes. das eigene System in Abgrenzung zu anderen relevanten gesellschaftlichen Bereichen zu profilieren. Konkrete Ansatzpunkte bieten etwa die Zusammenarbeit zwischen Sport und Wissenschaft, die Vernetzung mit weiteren Antidiskriminierungsmaßnahmen in der Wirtschaft oder auch die gezielte Kooperation mit ausgewählten Vertreter/inne/n der Medien.

Es kann an dieser Stelle nur angedeutet werden, dass realiter selbstverständlich zwischen diesen drei skizzierten Ebenen der Verantwortungsübernahme deutliche Wechselwirkungen bestehen, die als Potenziale der Schaffung eines akzeptierenden und wertschätzenden sozialen Raums im Sport sinnvoll genutzt werden können und müssen – Verantwortung kann demnach nicht auf einer Ebene angemahnt, sondern muss auf allen Ebenen des Netzwerks des Sports sukzessive implementiert werden. Dies impliziert die Herausforderung, etwa in Anlehnung an das sog. Gegenstromverfahren aus der Unternehmensplanung (Bach, 2010), möglichst viele individuelle und kollektive Träger sozialer Verantwortung über die Kombination von Bottom-up- und Top-down-Prozessen zu integrieren und auf diese Weise ein Netzwerk aufzubauen, das gleichermaßen Verantwortung einfordert, aber eben auch vorlebt und damit Möglichkeiten der Eigeninitiative aufzeigt, worüber wiederum Unsicherheiten abgebaut sowie die Bereitschaft und Fähigkeit zur Verantwortungsübernahme gestärkt werden kann.

4. Ausblick und ausgewählte weiterführende Forschungsfragen

Wie am Beispiel des Fußballs dargestellt, ist die aktuelle Diskussion um die Förderung einer Kultur der (sexuellen) Vielfalt im Sport ungeachtet manch positiver Initiativen in der jüngeren Vergangenheit (s. u.a. „VEREINE STARK MACHEN für Vielfalt im Fußball"; „Fußballfans gegen Homophobie") immer noch durch ein – im Vergleich zu anderen gesellschaftlichen Bereichen und Diskriminierungsformen – auffallend hohes Maß an Unwissenheit, „Quasi-Wissen", Unsicherheit und Tabuisierung geprägt. Die Übernahme von Verantwortung auf den vorgestellten Ebenen (interpersonal, systemisch, transsystemisch) scheint von daher dringlich, allerdings fehlt es in weiten Teilen immer noch an der Bereitschaft, aber gerade auch an den erforderlichen Kompetenzen für eine solche zielführende Übernahme. Nichtsdestotrotz bedingt die vermehrte (mediale) Fokussierung des Themas Prozesse der Zuschreibung von Verantwortung, die zwar subjektive Kontroll- und nicht zuletzt Selbstwertdienlichkeitsbedürfnisse befriedigen, dabei jedoch einer tatsächlichen Fortentwicklung entgegen wirken: Eigene Verantwortung wird minimiert oder gänzlich negiert, dafür wird Verantwortung auf die (vermeintlich) wichtigen Verantwortungsträger abgeschoben („bei uns stellt sich das Problem gar nicht", „da muss zunächst der Dachverband reagieren", „es gibt viel wichtigere Bereiche, um die wir uns kümmern müssen"). Schließlich kommt hinzu, dass etwa aufgrund eigenen „Quasi-Wissens", befürchteter Schuldzuschreibungen oder bestehender Ressentiments bei Teilen potenzieller Verantwortungsträger eine solche (eben auch öffentlich geführte) Auseinandersetzung mit der Thematik gar nicht gewünscht ist. Wie bereits bemerkt, ist dabei die diesbezügliche besondere Bedeutung und Chance im Kontext des Sports aufgrund seines hohen integrativen Potenzials unstrittig, dem Fußball als Deutschlands beliebtester Sportart kann dabei eine Vorreiterrolle beim aktiven Vorgehen gegen soziale Diskriminierung im Kontext sexueller Vielfalt zukommen. Die (mediale) Reichweite, verbunden mit der Vielzahl an Akteuren im Breiten- und Leistungssport, kann dieses Thema in die Breite tragen und einen gesamtgesellschaftlichen Verantwortungsprozess fördern.

Gerade auf der Folie eines differentiell-psychologischen Ansatzes ist das Konstrukt sozialer Verantwortung bislang kaum systematisch untersucht. Es stellen sich von daher eine Reihe weiterführender Forschungsansatzpunkte. Abschließend sollen für das in diesem Beitrag fokussierte Handlungsfeld einige zentrale Fragestellungen formuliert werden:

Fokus 1: strukturelle Verankerung von Verantwortung im Netzwerk des Sports
Für eine gezielte strukturelle Verankerung ist das Wechselspiel interpersonaler, systemischer und transsystemischer Prozesse in den Blick zu nehmen. Hierbei müssen gleichermaßen (potenziell) förderliche und hemmende Strategien identifiziert werden, um auf dieser Grundlage individuelle und kollektive Prozesse sozialer Verantwortung stärken zu können.

Fokus 2: Verantwortungstendenzen und implizite Verantwortungstheorien im Kontext der (sexuellen) Vielfalt im Sport
Zentrale Voraussetzungen für die Übernahme sozialer Verantwortung stellen die personalen Merkmale der subjektiven eigen- und fremdantizipierten Verantwortungs-

tendenzen sowie der impliziten Verantwortungstheorien dar. Hierzu liegen bislang keinerlei empirische Befunde vor, weshalb zunächst Ausmaß und Bestimmungsstücke sowie etwaige Gemeinsamkeiten und Unterschiede im Sinne psychologischer Cluster identifiziert werden müssen. Auf diese Weise lassen sich gleichermaßen Erklärungs- und Interventionsansätze für die auszumachenden Prozesse sozialer Verantwortung im Sport feststellen.

Fokus 3: förderliche versus hemmende Rahmenbedingungen im Netzwerk des Sports
Neben den personalen Merkmalen ist stets deren Kompatibilität zu den strukturellen Bedingungen für die Förderung sozialer Verantwortung im Sport zu berücksichtigen. Weiterführende Untersuchungen sollten gerade angesichts der hochkomplexen Organisation im Sport gezielt der Frage nachgehen, welche diesbezüglichen Komponenten Prozesse der Verantwortungsübernahme ermöglichen bzw. begünstigen, welche Komponenten aber anderseits auch gegenteilige Wirkungen entfalten. Verantwortungsbereitschaft und -kompetenz werden sich letztendlich bei den diversen Akteuren nur in einem situativen Setting entfalten können, in dem vorhandene Führungs-, Entscheidungs-, Transparenz- und Partizipationsstrukturen einen hierfür hinreichenden Raum schaffen.

Fokus 4: konstruktive und destruktive Formen der Verantwortlichkeitszuschreibung im Kontext der (sexuellen) Vielfalt im Sport
Wie oben ausgeführt, dienen Prozesse der Verantwortlichkeitszuschreibung dem Gewinn an psychologischer Kontrolle und führen nicht zwangsläufig zu zielführenden Konsequenzen dergestalt, dass von relevanten Akteuren tatsächlich auch Verantwortung übernommen und umgesetzt wird. Dies gilt verstärkt in Situationen, in denen Zuschreibungsprozesse nicht oder nicht hinreichend kommuniziert werden. Einen wichtigen Schwerpunkt weiterführender Arbeiten stellt insofern die Identifikation und Analyse solcher Zuschreibungsprozesse dar, die tatsächlich eine Kultur der (sexuellen) Vielfalt im Sport begünstigen, im Vergleich zu solchen Prozessen, die dieser Entwicklung eher im Wege stehen.

Literatur

Antidiskriminierungsstelle des Bundes (ADS) (Hrsg.). (2008). *Forschungsprojekt: Diskriminierung im Alltag, Wahrnehmung von Diskriminierung und Antidiskriminierungspolitik in unserer Gesellschaft*. Verfügbar unter: http://www.antidiskriminierungsstelle. de/SharedDocs/Downloads/DE/publikationen/forschungsprojekt_diskriminierung_ im_alltag.pdf;jsessionid=FA5ECF4325366BC781F4B5933F729DE5.2_cid350?__ blob=publicationFile [11.06.2014].
Allport, G.W. (1954). *The nature of prejudice*. Cambridge, MA: Perseus Books.
Bach, N. (2010). *Mentale Modelle als Basis von Implementierungsstrategien – Konzepte für ein erfolgreiches Change Management* (2. Auflage). Technische Universität Ilmenau/Universitätsbibliothek: Ilmedia.
Banzhaf, G. (2002). *Philosophie der Verantwortung. Entwürfe, Entwicklungen, Perspektiven*. Heidelberg: Winter.
Bar-Tal, D. & Saxe, L. (1976). Physical Attractiveness and Its Relationship to Sex-Role Stereotyping. *Sex Roles, 2* (2), 123–133.

Barthold, C. (2013). Corporate social responsibility, collaboration and depoliticisation. *Business Ethics: A European Review, 22* (4), 393–403.

Bayertz, K. (1995a). Eine kurze Geschichte der Herkunft der Verantwortung. In K. Bayertz (Hrsg.), *Verantwortung. Prinzip oder Problem?* (S. 3–71). Darmstadt: Wissenschaftliche Buchgesellschaft.

Bayertz, K. (Hrsg.). (1995b). *Verantwortung. Prinzip oder Problem?* Darmstadt: Wissenschaftliche Buchgesellschaft.

Beelmann, A. & Jonas, K.J. (Hrsg.). (2009). *Diskriminierung und Toleranz. Psychologische Grundlagen und Anwendungsperspektiven.* Wiesbaden: VS Verlag.

Behn, S. & Schwenzer, V. (2006). Anmerkungen zu Sexismus und Gender Mainstreaming im Kontext von Fußball und Fanarbeit. *Sozial Extra, 30* (3–4), 45–48.

Bertram, H. (Hrsg.). (1986). *Gesellschaftlicher Zwang und moralische Autonomie.* Frankfurt am Main: Suhrkamp.

Bierhoff, H.-W. (2002). Soziale Verantwortung im Berufs- und Wirtschaftsleben. *Zeitschrift für Personalforschung, 16* (2), 209–229.

Bierhoff, H.-W. & Rohmann, E. (2011). Diffusion der Verantwortung. In M. Maring (Hrsg.), *Fallstudien zur Ethik in Wissenschaft, Wirtschaft, Technik und Gesellschaft* (S. 29–35). Karlsruhe: KIT.

Birnbacher, D. (2003). *Analytische Einführung in die Ethik.* Berlin: de Gruyter.

Braun, S. & Nobis, T. (2011). *Migration, Integration und Sport: Zivilgesellschaft vor Ort.* Wiesbaden: VS Verlag für Sozialwissenschaften.

Carassa, A. & Colombetti, M. (2013). Interpersonal responsibilities and communicative intentions. *Phenomenology and the Cognitive Sciences, 13* (1), 145–159.

Colby, A. & Kohlberg, L. (1986). Das moralische Urteil: Der kognitionszentrierte entwicklungspsychologische Ansatz. In H. Bertram (Hrsg.), *Gesellschaftlicher Zwang und moralische Autonomie* (S. 130–162). Frankfurt am Main: Suhrkamp.

De Hek, A.M. (2011). Homophobie im Fußballsport. In A.M. De Hek, C. Kampmann, M. Kosmann & H. Rüßler (Hrsg.), *Fußball und der die das Andere. Ergebnisse aus einem Lehrforschungsprojekt* (S. 68–121). Freiburg: Centaurus Verlag.

De Hek, A.M., Kampmann, C., Kosmann, M. & Rüßler, H. (Hrsg.). (2011). *Fußball und der die das Andere. Ergebnisse aus einem Lehrforschungsprojekt.* Freiburg: Centaurus Verlag.

Degele, N. (2014). „Ich dusch nur mit dem Arsch zur Wand": Verletzungsmacht und Verletzungsoffenheit als simultane Konstruktion von Heteronormativität. In A. Waine & K. Naglo (Hrsg.), *On and Off the Field* (S. 85–104). Wiesbaden: VS Verlag.

Degele, N. & Jantz, C. (2011). *Homophobie, Rassismus und Sexismus im Fußball.* Verfügbar unter: http://library.fes.de/pdf-files/do/08165.pdf [11.06.2014].

Dietze, G. (2012). Intersektionalität im nationalen Strafraum: Race, Gender und Sexualität und die deutsche Nationalmannschaft. Feministische Studien. *Zeitschrift für interdisziplinäre Frauen- und Geschlechterforschung, 30* (1), 53–65.

Eggeling, T. (2005). Der Heterofußball auf dem langsamen Weg in die Gegenwart. Ein Gespräch mit der Kulturwissenschaftlerin Tatjana Eggeling. In A. Hagel, N. Selmer & A. Sülze (Red.), *gender kicks. Texte zu Fußball und Geschlecht* (KOS-Schriften, 10) (S. 99–106). Großburgwedel: Aalexx.

Eng, H. (2008). Doing Sexuality in Sport. *Journal of Homosexuality, 54* (1–2), 103–123.

Fiedler, P. (2004). *Sexuelle Orientierung und sexuelle Abweichung.* Weinheim, Basel: Beltz.

Fischer, P. (2006). *Politische Ethik. Eine Einführung.* München: Fink.

Fischer, J.M. & Ravizza, M. (1998). *Responsibility and Control. A Theory of Moral Responsibility.* Cambridge: Cambridge University Press.

Frohn, D. (2007). *„Out im Office?!" Sexuelle Identität, (Anti-)Diskriminierung und Diversity am Arbeitsplatz*. Köln: Schwules Netzwerk.

Grawe, K. (1998). *Psychologische Therapie*. Göttingen: Hogrefe.

Griffin, K. (1967). The Contribution of Studies of Source Credibility to a Theory of Interpersonal Trust in the Communication Process. *Psychological Bulletin, 68* (2), 104–120.

Grob, A., Flammer, A. & Neuenschwander, M. (1992). *Kontrollattributionen und Wohlbefinden von Schweizer Jugendlichen* (III. Forschungsbericht Nr. 1992-4). Universität Bern: Institut für Psychologie.

Hagel, A., Selmer, N. & Sülze, A. (Red.). (2005). *gender kicks. Texte zu Fußball und Geschlecht* (KOS-Schriften, 10). Großburgwedel: Aalexx.

Hammer, E. & Tomaschek, N. (Hrsg.). (2013). *Vertrauen. Standpunkte zum sozialen, wirtschaftlichen und politischen Handeln*. Münster: Waxmann.

Hartmann-Tews, I. & Dahmen, B. (Hrsg.). (2007). *Sportwissenschaftliche Geschlechterforschung im Spannungsfeld von Theorie, Politik und Praxis*. Hamburg: Czwalina.

Hartmann-Tews, I., Gieß-Stüber, P., Klein, M.-L., Kleindienst-Cachay, C. & Petry, K. (Hrsg.). (2003). *Soziale Konstruktion von Geschlecht*. Opladen: Leske + Budrich.

Hartmann-Tews, I. & Rulofs, B. (2003). Sport in den Medien – ein Feld semiotischer Markierung von Geschlecht? In I. Hartmann-Tews, P. Gieß-Stüber, M.-L. Klein, C. Kleindienst-Cachay & K. Petry (Hrsg.), *Soziale Konstruktion von Geschlecht* (S. 29–68). Opladen: Leske + Budrich.

Heidbrink, L. (2000). Grundprobleme der gegenwärtigen Verantwortungsdiskussion. *Information Philosophie, 28* (3), 18–31.

Heidbrink, L. (2003). *Kritik der Verantwortung. Zu den Grenzen verantwortlichen Handelns in komplexen Kontexten*. Weilerwist: Velbrück Wissenschaft.

Heidbrink, L. (2007). *Handeln in der Ungewissheit. Paradoxien der Verantwortung*. Berlin: Kulturverlag Kadmos.

Heidbrink, L. (2008). Die Zukunft ist uns abhanden gekommen. Ein Gespräch mit dem Philosophen Ludger Heidbrink durch Jan Wenzel. *spector*, 5–7.

Heidbrink, L. & Hirsch, A. (Hrsg.). (2007). *Staat ohne Verantwortung? Zum Wandel der Aufgaben von Staat und Politik*. Frankfurt am Main: Campus Verlag.

Heiß, D. (2010). *Verantwortung in der modernen Gesellschaft. Grundzüge einer interaktionsökonomischen Theorie der Verantwortung*. Freiburg/München: Karl Alber.

Heitmeyer, W. (Hrsg.). (2002–2012). *Deutsche Zustände. Bielefelder Langzeitstudie*. Frankfurt am Main: Suhrkamp.

Henss, R. (1992). *„Spieglein, Spieglein an der Wand ..." Geschlecht, Alter und physische Attraktivität*. Weinheim: Beltz.

Hormel, U. & Scherr, A. (Hrsg.). (2010). *Diskriminierung: Grundlagen und Forschungsergebnisse*. Wiesbaden: VS Verlag.

Kaufmann, F.-X. (1989). Über die soziale Funktion von Verantwortung und Verantwortlichkeit. In E.-J. Lampe (Hrsg.), *Verantwortlichkeit und Recht* (Tagung vom 4. bis 6. April 1987 in Bielefeld) (S. 204–224). Opladen: Leske + Budrich.

Kaufmann, M. (2004). *Zurechnung als die Operationalisierung von Verantwortung*. Frankfurt am Main: Lang.

Kelley, J. (2001). Attitudes towards Homosexuality in 29 Nations. *Australian Social Monitor 4*, 15–22.

Kieser, A. & Ebers, M. (Hrsg.). (2006). *Organisationstheorien*. Stuttgart: Kohlhammer.

Kohlberg, L. (1995). *Die Psychologie der Moralentwicklung*. Frankfurt am Main: Suhrkamp.

Krawietz, W. (2007). „Globalisierung rechtlicher Verantwortung?". In L. Heidbrink & A. Hirsch (Hrsg.), *Staat ohne Verantwortung? Zum Wandel der Aufgaben von Staat und Politik* (S. 309–341). Frankfurt am Main: Campus Verlag.

Krüger, M., Neuber, N., Brach, M. & Reinhart, K. (Hrsg.). (2009). *Bildungspotenziale im Sport. 19.* dvs-Hochschultag, Münster (Schriften der Deutschen Vereinigung für Sportwissenschaft, dvs, 191). Hamburg: Czwalina.

Lampe, E.-J. (Hrsg.). (1989). *Verantwortlichkeit und Recht* (Tagung vom 4. bis 6. April 1987 in Bielefeld). Opladen: Leske + Budrich.

Lampe, E.-J., Pauen, M. & Roth, G. (Hrsg.). (2008). *Willensfreiheit und rechtliche Ordnung*. Frankfurt am Main: Suhrkamp.

Latané, B. & Darley, J.M. (1970). *The unresponsive bystander: Why doesn't he help?* Eaglewood Cliffs, NJ: Prentice Hall.

Leibfried, D. & Erb, A. (2011). *Das Schweigen der Männer. Homosexualität im deutschen Fußball*. Göttingen: Die Werkstatt.

Lenk, H. (1992a). Deskriptive und normative Zuschreibungen von Verantwortung. In H. Lenk (Hrsg.), *Zwischen Wissenschaft und Ethik* (S. 76–100). Frankfurt am Main: Suhrkamp.

Lenk, H. (Hrsg.). (1992b). *Zwischen Wissenschaft und Ethik*. Frankfurt am Main: Suhrkamp.

Lenk, H. & Ropohl, G. (Hrsg.). (1987). *Technik und Ethik*. Stuttgart: Reclam.

Lessenich, S. (2003). Soziale Subjektivität. Die neue Regierung der Gesellschaft. *Mittelweg, 36* (4), 80–93.

Lewin, K. (1935). *A dynamic theory of personality*. New York: McGraw-Hill.

Luhmann, N. (1997). *Die Gesellschaft der Gesellschaft* (2 Bände). Frankfurt am Main: Suhrkamp.

Maier, M. S. (2010). Bekennen, Bezeichnen, Normalisieren: Paradoxien sexualitätsbezogener Diskriminierungsforschung. In U. Hormel & A. Scherr (Hrsg.), *Diskriminierung: Grundlagen und Forschungsergebnisse* (S. 151–172). Wiesbaden: VS Verlag.

Maring, M. (Hrsg.). (2011). *Fallstudien zur Ethik in Wissenschaft, Wirtschaft, Technik und Gesellschaft*. Karlsruhe: KIT.

Miebach, B. (2012). *Organisationstheorie. Problemstellung – Modelle – Entwicklung* (2. überarb. und erw. Auflage). Wiesbaden: VS Verlag für Sozialwissenschaften.

Mischel, W. (2004). Toward an integrative science of the person. *Annual Review of Psychology, 55*, 1–22.

Möller, H. (Hrsg.). (2012). *Vertrauen in Organisationen. Riskante Vorleistung oder hoffnungsvolle Erwartung?* Wiesbaden: Springer VS.

Neubauer, B. (Hrsg.). (1998). *Eigenverantwortung: Positionen und Perspektiven*. Waake: Licet Verlag.

Nida-Rümelin, J. (1998). Über den Respekt vor der Eigenverantwortung des anderen. In B. Neubauer (Hrsg.), *Eigenverantwortung: Positionen und Perspektiven* (S. 31–41). Waake: Licet Verlag.

Nida-Rümelin, J. (2007). Politische Verantwortung. In L. Heidbrink & A. Hisch (Hrsg.), *Staat ohne Verantwortung? Zum Wandel der Aufgaben von Staat und Politik* (S. 55–85). Frankfurt am Main: Campus Verlag.

Norris, W.P. (1991). Liberal Attitudes and Homophobic Acts. The Paradoxes of Homosexual Experience in a Liberal Institution. *Journal of Homosexuality, 30*, 93–117.

Osborne, D. & Wagner, W.E. (2007). Exploring the relationship between homophobia and participation in core sports among high school students. *Sociological Perspectives, 50*, 597–613.

Pauen, M. (2008). Einleitung. Teil I: Philosophische und psychologische Beiträge. In E.-J. Lampe, M. Pauen & G. Roth (Hrsg.), *Willensfreiheit und rechtliche Ordnung* (S. 9–15). Frankfurt am Main: Suhrkamp.

Rosemann, B. & Bielski, S. (Hrsg.). (2001a). *Einführung in die Pädagogische Psychologie*. Weinheim/Basel: Beltz.

Rosemann, B. & Bielski, S. (2001b). Pädagogische Interaktion. In B. Rosemann & S. Bielski (Hrsg.), *Einführung in die Pädagogische Psychologie* (S. 158–168). Weinheim/Basel: Beltz.

Schaaf, D. (2012). „Lieber Barbie als Lesbe?" Dispositionen von Sportjournalisten und Sponsoren zum heteronormativen Körperideal im Frauenfußball. In G. Sobiech & A. Ochsner (Hrsg.), *Spielen Frauen ein anderes Spiel? Geschichte, Organisation, Repräsentationen und kulturelle Praxen im Fußballsport* (S. 139–154). Wiesbaden: VS Verlag.

Schein, E. (2010). *Organisationskultur. The Ed Schein Corporate Culture Survival Guide* (3. Auflage). Bergisch Gladbach: EHP Edition Humanistische Psychologie.

Schweer, M. (1999). *Das Vertrauensphänomen in differentiell-psychologischer Perspektive – eine paradigmatische Betrachtung*. Unveröffentlichtes Manuskript.

Schweer, M. (2007). Geschlechterspezifische Unterschiede in der Wahrnehmung homosexueller Orientierungen im Leistungssport. In I. Hartmann-Tews & B. Dahmen (Hrsg.), *Sportwissenschaftliche Geschlechterforschung im Spannungsfeld von Theorie, Politik und Praxis* (S. 149–159). Hamburg: Czwalina.

Schweer, M. (Hrsg.). (2008). *Lehrer-Schüler-Interaktion. Inhaltsfelder, Forschungsperspektiven und methodische Zugänge*. Wiesbaden: VS Verlag.

Schweer, M. (2012). Vertrauen als zentrale Ressource der Organisationsberatung. Ausgewählte empirische Befunde zu Vertrauenskulturen und Innovationsmanagement. In H. Möller (Hrsg.), *Vertrauen in Organisationen. Riskante Vorleistung oder hoffnungsvolle Erwartung?* (S. 63–91). Wiesbaden: Springer VS.

Schweer, M. (2013). Loyalität als gewinnbringende Ressource im Kontext von Vertrauen und sozialer Verantwortung: Anmerkungen aus einer differentiellen Perspektive. In E. Hammer & N. Tomaschek (Hrsg.), *Vertrauen. Standpunkte zum sozialen, wirtschaftlichen und politischen Handeln* (S. 37–46). Münster: Waxmann.

Schweer, M. (2014a). *Soziale Verantwortung im Kontext einer differentiell-psychologischen Perspektive*. Unveröff. Manuskript.

Schweer, M. (2014b). *Homosexualität und Homophobie im Fußball – Zentrale Forschungsergebnisse und deren Implikationen für die Arbeit in den Landes- und Regionalverbänden*. Vortrag im Rahmen des DFB-Workshops zu „Fußball und Homosexualität" am 22. Mai 2014 in Frankfurt.

Schweer, M. & Thies, B. (2003). *Vertrauen als Organisationsprinzip*. Bern: Hans Huber.

Sobiech, G. & Ochsner, A. (2012). *Spielen Frauen ein anderes Spiel? Geschichte, Organisation, Repräsentationen und kulturelle Praxen im Fußballsport*. Wiesbaden: VS Verlag.

Sombetzki, J. (2014). *Verantwortung als Begriff, Fähigkeit, Aufgabe. Eine Drei-Ebenen-Analyse*. Wiesbaden: Springer.

Sprenger, B. (2009). *Die Illusion der perfekten Kontrolle*. München: Kösel-Verlag.

Stahl, B.C. (2000). Das kollektive Subjekt der Verantwortung. *Zeitschrift für Wirtschafts- und Unternehmensethik, 1* (2), 225–236.

Steffens, M.C. (2005). Implicit and Explicit Attitudes Towards Lesbians and Gay Men. *Journal of Homosexuality, 49*, 39–66.

Steffens, M.C. & Wagner, C. (2004). Attitudes towards lesbians, gay men, bisexual women, and bisexual men in Germany. *Journal of Sex Research, 41*, 137–149.

Steffens, M.C. & Wagner, C. (2009). Diskriminierung von Lesben, Schwulen und Bisexuellen. In A. Beelmann & K.J. Jonas (Hrsg.), *Diskriminierung und Toleranz. Psychologische Grundlagen und Anwendungsperspektiven* (S. 241–262). Wiesbaden: VS Verlag.

Steinfeldt, J.A. & Steinfeldt, M.C. (2012). Profile of Masculine Norms and Help-Seeking Stigma in College Football. *Sport, Exercise and Performance Psychology, 1* (1), 58–71.

Thies, B. (2008). Historische Entwicklung der Lehrer-Schüler-Interaktionsforschung. In M. Schweer (Hrsg.), *Lehrer-Schüler-Interaktion. Inhaltsfelder, Forschungsperspektiven und methodische Zugänge* (S. 77–100). Wiesbaden: VS Verlag.

Waine, A. & Naglo, K. (Hrsg.). (2014). *On and Off the Field.* Wiesbaden: VS Verlag.

Wallace, R.J. (1994). *Responsibility and the Moral Sentiments.* Cambridge, Mass.: Harvard University Press.

Willer, R. (2005). *Overdoing Gender: Testing the Masculine Overcompensation Thesis.* Vortrag auf der 100. Jahrestagung der American Sociological Association (ASA) am 15. August 2005 in Philadelphia.

Wirth, W., Stiehler, H.-J. & Wünsch, C. (2007). *Dynamisch-transaktional denken. Theorie und Empirie der Kommunikationswissenschaft.* Köln: Halem.

Zimmerli, W.C. (1987). Wandelt sich die Verantwortung mit dem technischen Wandel? In H. Lenk & G. Ropohl (Hrsg.), *Technik und Ethik* (S. 92–111). Stuttgart: Reclam.

KonsumentInnenverantwortung für Nachhaltigkeit?

Am Beispiel Energiearmut

Karl-Michael Brunner und Anja Christanell

Im Kontext der gesellschaftlichen Auseinandersetzungen um nachhaltige Entwicklung wird die Verantwortung für den Nachhaltigkeitswandel häufig den KonsumentInnen zugeschrieben. Diese wären die zentralen AkteurInnen, die mit ihrer Nachfrage den Übergang in eine nachhaltigere Wirtschaft und Gesellschaft vorantreiben sollten. Ziel des vorliegenden Aufsatzes ist es, diese Verantwortungszuschreibung aus soziologischer Perspektive zu relativieren und am Beispiel von Energiearmut zu zeigen, dass das Thema Verantwortung im Nachhaltigkeitskontext eine stärker kontextualisierte und auf soziale Ungleichheiten Bezug nehmende Perspektive erfordert.

Nachhaltige Entwicklung und nachhaltiger Konsum

Nachhaltigkeit ist ein Entwicklungskonzept, das auf die Zukunftsfähigkeit von Gesellschaften in ökologischer, ökonomischer und sozialer Hinsicht gerichtet ist. Dabei sind sowohl intergenerationelle Gerechtigkeitsnormen handlungsleitend („zukünftige Generationen") als auch intragenerationelle. Letztere sind nicht nur auf ärmere Länder bezogen, sondern auch auf soziale Ungleichheiten in reichen Ländern (Brunner, 2014). Die weltweite Diskussion des Nachhaltigkeitskonzepts wurde mit dem sogenannten „Brundtland-Bericht" der „Weltkommission für Umwelt und Entwicklung" eingeleitet. Die Kommission hatte den Auftrag, die drängendsten Weltprobleme zu analysieren (die globale Umweltzerstörung, die weltweiten Ungleichheiten, die wachsende Armut und die Bedrohung von Frieden und Sicherheit) und Lösungsvorschläge zu entwickeln. In diesem Kontext wurde auch die bekannte Definition nachhaltiger Entwicklung formuliert: „Dauerhafte Entwicklung ist Entwicklung, die die Bedürfnisse der Gegenwart befriedigt, ohne zu riskieren, daß künftige Generationen ihre eigenen Bedürfnisse nicht befriedigen können" (Hauff, 1987, S. 46). Inzwischen ist Nachhaltigkeit als möglicher Zukunftsentwurf für die Gestaltung von Gesellschaften und gesellschaftlichen Naturbeziehungen zu einem kollektiven Leitbild geworden und findet breite Zustimmung bei vielen gesellschaftlichen AkteurInnen. Die Zustimmung zum Leitbild bedeutet jedoch nicht unbedingt Konsens über das weitere Vorgehen: Wenn es um konkrete Ziele, Strategien und Handlungsprioritäten und um die Geschwindigkeit der Umsetzung des Leitbildes geht, dann divergieren die Vorstellungen zum Teil sehr stark (Jörissen, Kneer & Rink, 2000). Je nach Naturkonzept, Gerechtigkeits- und Entwicklungsvorstellungen und präferierten Steuerungsstrategien kann das jeweilige Verständnis von Nachhaltigkeit sehr unterschiedlich sein. Lange Zeit wurde von einem „Drei-Säulen-Modell" aus Ökologie, Ökonomie und Sozialem ausgegangen, was allerdings oft zur Konsequenz hatte, dass nur einer Säule Vorrang eingeräumt wurde (z.B. der Ökologie) und die beiden anderen nachrangig in inhaltlicher, aber auch zeitlicher Dimension betrachtet wurden. Häufig wurde die soziale Dimension ausgespart oder auf eine Restkategorie reduziert und die aus den 1980er Jahren bekannte Opposition „Ökologie versus Ökonomie" in das Zentrum gestellt. Durch das Säulenmodell wird allerdings der Eindruck erweckt, als wäre die Ökonomie unabhängig vom sozialen und institutionellen Kontext sowie Wirtschaft und Gesellschaft unabhängig von der Umwelt. Das ist weder aus sozioökonomischer Perspektive noch aus sozialökologischer Perspektive haltbar. Wirtschaft und Umwelt sind eng mit dem Sozialen verbunden, es geht immer um „gesellschaftliche Naturverhältnisse". Gleichwohl ist das Trennungsmodell häufig organisatorisch in Institutionen verfestigt (z.B. in unterschiedlichen ministeriellen Zuständigkeiten), was für die „Querschnittsthematik Nachhaltigkeit" und eine sozialökologische Gerechtigkeitspolitik schwierig sein kann.

In letzter Zeit wird zunehmend einem integrativen Nachhaltigkeitsverständnis gefolgt. Dies bedeutet aber nicht, dass sich deshalb unterschiedliche Prioritätensetzungen, Widersprüche und Konflikte automatisch in „Win-Win-Win-Lösungen" auflösen. So wird am Beispiel der Energiewende deutlich, dass der Umstieg auf erneuerbare Energien mit erhöhten Energiepreisen verknüpft sein kann: Während aber Großbetriebe mit dem Verweis auf den Erhalt der Wettbewerbsfähigkeit oft von finanziellen Zuschlägen ausgenommen werden, kommen VerbraucherInnen zum pekuniären Handkuss. Dies kann insbesondere für einkommensschwache Haushalte, die ohnehin eine schwache Position am Energiemarkt haben, zum Problem werden: Energie wird immer weniger leistbar. Energiearmut kann die Folge sein, was sozialökologische Gerechtigkeitsfragen aufwirft.

Die Herausforderung nachhaltigen Konsums

Nachhaltiger Konsum gilt als eine zentrale Strategie zur Erreichung nachhaltigerer Wirtschafts- und Lebensweisen. Doch was bedeutet nachhaltiger Konsum? Definitionsversuche orientieren sich häufig an der Brundtland-Definition von nachhaltiger Entwicklung: „‚Nachhaltig' ist ein Konsumverhalten dann zu nennen, wenn es die Bedürfnisse der Konsumenten in einer Weise erfüllt, die die Absorptions- und Regenerationsfähigkeit der natürlichen Mitwelt nicht überfordert" (Scherhorn, Reisch & Schrödl, 1997, S. 7). Hinsichtlich der Sozialverträglichkeit wird das Kriterium formuliert,

> ob mit dem jeweiligen Konsumverhalten soziale Ausbeutung und gesellschaftliche Ungleichheit verringert oder vergrößert [wird] und inwieweit sich damit die Chancen auf eine Befriedigung existentieller Grundbedürfnisse der an den Produktions- und Konsumketten beteiligten Bevölkerungsgruppen erhöhen oder verschlechtern (Brand, Gugutzer, Heimerl & Kupfahl, 2002, S. 10).

Was diese Definitionen allerdings konkret für alltägliches Konsumhandeln bedeuten, ist aus ihnen nicht einfach ableitbar. Die Multidimensionalität und Komplexität von Nachhaltigkeit machen es z.B. schwierig und aufwändig, im Konsumalltag die „nachhaltig richtige" Entscheidung zu treffen: Soll beispielsweise bei Lebensmitteln konventionell erzeugten Produkten aus der Region der Vorzug gegeben werden (Stichwort: Vermeidung von Transportwegen und Stärkung der lokalen Wirtschaft) oder lieber ökologisch produzierten aus Übersee (Stichwort: Umweltschonung und Förderung von Arbeitsplätzen für armutsbetroffene Bevölkerungsgruppen)? Mit der Beantwortung solcher Fragen sind KonsumentInnen häufig überfordert, weshalb meist „Daumenregeln", Kompatibilitäten mit Lebensstilen sowie Alltagstauglichkeit und Routinisierung die Abwägung von Kriterien anleiten.

Die Überforderung resultiert u.a. aus einem Wissens-, einem Bewertungs- und einem Umsetzungsproblem. Das Wissensproblem meint, dass KonsumentInnen im Normalfall das Wissen über Produktionsbedingungen, Marktgegebenheiten usw. nicht zur Verfügung steht bzw. sie teilweise auch wenig aktives Interesse an der Beschaffung solcher Informationen haben. Das Bewertungsproblem verweist auf die Multidimensionalität von Nachhaltigkeit mit z.T. widersprüchlichen Bewertungskriterien und damit verbundener hoher Komplexität. Das Umsetzungsproblem schließlich bezieht sich auf die Schwierigkeit, KonsumentInnen zu kollektivem Handeln zu bewegen und entsprechende Einstellungen auch im Konsumalltag umzusetzen. Deshalb sind entsprechende Rahmenbedingungen notwendig, um nachhaltigen Konsum zu ermöglichen und zu fördern (Grunwald, 2012). Moralisierende Nachhaltigkeitsappelle, die noch dazu an das vermeintliche Kollektiv der KonsumentInnen gerichtet sind (z.B. „Wir alle müssen aus Klimaschutzgründen den Fleischkonsum einschränken"), finden auch bei prinzipiell für Nachhaltigkeit aufgeschlossenen KonsumentInnen ihre Grenzen, da solche Forderungen oft an der Konsumrealität der Menschen vorbei gehen und deshalb eher Abwehr als Anschluss erzeugen. Die Verantwortungszuschreibung an *die* KonsumentInnen vergisst auch, dass es sehr verschiedene Gruppen von KonsumentInnen mit jeweils unterschiedlichen Ressourcenausstattungen, lebensweltlichen Orientierungen und Handlungsbedingungen gibt (Brunner, 2013). Konsumhandeln ist aus soziologischer Perspektive in soziale und kulturelle Kontexte eingebettet, die bei Veränderungsintentionen zu berücksichtigen sind.

Diskurse zu nachhaltigem Konsum rekurrieren häufig auf das Leitbild mündiger, eigenverantwortlicher KonsumentInnen. Dieses Leitbild wird von vielen AkteurInnen geteilt (z.B. Wirtschaft, Politik oder EU-Gesetzgebung), wiewohl dieses Leitbild dem Konsumalltag meist nicht gerecht wird. Von souveränen, eigenverantwortlichen KonsumentInnen auszugehen, abstrahiert von den Handlungskontexten und -möglichkeiten von KonsumentInnen. Verantwortung entsteht aber aus individuellen, sozialen und kulturellen Handlungsspielräumen, die bei KonsumentInnen oft nicht gegeben sind (WBVE, 2013). Damit soll KonsumentInnen Verantwortung nicht abgesprochen werden, aber auf soziale Unterschiede und damit verknüpfte Ressourcenausstattungen, Gestaltungskompetenzen und Handlungsspielräume verwiesen werden, die der Realisierung von Verantwortung entgegenstehen können. Im Leitbild verantwortlicher KonsumentInnen wird auch die Bedeutung von Information und Wissensvermittlung oft überschätzt. Aus der sozialwissenschaftlichen Nachhaltigkeitsforschung ist bekannt, dass ein ausgeprägtes Bewusstsein (nachhaltigkeitsaffine Einstellungen und Werte sowie Wissensbestände) häufig zwar eine teilweise notwendige, aber oft keineswegs hinreichende Voraussetzung für nachhaltiges Handeln ist. Andere Faktoren können sich als wichtiger erweisen: Lebensstil, Praktikabilität, nicht nachhaltigkeitsbezogene Motive. Studien zeigen beispielsweise, dass es umweltfreundliches Handeln auch ohne entsprechendes Umweltbewusstsein geben kann. Die relativ große Gruppe „einstellungsungebundener Umweltschützer" (Preisendörfer, 1999) kann ein unterdurchschnittliches Umweltbewusstsein, aber ein überdurchschnittliches Umwelthandeln vorweisen. Dieses ist allerdings weniger durch Werte des Umweltschutzes angeleitet, sondern durch Tradition, Gesundheit oder Fürsorge für andere. Nachhaltiges Handeln ist auch nicht auf einzelne Lebensstile beschränkt. Es kann mit konservativen Werthaltungen ebenso verbunden sein wie mit modernen. Generell ist ein durchgängig nachhaltiger Lebensstil sehr voraussetzungsvoll und deshalb in der Realität nur selten vorzufinden. Häufiger sind „ökologische Patchwork-Lebensstile" (Reusswig, 1999), d.h. die Kombination von nachhaltigkeitskompatiblen Handlungsweisen mit solchen, die es weniger sind. Nachhaltigkeitsverträgliche und -unverträgliche Handlungsweisen stehen in verschiedenen Handlungsfeldern oft nebeneinander. Zum Beispiel kann eine Ausrichtung im Sinne von Nachhaltigkeit im Handlungsfeld Ernährung durchaus mit einer nicht nachhaltigen Ausrichtung in anderen Handlungsfeldern (z.B. Verkehr) Hand in Hand gehen. Dies ist auch bei der Gruppe der „verantwortungsvollen KonsumentInnen" nicht selten. Wichtig in diesem Zusammenhang ist auch, die Perspektive objektiver Umweltauswirkungen menschlicher Handlungen in Betracht zu ziehen. Konsumhandlungen sind immer mit mehr oder weniger ausgeprägten Umweltinanspruchnahmen bzw. -auswirkungen (z.B. CO_2-Emissionen) verknüpft, auch wenn dies den Handelnden nicht bewusst sein muss. So kann der ökologische Fußabdruck der oft als NachhaltigkeitspionierInnen gefeierten „LOHAS" (Lifestyle of Health and Sustainability), die nachhaltig verantwortungsbewusst konsumieren (z.B. als intensive Bio-Lebensmittel-KonsumentInnen), aufgrund des hohen Konsumniveaus deutlich ausgeprägter sein als jener wenig umweltweltbewusster und dominant preisorientierter KonsumentInnen, die aufgrund restringierter Lebensbedingungen und Ressourcenverfügbarkeiten nur geringe Konsumpotenziale haben.

Konsum sozial kontextualisiert: Grenzen von Verantwortungsübernahme

Advokaten der KonsumentInnenverantwortung für nachhaltigen Konsum (wissenschaftlich meist in Ökonomie und Psychologie beheimatet) rekurrieren häufig auf das mehr oder weniger eng gefasste Modell der KonsumentInnensouveränität, d.h. die Vorstellung, dass KonsumentInnen rational handeln und auf Basis der Bereitstellung von Informationen eine informierte Wahl am Markt treffen. In den dahinter stehenden Handlungskonzepten wird Konsum häufig auf individuelle Entscheidungen reduziert, ohne soziale Beziehungen, soziale und kulturelle Kontexte oder auch Routinen ausreichend mit zu berücksichtigen. Zwar gibt es inzwischen auch in Ökonomie und Psychologie sozial sensiblere Versionen der Konsumtheorie, z.B. in der Verhaltensökonomik. Letztere beispielsweise relativiert die Rationalitätsannahme der Ökonomie, indem sie zeigt, dass Menschen im Konsumalltag weniger rational entscheiden und sich weniger umfassend informieren als dies das Leitbild mündiger VerbraucherInnen unterstellt. Diese Ansätze sind für soziale Dimensionen des Konsums offener, folgen aber meist einem dualistischen Bild der KonsumentInnen, indem sie dem nutzenorientierten „ökonomischen Menschen" einen „sozialen oder moralischen Menschen" zur Seite stellen. Außerdem werden die sozialen

Dimensionen des Konsums sehr häufig in deterministischer „Zwangsperspektive" konzeptualisiert, indem die Rolle sozialen Drucks und sozialer Normen überbetont wird.

Eine soziologische Perspektive geht von der sozialen Kontextualisierung des Konsums aus, was im Folgenden am Beispiel des Energiekonsums gezeigt werden soll. Der Energiekonsum ist von zentraler nachhaltigkeitspolitischer Relevanz und dessen Reduktion Ziel vieler internationaler und nationaler Nachhaltigkeitsstrategien. Energiesparen und die Erhöhung der Energieeffizienz stehen auf der Tagesordnung, zumal weltweit der Energiekonsum weiter ansteigt und mit ihm die CO_2-Emissionen. Es herrscht inzwischen Konsens, dass das industrielle Energiesystem nicht nachhaltig ist und eine Transition zu einer „low carbon society" notwendig wird. Die EU beispielsweise beabsichtigt mit ihrer „20-20-20-Strategie" bis zum Jahr 2020, einen 20%-Anteil an erneuerbaren Energien zu verwirklichen, eine Reduktion des Ausstoßes von Treibhausgasen um 20% sowie eine Erhöhung der Energieeffizienz um 20% zu erreichen.

Lange Zeit war die Forschung zu Energiekonsum weitgehend technisch und/oder ökonomisch geprägt bzw. durch die Verbindung von Ökonomie und Psychologie dominiert. Dabei waren meist individualistische, sozial entbettete Akteursmodelle theorieleitend, die Handlungskontexte und strukturelle Gegebenheiten als dem Handeln äußerlich konzipieren und damit den inhärent sozialen Charakter des Energiehandelns unterschätzen. Aus sozialwissenschaftlicher Perspektive ist Energiekonsum sozial, kulturell und materiell strukturiert, ist Ausdruck und Bestandteil sozialer Stratifizierung (Brunner, Spitzer & Christanell, 2011). Energieverbrauchsmuster unterscheiden sich nicht nur nach Dimensionen wie Einkommen, Lebenszyklus, Wohnform oder ethnischer Zugehörigkeit. Auch technisch-materielle Dimensionen (wie z.B. Alter, Typ und Größe von Wohnungen und technischen Geräten) spielen eine Rolle, ebenso wie Wissen, Einstellungen und soziale Normen (z.B. Mentalitäten des Sparens oder Umwelteinstellungen). Soziologische Analysen des (Energie-) Konsums gehen von einer sozialen Kontextualisierung von Bewusstseins- und Handlungsformen aus. Menschliches Handeln ist beispielsweise eingebettet in soziale Milieus und Lebensstile. Energiesparverhalten kann von einer Lebensstilgruppe zur anderen differieren, dies gilt auch für Effizienzorientierungen oder die Bedeutung von Technologien. Eine Studie zum Energiesparen hat sieben unterschiedliche Typen identifiziert, die sich deutlich nach Werthaltungen, Lebensstilen und Konsumformen unterscheiden. In Haushalten können lebensstilspezifisch unterschiedliche „Energiekulturen" existieren, die z.B. in unterschiedlichen Vorstellungen eines „Heims" (Bedeutung von Gemütlichkeit, Komfort oder Gastfreundlichkeit) zum Ausdruck kommen, was wiederum energiebezogene Auswirkungen (das „richtige" Licht, die „angenehme" Zimmertemperatur) und entsprechende Energieverbräuche zur Folge hat. Konsumhandeln ist aber nicht nur in Haushalte und Lebensstile eingebettet, sondern auch in die alltägliche Lebensführung, die alltagspragmatische Suche nach einem lebbaren Koordinationsmodus von Zeit und Raum, bei dem die oft widersprüchlichen alltäglichen Anforderungen, Zeiten und Strukturen zu einem Ganzen integriert werden. Aus dieser alltäglichen Lebensführung kann sich für Menschen z.B. die energieintensive Notwendigkeit ergeben, ständig „online" zu sein. Konsummuster sind aber auch eingebettet in und beeinflusst von gesellschaftlichen Diskursen zu Energie, Umwelt, Armut usw. Diese Diskurse bestimmen in mehr oder weniger großem Ausmaß gesellschaftliche Leitbilder und Haltungen von KonsumentInnen, die wiederum Auswirkungen auf die Legitimität bestimmter Konsummuster haben (z.B. die öffentliche Diskussion um Vor- und Nachteile des Glühbirnenverbots). Dazu kommen makrostrukturelle gesellschaftliche Trends (z.B. Individualisierung), politische, rechtliche und wirtschaftliche Rahmenbedingungen, die Produktions- und Angebotsstruktur, technische Entwicklungen usw. Auch die Ausgestaltung dieser Rahmenbedingungen kann konsumtive Handlungsspielräume erweitern oder einengen.

Am Beispiel des Energiekonsums wurde ansatzweise die vielfältige soziale Kontextualisierung des Konsumhandelns gezeigt, die unterschiedliche Handlungsmöglichkeiten der KonsumentInnen nach sich zieht. Die Zuschreibung von Verantwortungsübernahme operiert meist mit einem de-kontextualisierten, abstrakten Begriff von KonsumentInnenbild und vergisst, dass auch die entsprechenden individuellen, sozialen und kulturellen Voraussetzungen für entsprechendes Konsumhandeln vorhanden sein müssen, um Verantwortung realisieren zu können. Konsum findet nicht im abstrakt luftleeren Raum statt, sondern inmitten einer realen Gesellschaft mit realen Rahmenbedingungen (Grunwald, 2012). Gesellschaft und Wirtschaft wiederum sind in biophysische Systeme eingebunden und von deren Leistungen abhängig. Darauf soll im nächsten Abschnitt eingegangen werden.

Intragenerationelle Gerechtigkeit: sozialökologische Perspektiven

Doch nicht nur die soziale Kontextualisierung des Konsumhandelns und daraus resultierende Handlungsoptionen oder -beschränkungen sind bei Verantwortungszuschreibungen im Kontext von Nachhaltigkeit zu berücksichtigen. Nachhaltigkeit ist auch eng verknüpft mit intragenerationellen Gerechtigkeitsfragen. Während beispielsweise für manche gesellschaftliche Gruppen in den Industrieländern die (unbegrenzte) Verfügbarkeit von Energie eine Normalität darstellt, stehen andere Gruppen vor dem Problem, sich Energie in ausreichendem Ausmaß leisten zu können bzw. die Inanspruchnahme von Energiedienstleistungen einschränken zu müssen. Mangel an Energie kann auch in Ländern Europas tödlich enden, weil Menschen im Winter nicht ausreichend Wärme zur Verfügung haben oder sich im Sommer nicht vor der Hitze schützen können.

Es wurde bereits auf die vielfache Einbettung des Konsumhandelns hingewiesen, u.a. in unterschiedliche Lebensstile. Lebensstile sind aber nicht nur sozial, sondern auch ökologisch betrachtet pluralisiert. Die lebensstilspezifischen Naturnutzungs- und -belastungsprofile waren aber lange Zeit nicht im Blickfeld der Forschung. Das soziale Ungleichheitsproblem wurde

> auf die Analyse der sozialen Pluralisierung und Diversifizierung umweltbezogener Wertpräferenzen, Einstellungsmuster und Verhaltensweisen begrenzt und ansonsten die Frage an den Rand [...] gedrängt, inwieweit die produktiven und konsumtiven *Nutzungs- bzw. Inwertsetzungschancen* von Umweltpotenzialen für unterschiedliche Zweckbestimmungen *sozial* ungleich verteilt sind (Kraemer, 2008, S. 179; Hervorhebung im Original).

Die Umweltgerechtigkeitsforschung hat bereits seit den 1970er Jahren darauf verwiesen, dass sowohl Umweltrisiken und -belastungen als auch der Zugang zu Umweltressourcen häufig sozial ungleich verteilt sind (Elvers, 2011). Dies wurde im Nachhaltigkeitsdiskurs lange Zeit wenig beachtet, da Gerechtigkeitsfragen entweder im intergenerativen Vergleich diskutiert wurden oder in Bezug auf globale Entwicklungsunterschiede zwischen Nord und Süd. In den letzten Jahren gewinnen aber im Zusammenhang mit der Berücksichtigung sozialer Aspekte von Nachhaltigkeit zunehmend auch soziale Verteilungsmuster von Umweltbelastungen und -nutzungen sowie Naturschutzkosten in den industrialisierten Ländern an Bedeutung. Dabei wird soziale Gerechtigkeit nicht (nur) unter dem Aspekt der Einkommensverteilung und der ökonomischen und sozialen Teilhabe betrachtet, sondern auch unter dem Aspekt ökologischer Gerechtigkeit (Walker, 2012). Beispielsweise wird im Zusammenhang mit dem Klimawandel die soziale Differenzierung von Verantwortlichkeiten und Betroffenheiten betont. Häufig sind Umweltdegradationen in größerem Ausmaß durch die Handlungen Wohlhabender verursacht, während die sozial Schwächeren überproportional von diesen Problemen betroffen sind (Agyeman & Evans, 2004). Auch in Bezug auf mögliche gesellschaftliche Folgen des Klimawandels zeigen die sozialen Dimensionen der Verwundbarkeit (vulnerability) durch Klimafolgen, dass jene Bevölkerungsgruppen deutlich stärker betroffen sind bzw. sein werden, deren Handlungschancen durch geringe Ressourcenausstattungen beeinträchtigt sind (u.a. durch geringes Einkommen, geringe Bildung, wenig Sozialkapital, schlechte Wohnbedingungen). Untersuchungen zu den Auswirkungen von „Hurricane Katrina" 2005 in den USA haben beispielsweise verdeutlicht, dass unterprivilegierte Bevölkerungsgruppen am stärksten betroffen waren (Bullard & Wright, 2009).

In der Nachhaltigkeitsforschung wurden Stoffstrom- oder Emissionsanalysen bisher selten in Beziehung zu sozialstrukturellen Differenzierungen gesetzt (Kraemer, 2008). Bogun (2012) kritisiert den Mangel an nationalstaatlichen Studien zu sozialen Differenzen im Umweltverbrauch und zeigt anhand mehrerer Studien, dass etwa das verfügbare Pro-Kopf-Einkommen ein Hauptfaktor für Umweltwirkungen von Haushalten ist. Unter diesem Blickwinkel erscheinen dann einige der nachhaltigen „Pioniergruppen" als weniger vorbildhaft, da sie zwar in einigen Konsumbereichen (z.B. Ernährung) durchaus nachhaltiger handeln, das einkommensbedingt hohe Konsumniveau aber mit ausgeprägten Umweltimpacts verknüpft ist (Walker, 2012).

Druckman und Jackson (2008) zeigen etwa, dass die 10% einkommensschwächsten Haushalte Großbritanniens im Durchschnitt nur 43% der Energie verbrauchen, die von den 10% einkommensstärksten Haushalten konsumiert wird. Eine andere britische Studie macht deutlich, dass die zehn Prozent einkommensstärksten Bevölkerungsgruppen in Großbritannien für 43% der gesamten verkehrsbezogenen Treibhausgasemissionen verantwortlich sind, jene mit dem niedrigsten Einkommen für 1% (Brand & Boardman, 2008). Ähnliche Ungleichheiten sind auch in Österreich sichtbar: Beispielsweise verursacht ein österreichischer Haushalt des obersten Einkommensviertels durch Alltagsfahrten im Auto und öffentlichen Verkehr (ohne Berücksichtigung von Flugreisen!) fast viereinhalb Mal so viele CO_2-Emissionen wie ein Haushalt des untersten Einkommensviertels (VCÖ, 2009). Diese Befunde sind nicht immer neu (wenn auch in ihrem Ausmaß überraschend), wie die Untersuchung von Lutzenhiser und Hackett (1993) zu Energieverbrauch und

CO_2-Emissionen von US-Haushalten zeigt: Demnach erhöhen sich mit steigendem Einkommen sowohl der Energieverbrauch als auch die CO_2-Emissionen deutlich. Sanquist et al. haben in einer neueren Untersuchung zum US-Elektrizitätskonsum auch die Bedeutung von Lebensstilfaktoren wie Besitz und Gebrauch von technischen Geräten, Wahl des Wohnorts einbezogen, die immerhin ca. 40% der Varianz im Konsum erklären können (Sanquist, Orr, Shui & Bittner, 2012). Verschiedene Studien zu Konsummustern deuten darauf hin, dass sowohl sozioökonomische Lagemerkmale als auch Lebensstilfaktoren für deren Ausprägung eine wesentliche Rolle spielen, dies aber je nach Konsumfeld, einbezogenen Variablen usw. unterschiedlich ist.

Generell zeigt sich, dass die Gleichung „hohes Umwelt- und Nachhaltigkeitsbewusstsein = ausgeprägt nachhaltiges Handeln" so nicht stimmt. Vielmehr kann ausgeprägtes Bewusstsein durchaus mit hohem Umweltverbrauch verknüpft sein. In vielen Fällen zeigt sich, dass sozial benachteiligte Gruppen in der Gesellschaft oft einen deutlich geringeren Umweltverbrauch haben als sozial privilegierte. Konsumverzicht oder radikales Sparen ist dabei durch die Lebensumstände mitbedingt, wenngleich auch unter sehr restriktiven Bedingungen nachhaltigkeitskompatible Werthaltungen und Einstellungen handlungsrelevant sein können. Allerdings wird dieser „Nachhaltigkeitsbonus" gesellschaftlich und medial bisher wenig belohnt. Obwohl sozial weniger privilegierte Gruppen beispielsweise meist weniger Energie konsumieren (was auf dem Weg in eine „dekarbonisierte Gesellschaft" eigentlich positiv zu sehen wäre), ist ihre Stellung am Energiemarkt eine schwache, d.h. sie müssen meist mehr für Energie zahlen als privilegiertere Haushalte und profitieren auch weniger von der Liberalisierung des Energiemarktes (Boardman, 2010). Medial wird oft mit moralischem Gestus und unter Heranziehung von Einzelfällen die vermeintliche Verschwendung trotz niedrigem Einkommen oder ein ungesunder Lebensstil kritisch hervorgehoben und daraus verallgemeinernd auf die Gruppe wenig privilegierter KonsumentInnen geschlossen. Keine Talkshow im Privatfernsehen ohne täglichen Verweis auf die Zügellosigkeit und Unmoral der unteren sozialen Schichten!

Doch wäre es ebenso zynisch, die sozial Benachteiligten einer Gesellschaft statt der „LOHAS" als die NachhaltigkeitspionierInnen zu feiern. Geringer Ressourcenverbrauch in ökologischer Hinsicht geht häufig mit eingeschränkter Lebensqualität und sozialem Stigma einher bzw. dem Ausschluss von gesellschaftlicher Teilhabe durch (erzwungenen) Konsumverzicht. Dies ist gerade in einer Konsumgesellschaft problematisch, in der materieller Konsum zu einem zentralen Bestandteil gesellschaftlicher Integration geworden ist.

Wer trägt die Verantwortung für Nachhaltigkeitswandel? Gegen die (alleinige) Verantwortungszuschreibung an die KonsumentInnen wurde bisher ins Feld geführt, dass Konsum sozial kontextualisiert ist und sich daraus unterschiedliche Handlungskompetenzen und -spielräume ergeben. Die Berücksichtigung sozialer Ungleichheiten ist aber nicht nur in sozialer Hinsicht relevant, sondern auch in ökologischer. Unter Berücksichtigung der Forschungen zu Umweltgerechtigkeit wurde hervorgehoben, dass eine Verantwortungszuschreibung auch die sozial ungleiche Verteilung des Zugangs zu Umweltressourcen und von Umweltrisiken und -belastungen einbeziehen sollte. Beide Dimensionen werden im Folgenden am Beispiel von Energiearmut näher ausgeführt.

Das Beispiel Energiearmut

Steigende Energiepreise, sinkende oder stagnierende Einkommen und in vielen Ländern ein hoher Bestand an energieineffizienten Gebäuden und Wohnungen bringen Energiearmut als gesellschaftliches Problem in die öffentliche und wissenschaftliche Aufmerksamkeit. Energiearmut ist durch mehrere Charakteristika gekennzeichnet: u.a. hohe Energiekosten, Energieschulden, Abschaltungen, Einschränkungen des Energiekonsums auf Kosten der Gesundheit oder auch der Wahlzwang, ob das verfügbare Einkommen für Essen oder Heizen ausgegeben wird. Energiearmut entsteht aus dem Zusammenspiel von niedrigen Einkommen, hohen Energiepreisen und energieineffizienten Wohnungen bzw. Geräten (Brunner & Mandl, 2014).

Zwei unter Mitwirkung der AutorInnen durchgeführte Studien zum Energiekonsum von einkommensschwachen Haushalten zeigen die Problematik von Energiearmut. Eine qualitative Untersuchung[1] bringt zutage, dass viele einkommensschwache Haushalte ihre Ansprüche einschränken müssen (vgl. Brunner et al., 2011; 2012). Leben mit Schulden und Sparen als Lebensmaxime stehen auf der Tagesordnung, Engpässe sind häufig. Im Gegensatz zur Annahme einer ständigen Erhöhung der Standards gesellschaftlicher Normalität (z.B. immer höhere Innenraumtemperaturen; Shove, 2003) findet bei sozial benachteiligten Haushalten oft ein schrittweiser Anpassungsprozess „nach unten" statt, werden Standards des „normalen" Lebens abgesenkt. Die Wohnungen vieler einkommensschwacher Haushalte sind in schlechtem energetischem Zustand, dies gilt auch für technische Geräte und Heizungen. Energieeffizienz ist eher die Ausnahme denn die Regel. Oft verfolgen Haushalte teilweise sehr kreative Strategien, um trotz mangelnder Ressourcen die Wohnung so gut wie möglich einzurichten: So wird im Freundeskreis nach gebrauchten Einrichtungsgegenständen und Geräten gesucht, werden Flohmärkte, Gebrauchtwarenplattformen und Sonderangebote genutzt, kaputte Gegenstände wieder repariert. Sozial und ökonomisch benachteiligte Haushalte sind oft in vielfältige „Second-Hand Cultures" (Gregson & Crewe, 2003) eingebunden, was als ein, wenn auch meist erzwungenes, nachhaltiges Statement gegen die Wegwerfgesellschaft gesehen werden kann. Im Unterschied zu einkommensstarken Haushalten ist der Ausstattungsgrad an technischen Geräten in der Regel niedrig. Hohe Energiekosten (eine zentrale Dimension von Energiearmut) bzw. unerwartete Nachzahlungsaufforderungen von Energieunternehmen stellen für viele Haushalte eine Belastung dar. Energieabschaltungen sind keine Seltenheit, wodurch bereits vorhandene Belastungen noch verschärft werden können.

Die Energiepraktiken in den Haushalten sind Ausdruck der Lebens- und Wohnsituationen und der Problematik der Energiekosten. Sowohl bei den Heiz- als auch bei den Beleuchtungspraktiken werden unterschiedlichste Effizienz- und Suffizienzstrategien deutlich, mit denen die Betroffenen versuchen, unter einge-

---

1 Das vom Klima- und Energiefonds geförderte qualitative Projekt „NELA" (Nachhaltiger Energieverbrauch und Lebensstile in armen und armutsgefährdeten Haushalten) wurde 2008 bis 2011 durchgeführt. Kooperationspartner waren das Österreichische Institut für Nachhaltige Entwicklung (ÖIN), das Institut für Soziologie und empirische Sozialforschung an der Wirtschaftsuniversität sowie das Wuppertal Institut für Klima, Umwelt und Energie. Ziel des Projekts war die Untersuchung des Energieverbrauchs in einkommensschwachen Haushalten in Wien und gemeinsam mit Stakeholdern die Erarbeitung von datenbasierten Maßnahmen zur Reduktion des Energieverbrauchs (Brunner et al., 2011; 2012).

schränkten Bedingungen ihre energetischen Grundbedürfnisse zu befriedigen. Meist werden vielfältige Strategien zur Reduktion des Energieverbrauchs verfolgt (z.B. nur einen Raum in der Wohnung heizen; das Absenken der Wohnraumtemperatur; auch am Tag ins Bett gehen; potenziell vorhandene Lichtquellen nur selektiv nutzen). Manche Haushalte schränken ihren Wärmekonsum derart ein, dass damit auch gesundheitliche Risiken verbunden sind. Leistbare „Kleininvestitionen" (z.B. Energiesparlampen) werden oft getätigt, mit Energie wird (bis auf wenige Ausnahmen) sparsam umgegangen. Allerdings gibt es im Vergleich zu einkommensstarken Haushalten deutliche geringere Handlungsspielräume zur Erhöhung der Energieeffizienz von Haushaltsgeräten und Wohnungsbestand, da meist die finanziellen Mittel nicht vorhanden sind, eine ineffiziente oder defekte Heizung auszutauschen oder gar in eine energieeffizientere Wohnung wechseln zu können.

Eine kürzlich abgeschlossene Untersuchung mit mehr als 400 einkommensschwachen Haushalten fundiert diese Einsichten in quantitativer Hinsicht.[2] Rund zwei Drittel dieser Haushalte weisen Einkommen auf, die unter 60 Prozent des österreichischen Medianeinkommens liegen. Trotz niedrigem Nettohaushaltseinkommen liegen die Mietkosten (inkl. Betriebskosten) mit 7,4 €/m² über dem durchschnittlichen österreichischen Wohnungsaufwand von 6,9 €/m² (Statistik Austria, 2014).

Im Vergleich zum österreichischen Durchschnitt steht den Haushalten mit 70 m² insgesamt bzw. 32,8 m² pro Person eine geringere Nutzfläche zur Verfügung. Trotz der unterdurchschnittlich großen Nutzfläche der Haushalte liegen deren monatliche Energiekosten laut Eigenangaben mit 140 € im österreichischen Durchschnitt von 138 €/Monat im Jahr 2012 (Austrian Energy Agency, 2012). Fast die Hälfte der untersuchten Haushalte gibt damit über 10 Prozent ihres Einkommens für Energie aus.

Die gemessen am Gesamteinkommen hohen Energieausgaben sind jedoch nicht unbedingt durch einen hohen Verbrauch bedingt. Der durchschnittliche Heizenergieverbrauch der untersuchten Haushalte liegt unter dem Durchschnitt der österreichischen Haushalte, dies betrifft auch die Heizenergiekosten. So beträgt der Heizenergieverbrauch dieser Haushalte in einem Jahr 12.947 kWh pro Haushalt bzw. 6.318 kWh pro Kopf. Zum Vergleich: laut Statistik Austria belief sich der durchschnittliche Heizenergieverbrauch 2012 auf 17.639 kWh pro Haushalt und 7.700 kWh pro Kopf. Die durchschnittlichen Heizenergiekosten der untersuchten Haushalte belaufen sich laut Energierechnungen auf 831 Euro in einem Jahr, im Österreichschnitt für 2012 hingegen auf 900 Euro.

Auch beim Stromverbrauch liegen die Haushalte mit 4.226 kWh pro Haushalt unter dem österreichischen Mittel von 4.584 kWh pro Haushalt, der Pro-Kopf-

---

2   Das österreichweite „Pilotprojekt gegen Energiearmut" wurde vom Klima- und Energiefonds gefördert (Laufzeit: 2012–2014). Unter der Projektleitung des Österreichischen Instituts für Nachhaltige Entwicklung (ÖIN) wurde gemeinsam mit dem Institut für Soziologie und empirische Sozialforschung an der Wirtschaftsuniversität Wien, der Österreichischen Energieagentur und der kirchennahen sozialen Organisation Caritas Energiearmut erforscht. Dabei wurden drei Projekte der Caritas zur Bekämpfung von Energiearmut wissenschaftlich begleitet. Ziel des Projektes war es, in mindestens 400 einkommensschwachen Haushalten Daten zu Energieverbrauch und zu energiearmutsbezogenen Belastungen zu erheben und auf die Zielgruppe abgestimmte Energieeffizienzmaßnahmen (u.a. Energieberatungen) umzusetzen sowie ihren Nutzen zu evaluieren. Gemeinsam mit Stakeholdern aus Wirtschaft, Politik, Wissenschaft und sozialen Organisationen wurden auch Vorschläge zu Maßnahmen gegen Energiearmut in Österreich bewertet und erarbeitet (Christanell, Mandl, Leitner, Brunner, Jamek, Kirsch-Soriano da Silva, Nwafor & Schmid, 2014).

Verbrauch liegt geringfügig über dem durchschnittlichen Pro-Kopf-Verbrauch der ÖsterreicherInnen. Die Stromkosten der befragten Haushalte liegen mit durchschnittlich 772 Euro in einem Jahr in etwa im österreichischen Schnitt von 760 Euro für das Jahr 2012.

Hinsichtlich der Energieeffizienz der Gebäude zeigt sich, dass im Vergleich zum österreichischen Durchschnitt die Befragten besonders häufig in (teilweise unsanierten) Gebäuden leben, die vor 1980 errichtet wurden. Über ein Drittel der Befragten muss in ihren Wohnungen mit undichten Fenstern leben und fast die Hälfte mit undichten Eingangstüren. Die Hälfte der Befragten gibt an, kalte Wände und Böden zu haben. Durch das Wohnen in solchen Gebäuden kann zwar bei der Miete gespart werden, der Lebensstandard wird durch die unsanierten Wohnungen jedoch stark eingeschränkt und die Energiekosten sind, bedingt durch die schlechte Gebäudehülle, höher als bei energetisch guter Gebäudesubstanz.

Der eingeschränkte Lebensstandard, der bis zur Gesundheitsgefährdung reichen kann, wird an der Existenz von Schimmel in den Wohnungen deutlich. Ein Drittel der Befragten gibt an, mit Schimmel in ihrem Wohnraum zu leben, was weit über dem österreichischen Durchschnitt von Schimmel/Feuchtigkeit von 12% liegt (Statistik Austria, 2013, S. 54). Schimmel gilt insofern als gesundheitsgefährdend, als dessen Sporen über die Luft in die Atemwege gelangen und Allergien und Asthma auslösen können. So kann ein beträchtlicher Anteil der Asthmafälle bei Kindern auf die Einwirkung von Feuchtigkeit und Schimmel zurückgeführt werden (Braubach, Jakobs & Ormandy, 2011).

Genauso wie der finanziell eingeschränkte Rahmen der meisten untersuchten Haushalte führt auch die schlechte Energieeffizienz der Gebäude dazu, dass individuelle Wärmestandards nicht erreicht werden können. So kann ein Drittel der Befragten die Wohnfläche im Winter nicht so warmhalten, dass es sich wohlfühlt und 42% der Befragten geben an, dass sie weniger Räume als gewünscht heizen können.

Die Analyse zeigt, dass trotz schlechter Energieeffizienz die Heizkosten unter dem österreichischen Durchschnitt liegen. Dies mag vor allem für jene überraschend erscheinen, die hohe Energiekosten als Grundvoraussetzung für die Definition von Energiearmut annehmen. Die Zahlen zeigen jedoch, dass die unterdurchschnittlichen Heizkosten meist mit mehr oder weniger großen Temperaturreduktionen (und anderen Suffizienzstrategien) einhergehen. Solche erzwungenen Absenkungen können zwar zu niedrigeren Energierechnungen führen, werden jedoch mit erheblichen Gesundheitsrisiken erkauft. So sind beispielsweise Personen, deren Lebensraum zu geringe Temperaturen aufweist, dem verstärkten Risiko von Herz-Kreislauf- und Atemwegserkrankungen ausgesetzt (Marmot Review Team, 2011). Neben diesen körperlichen Belastungen können niedrige Wohnraumtemperaturen auch psychisch belastend wirken. Kalte Wohnräume fördern Krankheit und Isolation, wodurch sich die BewohnerInnen wiederum weniger dazu fähig fühlen, ihren Alltag zu meistern, und Depressionen tendenziell verschärft werden (Anderson, White & Finney, 2012). Auch Energierechnungen können psychisch belastend sein. So geben 83% der Befragten an, dass ihnen die Bezahlung der Energierechnung Sorgen bereitet. Unmittelbare Schwierigkeiten bei der Bezahlung der Energierechnung geben 71% an, 47% haben innerhalb der letzten zwei Jahre einmal eine Mahnung des Energieversorgers erhalten. 13% waren von einer Abschaltung betroffen.

Wie bereits in der qualitativen Studie deutlich wurde, zeigt auch die quantitative Erhebung eine insgesamt unterdurchschnittliche Geräteausstattung. Im Hinblick auf das Alter (und damit verbunden die Energieeffizienz) der Geräte lässt sich dabei erkennen, dass die Befragten vor allem deutlich ältere Gefrierschränke/Gefriertruhen und leicht ältere Herde und Backöfen als der österreichische Durchschnitt besitzen. Auch die Ausstattung mit Leuchtmitteln erweist sich insgesamt als vergleichsweise gering. Während in den untersuchten Haushalten durchschnittlich 11 Leuchtmittel vorhanden sind, sind es österreichweit durchschnittlich mehr als 40. Der Anteil der Energiesparlampen/LEDs liegt mit 25% im Durchschnitt. Noch höher als Einschränkungen bei der Raumwärme sind jene bei der Beleuchtung: 57% der Befragten geben an, die Beleuchtung aus finanziellen Gründen einzuschränken.

Zusammenfassend kann gesagt werden, dass energiearm zu sein häufig bedeutet, unter sehr einschränkten Bedingungen leben zu müssen. Handlungsspielräume sind aufgrund des geringen Einkommens und der Energieineffizienz von Gebäuden und Geräten nur bedingt gegeben. Gleichwohl versuchen viele Menschen, diese Lebenssituation aktiv zu bewältigen und auch noch so kleine Spielräume zu nutzen. Doch aufgrund fehlender Mittel ist eine Investition in energieeffizientere Geräte schwierig. Noch schwieriger ist es, die Wohnsituation grundlegend zu ändern (z.B. durch Umzug in eine sanierte Unterkunft). Gleichzeitig sind energiearme Haushalte häufig jene, die deutlich weniger Ressourcen verbrauchen und auch einen geringeren CO_2-Ausstoß verursachen als besser gestellte Haushalte. Dies gilt es zu berücksichtigen, wenn Verantwortlichkeiten im Kontext nachhaltigen Konsums thematisiert werden.

Gesellschaftliche Voraussetzungen nachhaltigen Konsums

Aber auch für ökonomisch und sozial besser gestellte Haushalte ist nachhaltiger Konsum nicht immer einfach. Soll nachhaltiger Konsum in größerem Ausmaß gesellschaftliche Realität werden, dann müssen auch die gesellschaftlichen Rahmenbedingungen entsprechend ausgestaltet sein, damit Verantwortungsübernahme ohne Überforderung und Ausblendung struktureller Probleme möglich wird.

Es wurde gezeigt, dass manche soziale Gruppen (in einigen Handlungsbereichen) bewusst und verantwortungsvoll nachhaltig konsumieren, aber im Ergebnis trotzdem häufig einen hohen Umweltimpact haben. Andere soziale Gruppen demgegenüber müssen aufgrund schlechter Ressourcenausstattung ihren Konsum reduzieren, was zwar im Ergebnis in ökologischer Hinsicht mit geringerem Ressourcenverbrauch einhergeht, aber oft mit sozialen Ausschlusstendenzen und reduzierter Lebensqualität verbunden ist.

Auch wenn nachhaltige Aspekte inzwischen bei vielen Menschen in Konsumentscheidungen einfließen, ist deutlich, dass ein durchgehend nachhaltiger Lebens- und Konsumstil sehr voraussetzungsvoll und im Alltag nur schwer zu realisieren ist. Konsumhandlungen sind von vielen Faktoren abhängig (Geld, Wissen, Familie, Lebensgeschichte usw.) und kontextuell eingebunden (in soziale Beziehungen, in wirtschaftliche und politische Strukturen, in Versorgungssysteme usw.).

Für ein gesellschaftliches Projekt nachhaltigen Konsumierens und Lebens müssen geeignete kontextuelle Rahmenbedingungen (wie etwa Angebote, Anreizsysteme, kommunikative Maßnahmen, Kooperationen verschiedener gesellschaftlicher Akteursgruppen) vorhanden sein, damit nachhaltiges Handeln möglich wird. Nichtsdestotrotz wird im nachhaltigkeitspolitischen Kontext meist unter Bezug auf das Leitbild souveräner KonsumentInnen gefordert, die Menschen müssten ihre Lebens- und Konsumstile ändern und im Sinne des Nachhaltigkeitsgedankens handeln. Damit wird unterstellt, dass sich Lebens- und Konsumstile mit einer Willensleistung recht einfach ändern ließen, womit die Verantwortung für viele Nachhaltigkeitsprobleme den KonsumentInnen zugeschrieben wird. Doch Lebens- und Konsumstile sind eng mit der Identität von Menschen verbunden und in soziale, kulturelle und ökonomische Kontexte eingebettet. Außerdem entspricht dem Konsumalltag eher das „realistische Bild eines überlasteten, zeitknappen, weniger kompetenten, bedingt interessierten, nicht immer disziplinierten Verbrauchers" (WBVE, 2010, S. 1). Eine hauptsächliche Verantwortungszuschreibung an die KonsumentInnen vergisst, dass auch geeignete kontextuelle Rahmenbedingungen erforderlich sind, um ein bestimmtes Konsumhandeln zu ermöglichen. Konsum hat „systemischen" Charakter, d.h. Konsummuster sind sozial und kulturell eingebettet, mit technischen Systemen verkoppelt und in oft weltweit verflochtene Produktions- und Vermarktungssysteme eingebunden. Nachfrage wird auch im Zusammenspiel mächtiger Akteursgruppen „produziert", was unter Veränderungsperspektive bedeutet, dass nicht individuellen KonsumentInnen die tragende Rolle zukommt, sondern dem Staat und anderen AkteurInnen (Unternehmen, NGOs, Verwaltungen, Schulen usw.). Es gibt nicht den zentralen Hebel zur Veränderung von Konsumpraktiken. Veränderungen werden meist nur durch das Ineinandergreifen und die wechselseitige Stützung verschiedener Strategien und Instrumente erzielt, um einmal etablierte nicht nachhaltige Strukturen und Systeme zu verändern.

Die Frage von Nachhaltigkeit sollte nicht individualisiert werden. KonsumentInnen sind zwar in einer Marktwirtschaft wichtige AkteurInnen, jedoch bei weitem nicht die von der Wirtschaft beschworenen „Könige", welche angeblich bestimmten, was angeboten wird. Die Diskussion um nachhaltigen Konsum sollte auch nicht auf das Handeln am Markt beschränkt bleiben. So wie die Diskussion um nicht-materiellen Konsum erweitert werden muss, so auch um die Rolle kollektiver AkteurInnen und Arrangements (z.B. Verantwortlichkeiten von Unternehmen und staatlichen Institutionen in der Gemeinschaftsverpflegung).

Nachhaltige Entwicklung kann nicht nur Aufgabe des Marktes und der KonsumentInnen sein, sondern braucht sozial-ökologische Gesellschaftsgestaltung. Dabei ist sozialer Ungleichheit und sozialen Dimensionen von Nachhaltigkeit besonderes Augenmerk zu schenken. Nachhaltigkeitspolitik sollte soziale Unterschiede und die damit verbundenen Fragen der Verteilungsgerechtigkeit, der sozialen und ökonomischen Teilhabe berücksichtigen. Es sollte nicht so sein, dass jene übermäßige ökonomische und soziale Kosten zu tragen haben, die weniger zur Ressourcenbeanspruchung beitragen.

> Ungerecht aus sozial-ökologischer Perspektive wäre es, dass geringe persönliche Umweltverbräuche – ob freiwillig oder nicht – gesellschaftlich mehrheitlich als Versagen sozialer Teilhabe oder sozialen Aufstiegs gedeutet werden. Ökologische Gerechtigkeit hieße dann im Umkehrschluss, eine Lebensform auch sozial auszuzeichnen, die sich

durch geringe Umweltinanspruchnahme auszeichnet (Borgstedt, Christ & Reusswig, 2011, S. 17).

Es geht um die Förderung von Lebensformen, die weniger ressourcenintensiv sind, und gleichzeitig um die Reduktion sozialer Ungleichheiten. Die Realisierung sozialökologischer Gerechtigkeit braucht das aktive Handeln vieler AkteurInnen. KonsumentInnen können diese Aufgabe nicht allein bewältigen.

Literatur

Agyeman, J. & Evans, B. (2004). Just sustainability: the emerging discourse of environmental justice in Britain? *The Geographical Journal, 170* (2), 155–164.

Anderson, W., White, V. & Finney, A. D. (2012). Coping with low incomes and cold homes. *Energy Policy, 49*, 40–52.

Austrian Energy Agency (2012). *Energiepreise für private Haushalte – Jahresrückblick 2012.* AEA: Wien. Verfügbar unter: http://www.energyagency.at/fileadmin/dam/pdf/ energie_in_zahlen/jahresberichte_epi/epi-2012.pdf [04.06.2014].

Boardman, B. (2010). *Fixing Fuel Poverty. Challenges and Solutions.* London: Earthscan.

Bogun, R. (2012). *Konsum, Umweltverbrauch und soziale Ungleichheit – eine Frage „unseres Lebensstils"?* Bremen: artec.

Bohmann, G. Hofbauer, J. & Schülein, J.A. (Hrsg.). (2014). *Sozioökonomische Perspektiven. Texte zum Verhältnis von Gesellschaft und Ökonomie.* Wien: Facultas.

Borgstedt, S., Christ, T. & Reusswig, F. (2011). *Umweltbewusstsein in Deutschland 2010. Ergebnisse einer repräsentativen Umfrage. Vertiefungsbericht 1.* Dessau/Roßlau: UBA.

Brand, C. & Boardman, B. (2008). Taming the few: the unequal distribution of greenhouse gas emissions from personal travel in the UK. *Energy Policy, 36*, 224–238.

Brand, K.-W., Gugutzer, R., Heimerl, A. & Kupfahl, A. (2002). *Sozialwissenschaftliche Analysen zu Veränderungsmöglichkeiten nachhaltiger Konsummuster.* Berlin: Umweltbundesamt.

Braubach, M., Jacobs, D.E. & Ormandy, D. (2011). *Environmental burden of disease associated with inadequate housing. A method guide to the quantification of health effects of selected housing risks in the WHO European Region.* Copenhagen: World Health Organization.

Brunner, K.-M. (2014). Sozialstrukturelle Dimensionen zukunftsfähiger Entwicklung. Ein soziologischer Beitrag zur Nachhaltigkeitsforschung. In G. Bohmann, J. Hofbauer & J.A. Schülein (Hrsg.), *Sozioökonomische Perspektiven. Texte zum Verhältnis von Gesellschaft und Ökonomie* (S. 289–318). Wien: Facultas.

Brunner, K.-M. (2013). Shoppen für eine bessere Welt – KonsumentInnen als Treiber nachhaltiger Entwicklung? In I. Gabriel & P. Steinmair-Pösel (Hrsg.), *Gerechtigkeit in einer endlichen Welt. Ökologie – Wirtschaft – Ethik* (S. 195–208). Ostfildern: Grünewald.

Brunner, K.-M. & Mandl, S. (2014). Energy Consumption and Social Inequality: The Problem of Fuel Poverty. In S. Reiter (Hrsg.), *Energy Consumption: Impacts of Human Activity, Current and Future Challenges, Environmental and Socio-economic Effects* (S. 167–184). New York: Nova Science Publishers.

Brunner, K.-M., Spitzer, M. & Christanell, A. (2012). Experiencing fuel poverty. Coping strategies of low-income households in Vienna/Austria. *Energy Policy, 49*, 53–59.

Brunner, K.-M., Spitzer, M. & Christanell, A. (2011). Energiekonsum und Armut. In G. Mikl-Horke (Hrsg.), *Sozioökonomie: Die Rückkehr der Wirtschaft in die Gesellschaft* (S. 319–348). Marburg: Metropolis Verlag.

Bullard, R.D. & Wright, B. (Hrsg.). (2009). *Race, Place, and Environmental Justice After Hurricane Katrina: Struggles to Reclaim, Rebuild, and Revitalize New Orleans and the Gulf Coast*. Boulder: Westview Press.

Christanell, A., Mandl, S., Leitner, M., Brunner, K.-M., Jamek, A., Kirsch-Soriano da Silva, K., Nwafor, C. & Schmid, G. (2014). *Pilotprojekt gegen Energiearmut. Endbericht*. Wien: ÖIN.

Druckman, A. & Jackson, T. (2008). Household Energy Consumption in the UK: A Highly Geographically and Socio-economically Disaggregated Model. *Energy Policy, 36*, 3177–3192.

Elvers, H.-D. (2011). Umweltgerechtigkeit. In M. Groß (Hrsg.), *Handbuch Umweltsoziologie* (S. 464–484). Wiesbaden: VS.

Gabriel, I. & Steinmair-Pösel, P. (Hrsg.). (2013). *Gerechtigkeit in einer endlichen Welt. Ökologie – Wirtschaft – Ethik*. Ostfildern: Grünewald.

Gregson, N. & Crewe, L. (2003). *Second-Hand Cultures*. Oxford: Berg.

Groß, M. (Hrsg.). (2011). *Handbuch Umweltsoziologie*. Wiesbaden: VS.

Grunwald, A. (2012). *Ende einer Illusion. Warum ökologisch korrekter Konsum die Umwelt nicht retten kann*. München: oekom.

Hauff, V. (Hrsg.). (1987). *Unsere gemeinsame Zukunft. Der Brundtland-bericht der Weltkommission für Umwelt und Entwicklung*. Greven: Eggenkamp.

Jörissen, J., Kneer, G. & Rink, D. (2000). *Synopse zur Umsetzung des Leitbildes der Nachhaltigkeit in konzeptionellen Studien und Plänen*. Leipzig/Halle: UFZ.

Kraemer, K. (2008). *Die soziale Konstitution der Umwelt*. Wiesbaden: VS.

Linneweber, V. & Kals, E. (Hrsg.). (1999). *Umweltgerechtes Handeln. Barrieren und Brücken*. Berlin: Springer.

Lutzenhiser, L. & Hackett, B. (1993). Social Stratification and Environmental Degradation: Understanding Household CO2 Production. *Social Problems, 40*, 50–73.

Marmot Review Team (2011). *The Health Impacts of Cold Homes and Fuel Poverty*. London: Friends of the Earth and Marmot Review Team.

Mikl-Horke, G. (Hrsg.). (2011). *Sozioökonomie: Die Rückkehr der Wirtschaft in die Gesellschaft*. Marburg: Metropolis Verlag.

Preisendörfer, P. (1999). *Umwelteinstellungen und Umweltverhalten in Deutschland*. Opladen: Leske+Budrich.

Reiter, S. (Hrsg.). (2014). *Energy Consumption: Impacts of Human Activity, Current and Future Challenges, Environmental and Socio-economic Effects*. New York: Nova Science Publishers.

Reusswig, F. (1999). Umweltgerechtes Handeln in verschiedenen Lebensstil-Kontexten. In V. Linneweber & E. Kals (Hrsg.), *Umweltgerechtes Handeln. Barrieren und Brücken* (S. 49–69). Berlin: Springer.

Sanquist, T.F., Orr, H., Shui, B. & Bittner, A.C. (2012). Lifestyle factors in U.S. residential electricity consumption. *Energy Policy, 42*, 354–364.

Scherhorn, G., Reisch, L. & Schrödl, S. (1997). *Wege zu nachhaltigen Konsummustern. Überblick über den Stand der Forschung und vorrangige Forschungsthemen*. Marburg: Metropolis.

Shove, E. (2003). *Comfort, Cleanliness and Convenience: the Social Organization of Normality*. Oxford: Berg.

Statistik Austria (2014). *Hauptmietwohnungen und Wohnungsaufwand nach Bundesland*. Verfügbar unter: http://www.stat.at/web_de/statistiken/wohnen_und_gebaeude/wohnungsaufwand/mietwohnungen/023048.html [24.03. 2014].

Statistik Austria (2013). *Tabellenband EU SILC 2012. Einkommen, Armut und Lebensbedingungen*. Wien: Statistik Austria. Tabelle 3.2a: Wohnprobleme nach soziodemographischen Merkmalen. Wien.

VCÖ (Verkehrsclub Österreich) (2009). *Soziale Aspekte von Mobilität*. Wien.

Walker, G. (2012). *Environmental Justice. Concepts, Evidence and Politics*. London: Routledge.

WBVE (Wissenschaftlicher Beirat Verbraucher und Ernährungspolitik) (Hrsg.). (2013). *Verbraucherpolitik für nachhaltigen Konsum. Verbraucherpolitische Perspektiven für eine nachhaltige Transformation von Wirtschaft und Gesellschaft*. Berlin.

WBVE (Wissenschaftlicher Beirat Verbraucher und Ernährungspolitik) (Hrsg.). (2010). *Der vertrauende, der verletzliche oder der verantwortungsvolle Verbraucher? Plädoyer für eine differenzierte Strategie in der Verbraucherpolitik*. Berlin.

II.

Verantwortung, Risiko und Innovation in und um Organisationen

Zukunft braucht Eigenverantwortung

Über Eigenverantwortung als Grundlage unternehmerischen Denkens zur Entwicklung eines zukunftsfähigen Wirtschaftsstandortes

Wolfgang Hesoun

„Unternehmer sind Protagonisten des Marktes. Sie reflektieren nicht nur, sie tun. [...] Um langfristig Erfolg zu haben, müssen sie ihr Angebot so präsentieren, dass es Nutzen stiftet. Und dadurch schaffen sie Arbeitsplätze, generieren Einkommen [...]", bilanziert Axel Glöggler die Bedeutung von unternehmerischem Denken für unsere Gesellschaft. (Glögger, 2009, S. 71) Seine pointierte Analyse steht im Gegensatz zu einer weit verbreiteten gesellschaftspolitischen Haltung, die unternehmerisches Denken und Handeln – nicht zuletzt im Kontext der Finanz- und Wirtschaftskrise – kritisch und jedenfalls alles andere als euphorisch betrachtet.

Eigenverantwortung fordern und fördern

In der Tat stellt sich heute die Frage der Verantwortung im Wirtschaftskontext auf zweifache Weise:

– Auf der einen Seite geht es um einen klaren ordnungspolitischen Rahmen für wirtschaftliches Handeln, der auch die Verantwortung unternehmerischen Handelns für die Gesellschaft umfasst und Begriffe wie soziale Verantwortung oder Nachhaltigkeit betrifft. Dieser Frage wird im gesellschaftspolitischen Diskurs bekanntlich breiter Raum gewidmet.
– Aber auf der anderen Seite geht es darum, mehr Eigenverantwortung als Grundlage für Unternehmertum möglich zu machen und zu fördern. Die Bedeutung von Eigenverantwortung für wirtschaftlichen Erfolg ist zentral. Dieser Zusammenhang erscheint in der öffentlichen Diskussion jedoch weitgehend vernachlässigt.

Eigenverantwortung als Standortfaktor

Der Erfolg eines Wirtschaftsstandortes basiert nicht zuletzt auch auf den Werthaltungen der Freiheit und Eigenverantwortung. Diese Werte sind der Treibstoff für „Entrepreneurship". Dabei ist klar, dass man nicht selbst Unternehmer sein muss, um unternehmerisch zu denken und zu handeln. „Entrepreneurship" spielt auch bei Angestellten und Führungskräften eine Schlüsselrolle – und wird zunehmend nachgefragt. Entscheidend dafür sind Mut und die Fähigkeit, Eigenverantwortung wahrzunehmen sowie mit Risiken und Herausforderungen verantwortungsvoll umzugehen.

Deutlicher Nachholbedarf

Internationale Untersuchungen zeigen, dass Österreich in Bezug auf unternehmerische Dynamik den meisten Industriestaaten hinterherhinkt. So liegt Österreich beim Anteil der Neugründungen an den gesamten Unternehmen im europäischen Vergleich unter jenen Ländern mit der schwächsten Gründerdynamik. (Eurostat, 2011)

„Entrepreneurship" ist auch kein Thema für den Karrierenachwuchs: Enorme 83 Prozent der österreichischen Wirtschaftsstudenten sehen ihre berufliche Zukunft bei Abschluss des Studiums in einer unselbstständigen Tätigkeit. Nur sechs Prozent können sich die Selbstständigkeit als berufliche Perspektive vorstellen. (Sieger, Fueglistaller & Zellweger, 2011)

„Entrepreneurship"-Kultur unterstützen

Vor diesem Hintergrund stellt sich die Frage, was wir tun können, um mehr Eigenverantwortung möglich zu machen und damit mehr unternehmerische Dynamik zu entfalten. Dafür gibt es freilich kein Patentrezept. Ausgeprägte „Entrepreneurship"-Kulturen entstehen nicht von heute auf morgen. Sie müssen wachsen. Aber dieses Wachstum lässt sich auch mit geeigneten Maßnahmen stimulieren.

Eigenverantwortung in der Erziehung

Die Erziehung in kindlichen und jugendlichen Entwicklungsjahren ist ein entscheidender Faktor für das Herausbilden von Eigenverantwortung und Selbstständigkeit. Es ist daher wichtig, Kindern und Jugendlichen Handlungsspielräume für Eigenverantwortung zu eröffnen, statt ihnen zu viel Eigenverantwortung abzunehmen. Damit wird das Thema Eigenverantwortung auch zur Herausforderung für die Elternbildung.

Eigenverantwortung in der Schule

Eine grundlegende Reform des Bildungssystems ist auch mit Blick auf die Förderung von Eigenverantwortung und unternehmerischem Denken geboten. Zwar ist Bildung als wichtigste Grundlage für eine positive individuelle, gesellschaftliche und wirtschaftliche Zukunft anerkannt, entsprechende Reformen kommen allerdings nicht rasch genug voran. Selbstständigkeit und Eigenverantwortung müssen dabei eine stärkere Rolle spielen. Das ist einerseits eine Herausforderung für innovative pädagogische Formate, andererseits ein Auftrag für die Weiterentwicklung des Fächerkanons, in dem wirtschaftliche Bildung eine deutlich größere Rolle spielen muss. Derzeit fristet die „Wirtschaftskunde" vielfach ein Schattendasein neben der Geografie.

Ein wichtiges Thema in diesem Zusammenhang ist auch die berufliche Erfahrung der Lehrenden: Das Bildungssystem muss sich für Lehrende mit Erfahrung in der

Privatwirtschaft öffnen und Anreize für den (temporären) Wechsel hin zum Lehrberuf geben.

Eine beispielhafte Initiative für Entrepreneurship im Bildungssystem sind die „Wiener Zukunftsschulen" in Kooperation zwischen Stadtschulrat und der Industriellenvereinigung (IV) Wien. In fünf Wiener Schulen wurden konkrete neue Ansätze für einen zeitgemäßen und praxisorientierten Unterricht entwickelt. Die „Wiener Zukunftsschulen" zeichnen sich durch eine flexiblere Stundenplangestaltung und mehr Bezug zu den Erfordernissen des wirtschaftlichen und beruflichen Alltags aus. In diesen Schulen werden auch Fertigkeiten wie Eigeninitiative und unternehmerische Kompetenz vermittelt. Zudem bietet die IV Wien eigens entwickelte, praxisorientierte Wirtschaftsseminare für Lehrende an.

Workshops und Wettbewerbe für Schüler zum Thema Entrepreneurship finden in Wien während der Global Entrepreneurship Week statt. Dabei handelt es sich um eine Aktionswoche, die junge Menschen und Lehrende inspirieren soll, Innovation, Vorstellungskraft und Kreativität für sich zu entdecken. Jugendlichen wird dabei nicht nur „Entrepreneurial Spirit" vermittelt, es werden auch Netzwerke für die Entwicklung von Ideen geschaffen.

Entrepreneurship an den Hochschulen

Handlungsbedarf besteht auch im Bereich der Hochschulen. Entrepreneurship-Studien sind kaum entwickelt, die Unterstützung universitärer Spin-offs ist mangelhaft. Die bereits zitierte Guess-Studie deutet darauf hin, dass die wirtschaftswissenschaftliche Ausbildung eher eine Ausbildung hin zum Verwalter als zum Unternehmer ist. Dies unterstreicht auch ein weiteres Ergebnis dieser Studie: Nachdem die Absolventinnen und Absolventen nämlich fünf Jahre Erfahrung in der Wirtschaftswelt gesammelt haben, steigt der Anteil jener, die sich eine Unternehmensgründung vorstellen können, von 6 Prozent auf beachtliche 29 Prozent.

Ebenso wie an den Schulen stellt sich auch an den Hochschulen die Herausforderung, verstärkt Unternehmer-Persönlichkeiten aus der Wirtschaft in die Lehrtätigkeit einzubinden.

Gesellschaft: mehr Mut zu Eigenverantwortung

Die stärkere Betonung von Unternehmertum und Eigenverantwortung im Bildungssystem und im gesellschaftlichen Diskurs insgesamt ist deshalb von so großer Bedeutung, weil traditionelle Institutionen in Österreichs Gesellschaft und Politik Werte wie Eigenverantwortung oder Risikobereitschaft oftmals geringschätzen oder gar diskreditieren. Das hat Konsequenzen für Wahrnehmung und Image des Unternehmertums. Unternehmerisches Handeln bedeutet zudem nicht zwangsläufig einen Verlust an „Komfort" oder Lebensqualität, der vielleicht dem „Angestelltendasein" bisweilen zugeschrieben wird, sondern birgt auch viele Vorteile in Form von mehr Autonomie und Entscheidungsfreiheit.

Um Vorurteile gegenüber „Entrepreneurship" abzubauen, müssen unternehmerisch agierende Persönlichkeiten auch viel stärker vor den Vorhang gestellt werden – in all den Facetten des Unternehmertums, vom gewinnorientierten bis hin zum gemeinnützigen Unternehmertum. Wir brauchen mehr gesellschaftlich wirksame Vorbilder für Eigenverantwortung und unternehmerisches Denken. Die Person des Unternehmers in den Mittelpunkt zu rücken, ist beispielsweise auch Anliegen des weltweit größten Unternehmerwettbewerbs „Entrepreneur Of The Year", den die IV Wien als Partnerin seit einigen Jahren unterstützt.

Eine wichtige Initiative in diesem Zusammenhang ist darüber hinaus „Pionieers". Das Projekt wird seit einigen Jahren von der IV-Wien begleitet: Kern von Pioneers ist das „Pioneers Festival", das einmal im Jahr nationale und internationale Gründerinnen und Gründer, Start-ups, Pioniere, Investoren, Tech-Begeisterte und Medienvertreter in Wien versammelt, um Unternehmertum und innovative Zukunftstechnologien zu vernetzen.

Ein wichtiger Aspekt ist auch der Umgang mit dem Scheitern. Während redliches unternehmerisches Scheitern im angloamerikanischen Raum gesellschaftlich anerkannter Teil unternehmerischen Handelns ist, wird es hierzulande gesellschaftlich stigmatisiert. Anerkennung für eigenverantwortliches Handeln und „Mut zum Scheitern" sind untrennbar miteinander verbunden. Dabei muss deutlich werden: Es ist keine persönliche Schande, redlich zu scheitern, sondern die Grundlage dafür, es beim nächsten Mal besser zu machen. In den USA erntet man als angehender Entrepreneur Bewunderung – in Österreich eher Bedenken. Damit sich das ändert, müssen alle oben angesprochenen Akteurinnen und Akteure (Bildungssystem, Eltern, Politik etc.) verstärkt kommunizieren, dass Unternehmertum in vielen Bereichen nicht das Problem, sondern die Lösung ist.

Wirtschaftspolitik: bessere Rahmenbedingungen

Konkreter Handlungsbedarf besteht auch bei der Verbesserung der standortpolitischen Rahmenbedingungen für unternehmerisches Denken und Handeln. Dies gilt insbesondere für die bankendominierte Finanzierungskultur, die durch Risikokapital-Angebote erweitert werden sollte. Unternehmerisches Denken muss schließlich die Chance auf Realisierung haben – und darf nicht an einer zu einseitigen Finanzierungslandschaft scheitern. Die breite Unterversorgung mit Private Equity und auch Venture Capital ist – trotz positiver Einzelbeispiele – eine Herausforderung, die gelöst werden muss.

Zwischen unselbstständigen und selbstständigen Formen der Erwerbstätigkeit, aber auch zwischen öffentlichem Sektor und privater Wirtschaft, muss es zudem mehr Austausch und Wechselmöglichkeiten geben. Ein Mehr an unternehmerischer Denkkultur kann in einigen Bereichen auch für den öffentlichen Sektor ein Gewinn sein – ohne dabei dem Irrglauben aufzusitzen, Politik und öffentliche Verwaltung in all ihren Facetten mit der Privatwirtschaft vergleichen zu können!

Für eine Verantwortungsgesellschaft

Eine moderne Kultur der Eigenverantwortung, die unternehmerisches Denken und Handeln fördert, ist ein wichtiger Erfolgsfaktor für den Standort Österreich. Sie ist aber auch ein grundlegender Beitrag zu einer Gesellschaft, die den Herausforderungen der Zukunft nicht passiv gegenüber steht, sondern Zukunft aktiv gestaltet. Christoph Keese schreibt dazu treffend:

> Mit der gezielten Übernahme von Verantwortung können wir der Rat- und Hilflosigkeit entgegenwirken. Wir können lernen, wieder besser für uns selbst zu sorgen. Wenn wir das Selbstbewusstsein entwickeln, mehr zu wagen und für uns und andere einzustehen, kommen wir der Lösung unserer Probleme ein Stück näher. Verantwortung bedeutet, dass wir mehr entscheiden können, dass wir unser Leben und unsere Gemeinschaft aktiv gestalten. (Keese, 2006, S. 13)

Wichtigster Faktor für persönliches Verantwortungsbewusstsein ist und bleibt ein großer individueller Handlungsspielraum. Nur wenn Menschen überzeugt sind, Einfluss auf eine Situation ausüben zu können, werden sie auch tatsächlich handeln. Darum sind Freiheit und Eigenverantwortung untrennbar miteinander verbunden – und das entscheidende Wertefundament für einen starken, innovativen Wirtschaftsstandort. Mehr Eigenverantwortung erhöht in jeder Hinsicht unsere Handlungs- und Zukunftsfähigkeit.

Literatur

Eurostat (2011). Business demography main derived indicators. Birth rate. Verfügbar unter: http://epp.eurostat.ec.europa.eu/tgm/graph.do?tab=graph&plugin=1&language=en&pcode=tin00142&toolbox=type [19.05.2014].

Glöggler, A. (2009). *Unternehmer – Verkannte Elite? Von der Kleptokratie zur Meritokratie*. Hildesheim: Olms.

Keese, C. (2006). *Verantwortung jetzt. Wie wir uns und anderen helfen und dabei auch noch unser Land in Ordnung bringen*. München: Bertelsmann.

Sieger, P., Fueglistaller, U. & Zellweger, T. (2011). *Entrepreneurial Intentions and Activities of Students across the World. International Report of the GUESSS Project 2011*. St. Gallen: Swiss Research Institute of Small Business and Entrepreneurship at the University of St.Gallen (KMU-HSG). Verfügbar unter: http://www.guesssurvey.org/PDF/2011/GUESSS_INT_2011_FINAL.pdf [22.04.2014].

Verantwortung für Verantwortungsübernahme Spannungsfelder von Universitäten als zivilgesellschaftliche Akteure

Werkstattbericht aus einer Universität für Soziale Innovation

Stephan A. Jansen und Tim Göbel

> *Die Universität stellt die Anforderung*
> *rücksichtslosen Erkennenwollens.*
> *Da Erkennen nur in selbständiger Initiative möglich ist,*
> *ist ihr Ziel diese Selbständigkeit*
> *und damit für das Leben überall:*
> *die eigene Verantwortung des Einzelnen."*
> (Karl Jaspers, 1980, S. 51)

„In welcher Gesellschaft leben wir eigentlich? Welche Universitäten brauchen wir eigentlich für diese Gesellschaft? Was sind neben präsenter Bildung und resonanter Wissenschaft heute weitere Beiträge für die Gesellschaft – in Zeiten der ‚Normalität der Katastrophe'? Kurz: Wie wird sich die Universität des 21. Jahrhunderts wandeln und was sind ihre Beiträge zum Sozialen Wandel?" (Jansen, 2013, S. 177 und weitergehend Jansen, 2012a).

Vorbemerkung

Bildung ist zunächst einmal Lesen, Schreiben und Rechnen und deren Reflexion. Beginnen wir mit den Reflexionen des Rechnens, also den Zahlen des deutschen tertiären Bildungssystems: 2 613 168 Studierende sind an 423 Hochschulen immatrikuliert, die wiederum 640 021 akademische und nichtakademische Mitarbeiterinnen und Mitarbeiter angestellt haben. Damit lernen, lehren und forschen derzeit circa vier Prozent der deutschen Bevölkerung an Universitäten und Hochschulen (Statistisches Bundesamt, 2014a; b). Welche Verantwortung haben staatliche wie private Hochschulen in unserer Gesellschaft für unsere Gesellschaft, wenn die Akademie von vielen auch ganz persönlichen Privilegien vor allem ein institutionelles Privileg aufweist: die Freiheit. Noch präziser gefragt: Welche Verantwortung haben Universitäten für die nächste Generation der Verantwortungsträger unserer Gesellschaft?

Diese allein in Deutschland fast dreieinhalb Millionen Menschen beschäftigen sich auch über 200 Jahre nach Wilhelm von Humboldts Berliner Universitätsgründung „mit dem hohen und unaufgebbaren Prinzip der Universität" (Jaspers, 1980, S. 44): der Verbindung von Forschung und Lehre. Immer stärker wird allerdings – und das nicht erst seit Bologna – in Frage gestellt, ob die Universität wirklich immer noch die Stätte ist, „an der Gesellschaft und Staat das hellste Bewusstsein des Zeitalters [sich] entfalten [lassen]" (Jaspers, 1980, S. 9). Bologna-

Reform, zielorientierte Mittelvergaben, die Selbstbeschäftigung der Universitäten mit ihren teils immensen strukturellen und finanziellen Herausforderungen scheinen dies zumindest immer häufiger in Frage zu stellen, wie auch der Mannheimer Literaturwissenschaftler Jochen Hörisch in seinem 2006 erschienenen Buch zur „ungeliebten Universität" skizziert.

Die Zeppelin Universität – rein aus der Zivilgesellschaft, den nachlaufenden Studiengebühren und der wettbewerblichen staatlichen Forschungsförderung finanziert – hat sich diese Fragen um ihren zehnten Geburtstag herum in den Jahren 2012 bis 2013 im Rahmen einer Mittelfrist-Strategie für die Jahre 2013 bis 2017 gestellt (vgl. Zeppelin Universität, 2013). Im Folgenden wird in einer ersten knappen Reflexion einer Universität gefragt: Wie kann die Universität als Stätte der unbedingten Wissenschaft wirken – in Freiheit von Gesellschaft für Gesellschaft?

1. Anspruchs- und Entwicklungslinien der Universität im Spannungsfeld „Freiheit und Verantwortung"

1.1 Überdehnungen: die Ansprüche an die Universität

Peter Strohschneider hat in seiner damaligen Funktion als Vorsitzender des deutschen Wissenschaftsrates im Rahmen der „Friedrichshafener BildungsGespräche" der Zeppelin Universität am 24. Februar 2010 die Entwicklungslinie der Universität so umrissen: Die „Universaluniversität", die allen Ansprüchen gleichermaßen gerecht wird, kann es in unseren Tagen einer globalen Wissensgesellschaft nicht mehr geben. Die „Überdehnungen" der Erwartungen unterschiedlichster Anspruchsgruppen an die Institution Universität sind auf allen strukturellen, personellen und inhaltlichen Ebenen unverkennbar. Eine neue Form der Arbeitsteilung und weitere funktionale Differenzierung im Sinne einer Profilbildung der Hochschulen werden die Folgen sein, so Strohschneiders These (vgl. Strohschneider, 2010). Die Frage nach der Gestaltbarkeit in einer spezifischen Governance der Universität bleibt hier noch offen.

Diese Überdehnungen sind Spannungsfelder der Gleichzeitigkeit von Unvereinbarem.

Und diese Ansprüche an die Universitäten sind tatsächlich anspruchsvoll und vielfältig: Längst geht es nicht mehr nur um die Bildung von jungen Menschen im Rahmen der Lehraktivitäten und um die Erforschung von Phänomenen oder Grundlagenforschung. Die Liste der Ansprüche an die Hochschulen ist lang: Neben einer laufenden Globalisierung, Digitalisierung, Akkreditierung und Ökonomisierung der Hochschularbeit in Lehre und Forschung wurde als dritte Säule in den meisten Landeshochschulgesetzen in Deutschland die Weiterbildung verankert. Spätestens seit dem Bologna-Prozess ist die Arbeitsmarktbefähigung der Absolventen vorrangiges Ziel. Die Förderung von Unternehmertum und sozialem Unternehmertum, die Integration von bildungsfernen Gruppen, die Inklusion, die Arbeit mit dem lokalen und regionalen Umfeld, die Integration von konkreten Praxis-Projekten in die Lehre innerhalb von Service-Learning-Angeboten oder der Transfer von Forschungsergebnissen an weitere gesellschaftliche Akteure sind nur einige der

Aufgaben, die die Gesellschaft den Universitäten und Hochschulen heute (aber) auch nahelegt.

1.2 Verantwortungen: die Bildung in Freiheit

Die Möglichkeit der Verantwortungsübernahme eines Menschen bildet sich – so die Entwicklungspsychologie des Kindes – erst im Laufe des Heranwachsens. Babys können bereits früh Empathie entwickeln, aber die Verantwortungsübernahme für sich und andere erfolgt erst langsam, situativ und begrenzt. Janina Sombetzki beschreibt in ihrer kürzlich erschienenen Dissertation die Ableitung der Verantwortung für andere oder anderes auf Basis einer ausgeprägten Selbstverantwortung:

> Zusätzlich zu seiner Selbstverantwortung können dem Einzelnen ab jetzt auch spezifischere Verantwortlichkeiten durch das Tragen verschiedener Rollen zugeschrieben werden, denen jedoch prinzipiell die doppelte Daseinsverantwortung zugrunde liegt und ‚Verantwortung steht und fällt mit der Selbstverantwortung, die jeder notwendig für sich selbst übernimmt‘. (Sombetzki, 2014, S. 161 mit Verweis auf Gerhardt, 1999, S. 287)

Traditionell ist die Verantwortung der universitären Akteure, also im Kern der Wissenschaftler und der Studierenden, zunächst einmal sehr stark auf sich selbst bezogen: Die Wissenschaft und der Wissenschaftler sind grundgesetzlich geschützt frei und nur sich selbst gegenüber verantwortlich. Die Auswahl seiner Forschungsthemen und Methoden nimmt er eigenständig vor; auch wenn in jüngster Zeit über Zielvereinbarungen und Drittmittelerfordernisse die Freiheitsgrade der Forschung in Frage gestellt werden können. Der Student ist nur sich selbst gegenüber verantwortlich und gerade diese Eigenschaft zeichnet das Studium an sich als durch die Möglichkeit der Eigenverantwortung geprägte Lebensphase ja aus.

Das beschreibt Friedrich Schleiermacher bereits 1808 ganz plastisch in seinen „Gelegentlichen Gedanken über Universitäten in deutschem Sinn":

> Genau genommen möchte das Wesen dieser Freiheit nur darin bestehen, daß die Studenten unter sich von fast alle dem sich frei halten, was sonst in der Gesellschaft Convenienz ist, daß sie sich an die Sitten nicht binden, denen hernach jeder in dem Stande, welchen er wählt, sich fügen muß, sondern daß sich auf der Universität die verschiedensten Sitten und Lebensweisen auf das freieste entfalten können. (Schleiermacher, 1808, S. 117)

1.3 Entwicklungslinien: Dilemmata der Universitäten

Was aber ist in diesen Zeiten der Überdehnungen, der Ungeliebtheiten und der unbedingten Freiheit dann die Verantwortung der Universität? Forschung und Lehre. Damit zeichnet sich die Universität historisch dadurch aus, dass sie junge Menschen zur Bildung durch Wissenschaft einlädt bzw. durch Bildung zur

Wissenschaft befähigt, Verantwortung für sich selbst zu übernehmen und daraus abgeleitet auch die Voraussetzung der Verantwortungsübernahme für andere zu schaffen. Die Wissenschaftler wiederum verantworten die Verantwortungsentwicklung der Studierenden. Dadurch wirkt die Universität über die Verantwortungsübernahme des Studiums der Studierenden als Verantwortungsträger für gesellschaftliche Entwicklung, denn die Absolventen der Universität verantworten nicht nur ihr eigenes Leben, sondern in unterschiedlichen Rollen Aufgaben in allen gesellschaftlichen Subsystemen.

Dieses Verantwortungsverständnis unterliegt in jüngster Zeit zwei besonderen Herausforderungen:

(1) Die Medialisierung, Anreizstrukturen und auch die Globalisierung unterstützen eine neue Normalität der Legitimität gesellschaftlicher Ansprüche an die Universitäten. Ein plakatives Beispiel für diese Entwicklung ist der – sowohl als Reflexion dieses Entwicklungsprozesses und gleichzeitig als Beschleuniger zu wertende – im Jahr 2011 ausgerufene Wettbewerb des Stifterverbandes für die Deutsche Wissenschaft und der Stiftung Mercator „Mehr als Forschung & Lehre: Hochschulen in der Gesellschaft". Er rief Hochschulen mit einem Gesamtkonzept ihrer Aktivitäten als gesellschaftliche Institutionen dazu auf, sich mit ihrem strategischen Ansatz zu bewerben und die Leistungen der eigenen Einrichtung neben denen als akademische Institution zu verdeutlichen.

Der Stifterverband und die Stiftung Mercator wollten mit diesem Wettbewerb sondieren, inwieweit „das intellektuelle, kulturelle und infrastrukturelle Potenzial der Hochschulen als gestalterisches und reformerisches Kraftzentrum unserer Gesellschaft wirklich schon hinreichend ausgeschöpft wird" (Berthold, Meyer-Guckel & Rohe, 2012, S. 4). Der Gedanke, dass Hochschulen Institutionen aus der Mitte der Gesellschaft sind und vom Gemeinwesen finanziert werden, ist nach wie vor in Deutschland und zahlreichen weiteren europäischen Ländern nicht so stark ausgeprägt wie beispielsweise in den Vereinigten Staaten von Amerika. Überraschend, da die private Trägerschaft nicht selten für eine höhere gesellschaftliche Öffnung steht (vgl. zu Matching-Fund-Strategie der gemeinschaftlichen privaten wie staatlichen Finanzierung Jansen & Sandevski, 2012).

So ist in den USA aus der historischen Entwicklung der *„land-grant universities"* heraus der Gedanke der aktiven Partizipation an gesellschaftlicher Entwicklung auf lokaler, regionaler und nationaler Ebene als genetischer Code zahlreicher Universitäten gesellschaftlich verankert.

Unsere These lautet daher, dass eine der Bedingungen der Möglichkeit für Verantwortung die *Beziehungsfähigkeit* einer Universität ist, die in ihrer spannungsgeladenen Komplexität zwischen Freiheit und Verantwortung zu dem zentralen Merkmal auch der europäischen Universität im 21. Jahrhundert werden wird.

Der Stifterverband bewertet dies positiv. Denn „in fehlendem zivilgesellschaftlichem Engagement jenseits von Nutzenaspekten spiegelt sich eine Entfremdung zwischen Hochschulen und Gesellschaft, die letztlich die Grundlagen unseres Hochschulsystems betrifft" (Berthold et. al., 2012, S. 5).

(2) Die Akkreditierung, Standardisierung und Kreditpunkte-Anreizlogiken der Bologna-Reform strukturieren Frei-Räume und Frei-Zeiten für Studierende neu, sodass klare Positionen der Hochschul- und Programmleitungen erforderlich sind. Denn die stark durchstrukturierten Programme ermöglichen weniger Freiraum für eigene

Projekte, Selbststudium, Eigenzeiten und Eigenwilligkeiten, so die landläufige These und die vielfach geäußerte Kritik von Studierenden wie Universitätsmitarbeitern in den reformierten Studiengängen.

Ungeachtet der Frage, ob dies auch Entschuldigungschiffren für die eigene Fantasielosigkeit sein mögen, stellt sich vor allem die Frage, welche Konsequenz für die Entwicklung von Eigenverantwortung diese veränderten Strukturen haben. Wenn die Universität der Ort in der Gesellschaft ist, in der für den erfreulicherweise stetig wachsenden Anteil einer Alterskohorte – der nun 17- bis 27-Jährigen – nach dem Erlangen der Hochschulzugangsberechtigung nicht nur ein Studium beginnt, sondern auch eine Phase des Sich-Ausprobierens und Erfahrens der Selbstwirksamkeit in der Gesellschaft, dann ist es die Verantwortung der Hochschulen, diese Freiräume dafür zu organisieren und Eigenverantwortung in den Post-Bologna-Studienprogrammen zu ermöglichen. Wir erleben einen Phantomschmerz des zivilen Engagements in der Generation, für die das Land schon eine Menge tut, aber die Generation vor lauter Bildungsbeschleunigungen kaum etwas für das Land tun kann. John F. Kennedy würde sich über diese Entwicklung wundern.

Als Zwischenfazit dieser beschriebenen Entwicklungslinien haben wir an der Zeppelin Universität als Grundlage der strategischen Universitätsplanung zwei Hypothesen gebildet.

2.   Universitäten als Produzentinnen sozialer Innovationen

2.1 Hypothese 1: Soziale Innovationen für gesellschaftlichen Wandel

Neben Lehre und Forschung können Universitäten einen Beitrag für gesellschaftliche Entwicklung leisten – und zwar durch vielschichtige Beiträge der sozialen Innovation jenseits der Forschung, der technologischen Erfindungen oder der Lehre für eine ohnehin bereits privilegierte Gruppe der Gesellschaft.

Universitäten können Verantwortungsübernahme gesellschaftlichen Wandels gestalten, indem sie Räume, Zeiten und Ressourcen für die Entwicklung, Verbreitung, Erforschung und Umsetzung sozialer Innovationen stellt, so unsere erste Hypothese.

2.2 Exkurs: Soziale Innovationen und deren Funktionen wie Definitionen

Der US-Soziologe William Ogburn (1937) hat erstmals in den krisengeschüttelten dreißiger Jahren auf das Phänomen der sogenannten „cultural lags" hingewiesen. „Cultural lags" sind beispielsweise die Zeiten zwischen technologischen Innovationen und deren Kulturalisierung oder aber auch die Anpassungen wirtschaftlicher, politisch-regulatorischer und kultureller Praxen nach Krisen. Soziale Innovationen wiederum können funktional beschrieben werden als Reduktionen dieser „cultural lags", beispielsweise durch neue Berufsbilder, Dienstleistungen, Regulierungen, Partizipationsarenen oder Austauschmodi.

Soziale Innovationen – in Deutschland erstmals von Wolfgang Zapf 1989 diskutiert – können als resonante, kommunikativ- und operativ-infektiöse Ideen für einen gesellschaftlichen Wandel verstanden werden, die aufgrund von technologischen, ökologischen und politischen Veränderungen der Gesellschaft – z.B. durch erlebbare Krisen – als nachlaufende Lösungen bzw. Anpassungen der bisherigen sozialen und kulturellen Praxen wirken. Nachhaltige gesellschaftliche Änderungen erfolgen durch Entwicklung neuer Formen 1. der Interaktion, 2. der Institutionalisierung und 3. der Instrumente. Soziale Innovationen basieren vermutlich besonders auf den Prinzipien 1. der Inklusion, 2. der Hybridisierung und 3. der Systemisierung (Jansen, 2012b, S. 34 und im folgenden Jansen 2013, S. 182–183).

(1) Logik der Inklusion: Soziologen sprechen in modernen Gesellschaften von dem Primat der funktionalen Ausdifferenzierung – ohne Spitze, aber vielen Randgruppen. Dies erklärt den dringlichen Bedarf: Inklusion. Akteursbezogene Inklusionsstrategien machen soziale Innovationen durch neue Arenen der Interaktionen wahrscheinlicher – zwischen Bürger und Staat, Migranten und Einheimischen, Unternehmen und Mitarbeitern, Behinderten und Nicht-Behinderten, Hauptschülern und Studierenden, Senioren und Kleinkindern, Eliten und anderen Randgruppen. Inklusion – bei Nutzung der Unterschiedlichkeit – ist die unheimliche Geheimwaffe. Beispiele: *Social Media, Open Innovation,* integrierte und intergenerative Betreuungskonzepte, Neo-Korporatismus, *Open Government,* Bürgerhaushalt.

(2) Logik der Hybridisierung: Organisationen und Sektoren brauchen zur Reproduktion ihre Grenzen zur Umwelt. Die Abgegrenztheit zwischen Staat, Markt, Familie und Zivilgesellschaft kommt nun selbst an ihre Grenzen: Es geht nun um kluge, d.h. wiederum abgegrenzte Hybridisierungen – einerseits durch neue transsektorale Institutionen, andererseits durch soziale Problemlösungen für wirtschaftliche Wertschöpfungsketten. Lösung sozialer Probleme zur Eröffnung neuer wirtschaftlicher Märkte ist die Antwort auf unterkomplexe „Corporate Social Responsibility". Nike kümmert sich um Gender-Forschung in muslimischen Ländern, wohl auch um irgendwann *Women Sportswear* zu verkaufen, kleinste Sozialunternehmen und größte Multis sorgen für Bildungs- und Finanzkonzepte zum Vertrieb von komplexen Bewässerungs- und Energiesystemtechniken in Äthiopien, Indien oder Pakistan. Das Hybrid durch Kooperationen zwischen Unverwandten: *Public Private Partnerships,* Wohlfahrtsverbände mit Sozialunternehmen und Konzernen, Stiftungen mit ehrenamtlichen Senioren, Parteien mit NGOs, Universitäten mit Entwicklungshilfeorganisationen und vieles mehr.

(3) Logik der Systemisierung: Innovationen finden an oder auf der Grenze statt. So sagt man. Die Wettbewerbsfähigkeit Deutschlands wird sich nicht mehr in der Technologie- oder Dienstleistungsinnovation allein entscheiden, sondern in dem Management zu komplexen integrativen Systemen von Technologie-, Dienstleistungs- und Sozialinnovationen. Intermodale Verkehrssysteme, dezentrale Energiesysteme mit intelligenten Netzen, multiinfrastrukturelle Stadtentwicklung, vor- und mitsorgende Gesundheitssysteme durch Sozialität statt bloßer Medizin oder empathischer Robotik.

2.3 Fallbeispiel: Strategie der Zeppelin Universität „z7z" – gesellschaftliche Wirksamkeit durch soziale Innovationen

Die Zeppelin Universität hat sich 2012 eine nächste Fünf-Jahres-Strategie gegeben. Die Zeppelin Universität widmet sich darin – mit den Mitteln der Lehre, Forschung und anderer Ausdrucksformen – den sozialen Innovationen. Das hat sie schon immer gemacht – nur jetzt noch disziplinierter. Denn Undiszipliniertheit und Innovation brauchen selbst eine Strategie, selbst Disziplin, selbst Routine und eine Klärung, wie weit diese Leitidee der sozialen Innovation gehen kann.

Die Gründung der Zeppelin Universität erfolgte 2003 aus der Zivilgesellschaft. Städtische Akteure, Unternehmen und Bürger der Region initiierten basierend auf der Idee einer freien Universität diese beziehungsfähige Universität zwischen Wirtschaft, Kultur und Politik. Damit wurde der Versuch unternommen, eine Einheit der Differenz von Lehre, Forschung und wissenschaftlicher Dienstleistung zu leisten, die sich in der Bewertung neben den klassischen Qualitätskriterien auch an der Entwicklung, Bereitstellung und Skalierung von sozialen Innovationen und deren Wirksamkeit messen lassen müssen. Dabei stand der Gedanke der echten Resonanzfähigkeit im Vordergrund, also der Aufnahme von Anfragen aus der Gesellschaft, deren Prüfung und Realisation unter Hinzuziehung universitärer Ressourcen. Das geht deutlich über den gewöhnlichen Reflex der Universität – den Wissenstransfer in die Gesellschaft – hinaus.

Diese sozialen Innovationen in der Gesellschaft erfolgen durch wissenschaftliche, künstlerische, mediale, politische und unternehmerische Interventionen. Voraussetzung für die Realisation von sozialen Innovationen ist die Adressabilität der Universität. Dafür wurde an der ZU das „Social Venture & Research Team (SoVeRT)" gegründet, welches zentral alle Anfragen aus der Gesellschaft aufnimmt und innerhalb der Universität so distribuiert, dass eine Prüfung und Rückmeldung mit potenzieller Realisation erfolgen kann. Verschiedenste Akteure aus der Universität sind dort involviert, angefangen beim „Student Projects Office (SPOFF)", über Programmdirektionen für studentische Forschung, das artsprogram, die ZU Micro Equity GmbH & Co. KG als pre-seed Fonds für studentische Gründungen, bis hin zur Abteilung der strategischen Partnerschaften (s. Abb. 2).

Die Zeppelin Universität wurde für dieses Konzept im Jahr 2011 mit ihrem Ansatz der *„University Social Responsibility"* als einer der drei Bundessieger im Wettbewerb des Stifterverbandes und der Stiftung Mercator „Mehr als Forschung & Lehre" ausgezeichnet. Dabei wurden verschiedentliche Aktivitäten ausgeführt, die in den folgenden Semestern bis heute ausgebaut werden.

Die Interventionsformen sind, wie oben beschrieben, vielfältig – von klassischen Forschungsprojekten über studentische Beratungsangebote, Ausstellungen, Veranstaltungen, popularisierende Publikationen bis zu unternehmerischen Initiativen. Die Aktivitätsfelder der sozialen Innovationen der ZU können mit den sechs Begriffen „Civic Engagement", „Community Outreach", „Community Service", „Service Learning", „Entrepreneurship / Social Entrepreneurship" und „Widening Participation" beschrieben und strukturiert werden.

Zwei besondere Anliegen sind der Universität dabei die Förderung auch des ehrenamtlichen Engagements der Mitarbeiter (und nicht nur der Studierenden)

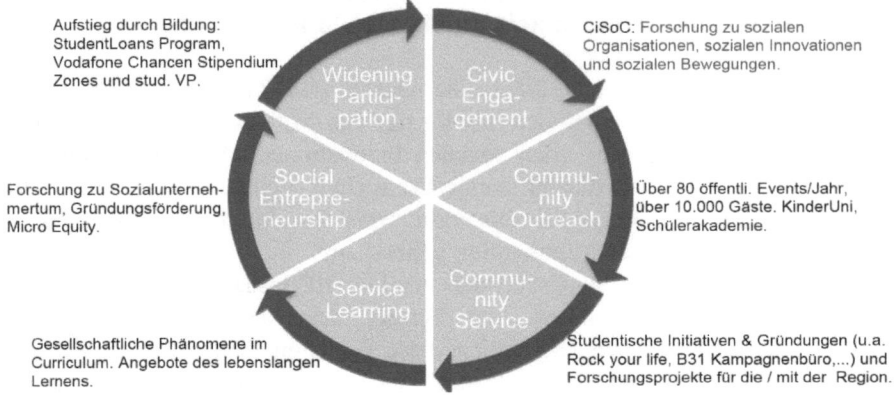

Aufstieg durch Bildung: StudentLoans Program, Vodafone Chancen Stipendium, Zones und stud. VP.

CiSoC: Forschung zu sozialen Organisationen, sozialen Innovationen und sozialen Bewegungen.

Forschung zu Sozialunternehmertum, Gründungsförderung, Micro Equity.

Über 80 öffentli. Events/Jahr, über 10.000 Gäste. KinderUni, Schülerakademie.

Gesellschaftliche Phänomene im Curriculum. Angebote des lebenslangen Lernens.

Studentische Initiativen & Gründungen (u.a. Rock your life, B31 Kampagnenbüro,...) und Forschungsprojekte für die / mit der Region.

Widening Participation · Civic Engagement · Social Entrepreneurship · Community Outreach · Service Learning · Community Service

Abb. 1: Universitäre soziale Verantwortung. Exemplarische Darstellung

im Rahmen ihrer Arbeitszeit sowie die Medialisierungsformen zur stärkeren Popularisierung der wissenschaftlichen Projekte der Universität.

Damit hat sich die Zeppelin Universität als ein sozialer Akteur im Lokalen, Regionalen, Nationalen und teilweise auch in Kooperation mit dem „Civil Society Center | CiSoC", dem ZU-Institut für vergleichende Zivilgesellschaftsforschung und der Siemens Stiftung im Internationalen (Afrika und Lateinamerika) positioniert, der aktiv gesellschaftliche Entwicklung mitgestaltet.

	Präsidium	Abteilung Strategische Partnerschaften	Abteilung Universitäts-Innovation	Abteilung Universitäts-Veranstaltungen	Micro Equity GmbH & Co. KG	Zeppelin Universitäts Gesellschaft
Civil Society Center	**Social Venture and Research Team | SoVeRT** 1 hauptamtlicher Mitarbeiter | 5 Studierende (Teilzeit) | 3 Wissenschaftler (Teilzeit) | 2 Stakeholder (Ehrenamt)					
	Perspektive „Forschung"	**Perspektive „Engagement"**		**Perspektive „Projekte"**	**Perspektive „Unternehmen"**	
	„Gesellschaftsradar: Soziale Innovation" Screening anderer Sozial-Projekte (Universitäten) In Kooperation Methodik: u.a. Befragungen, Medienanalysen, Auswertungen statistischer Daten Forschungsverbund „Bewegende Zivilgesellschaft"	Unterstützung: | ehrenamtliche Mandate und Projekte der Wissenschaftler (Stiftungen, Organisationen, Vereinen) | ehrenamtliche Engagements der Studierenden/Mitarbeiter (Kontakte, Infrastruktur) | Events und Dialoge		Projektprofessionalisierung durch Akkreditierung, interne Verankerung, externe Kommunikation, Begleitung und Messung Institutionelle Projekte | Auswahlverfahren Probono-Projekte Regionale Projekte	Ausbau der MicroEquity GmbH & Co. KG | Evaluierung Finanzierung Skalierung Begleitung Kooperationen	

Abb. 2: Organisationsstruktur „Soziale Innovationen" an der Zeppelin Universität

Damit alle Aktivitäten im Bereich des gesellschaftlichen Engagements der Universität dokumentiert, kommuniziert und archiviert werden können, gibt die ZU seit 2012 einen jährlich erscheinenden wissenschaftlichen Wirksamkeitsbericht unter dem Namen „zu|tun" heraus. In diesem sind alle Interventionsformen der Universität – wissenschaftliche, künstlerische, politische, mediale und unternehmerische – dargestellt.

„Die Wissenschaft experimentiert mit den Dingen, und verzichtet darauf, ihnen beizuwohnen", schrieb der Philosoph Maurice Merlau-Ponty in seinem Buch „Das

Auge und der Geist" (Merleau-Ponty, 2003, S. 106). In diesem Sinne versteht sich die Zeppelin Universität als echter Mitspieler gesellschaftlicher Entwicklung und nicht als bloßer distanzierter Beobachter und Analyst.

3.   Universitäten als Eigenverantwortlichungs-Ermöglicher

3.1 Hypothese 2: eigenverantwortliches Studium zur Ermöglichung echter gesellschaftlicher Verantwortungsübernahme

Die Ausprägung der Möglichkeit von gesellschaftlicher Verantwortungsübernahme kann innerhalb eines Studiums durch die selbstverantwortliche Gestaltung des eigenen Studiums entwickelt werden. Es geht im weitesten Sinne um Lebensunternehmerschaft – für sich und dadurch für andere.

Die Zeppelin Universität hat innerhalb ihrer entschiedenen, ausschließlich vierjährigen Bachelorprogramme der Wirtschaftswissenschaften, der Kommunikations- und Kulturwissenschaften, der Politikwissenschaften, Verwaltung und Internationalen Beziehungen und des in der Tradition der angelsächsischen Liberal Arts Colleges stehenden Programms „Sociology, Politics & Economics" als gemeinsame Studieneinstiegsphase das sogenannte „Zeppelin-Jahr" als Kombination von Theorieeinführungen, Methodenseminaren und einer umfangreicheren wissenschaftlichen Projektarbeit entwickelt.

Gegen Ende des Studiums ermöglicht das Curriculum den Studierenden im sogenannten „Humboldt-Jahr" eine selbstgewählte spezialisierende, individualisierende Forschungsreise – im Sinne von Alexander von Humboldt – im Dialog mit einem Lehrstuhl oder einem Forschungsverbund. Diese Reise kann auch durch den Humboldt-Übersee-Container unterstützt werden, der als Hub, Forschungslabor-, Kunst- und Projektraum dient.

Beide Module zeichnen sich dadurch aus, dass Studierende vor dem Hintergrund eines ersten Erkenntnisinteresses, der selbstständigen Formulierung einer wissenschaftlichen Fragestellung, über die Ausarbeitung eines Forschungsdesigns, bis zur Anwendung wissenschaftlicher Methoden, der Interpretation und der Präsentation der Ergebnisse den ganzen Forschungsprozess komplett durchlaufen können.

Die beiden Lehrformate zur Ermöglichung der Entwicklung von Eigenverantwortung, zur Umstellung von Ausbildung auf Bildung, von Auswendig- auf Inwendiglernen, von Linearität des Wissens auf die vernetzte Entdeckungskompetenz im Umgang mit Nichtwissen, stellen wir im Folgenden kurz vor.

3.2 Das Zeppelin-Jahr

Unser Verständnis der vielfach anders interpretierbaren Wilhelm von Humboldtschen Einheit von Forschung und Lehre ist die projektbezogene nasse Verbindung von Forschen und Lernen: also Bildung durch Wissenschaft. Studierende der ZU beschäftigen sich von ihrem Studienstart an mit Fragen und Problemen, für die sich durch Forschung Antworten und Lösungen finden lassen, die aber auch neue Fragen und Probleme aufwerfen, denen sich das anschließende Studium widmen kann.

Das erste Pflichtmodul, das „Zeppelin-Projekt", erstreckt sich über das ganze erste Studienjahr. Hier erhalten die Studierenden zunächst ein übergeordnetes Thema (z.B. Globalisierung, Revolutionen, Krisen & Katastrophen, Architekturen, Energien, Städte etc.). Dieses Oberthema wird in einer Lehrveranstaltung aus den verschiedenen an der ZU vertretenen Fachperspektiven wissenschaftlich erläutert. In weiteren Veranstaltungen können die Studierenden methodisches Wissen erwerben und Projektmanagementkompetenzen aufbauen. Diese Veranstaltungen bilden den Rahmen, innerhalb dessen sich die Studierenden selbstständig in Gruppen zusammenschließen und Forschung betreiben. Jede Gruppe erhält einen wissenschaftlichen Betreuer, der sie über den ganzen Forschungsprozess hinweg begleitet.

Die interdisziplinäre Ausrichtung des ersten Studienjahrs an der Zeppelin Universität spiegelt sich auch im „Zeppelin-Projekt" wieder. Die Lehrenden, mit denen die Studierenden konfrontiert sind, kommen aus verschiedenen Disziplinen und die Studierenden finden sich aus verschiedenen Programmen in studentischen Forschungsgruppen zusammen. Studierende werden somit vom ersten Semester an mit den Gemeinsamkeiten, aber auch Unterschieden der verschiedenen Fachdisziplinen konfrontiert. Zudem werden sie ermutigt, eigene Forschungsinteressen zu entwickeln und diese in der wissenschaftlichen Landschaft zu verorten.

Gleich zu Beginn ihres Studiums wenden die Studierenden daher ihr neu erworbenes Wissen auch an. Diese Anwendung schlägt sich in individuellen wissenschaftlichen Hausarbeiten, Forschungsberichten und Präsentationen von Gruppenarbeiten nieder.

Konkret sieht die Struktur des Zeppelin-Projekts wie folgt aus:

1. Semester
Im Rahmen einer Veranstaltung (3 SWS) erhalten die Studierenden einen Überblick zum jeweiligen Oberthema aus verschieden fachlichen Perspektiven. In dieser Veranstaltung wird eine erste individuelle wissenschaftliche Arbeit (Hausarbeit) angefertigt. Die methodischen Grundlagen werden in zwei weiteren Veranstaltungen gelegt (insgesamt 3 SWS); das Seminar Projektmanagement (1 SWS) unterstützt die Studierenden rund um Fragen des Projektmanagements im Forschungsprojekt und bei der Gruppenfindung. Bis zum Ende des ersten Semesters haben sich die Studierenden in Kleingruppen von fünf bis sieben Personen zusammengeschlossen und ein Wissenschaftler der Zeppelin Universität hat die wissenschaftliche Betreuung des Forschungsprojekts übernommen.

2. Semester
Im zweiten Semester liegt der Fokus auf der Forschungsarbeit der studentischen Forschergruppen. Die Studierenden betreiben eigenständig ihre Forschung unter der Begleitung ihres wissenschaftlichen Betreuers. Diese Betreuung findet nach individueller Absprache zwischen Studierenden und Betreuern im Rahmen von Einzelterminen statt. Darüber hinaus besuchen die Studierenden eine Lehrveranstaltung (2 SWS). Diese Veranstaltung unterstützt die Studierenden aus einer methodischen Perspektive bei ihren Forschungsprojekten.

Zum Ende des Semesters findet die Abschlusskonferenz statt, in der die Studierenden die Gelegenheit haben, ihre Forschungsprojekte der universitätsinternen

Öffentlichkeit vorzustellen und Feedbacks zu ihren Forschungsergebnissen und der Art und Weise der Präsentation zu erhalten.

3.3 Das Humboldt-Jahr

Das zweite Pflichtmodul, das „Humboldt-Jahr", ist im 6. und/oder 7. Semester des Studiums verortet. Hier erhalten die Studierenden erneut die Chance, den gesamten Forschungsprozess zu durchlaufen. Die Studierenden bauen nun auf ihren Kenntnissen und Erfahrungen des Forschungsdesigns aus dem Zeppelin-Projekt und anderen Phasen des Studiums auf. Die Studierenden können im Humboldt-Jahr frei entscheiden, ob sie (a) sich an einem Forschungsprojekt einer Forschungseinrichtung (Lehrstuhl, Forschungsverbund) beteiligen wollen, (b) ein eigenes Forschungsprojekt bearbeiten wollen, oder (c) sich fachlich weiter vertiefen möchten. Wir stellen diese drei Optionen kurz vor:

a) Durch die Anbindung an eine Forschungseinrichtung (z.B. Lehrstuhl, Forschungsverbund) sammeln die Studierenden praktische Erfahrung in der Wissenschaft. Sie müssen sich in einer Gruppe von Wissenschaftlern eingliedern und ihre eigene konkrete Forschungsfrage formulieren. Das eigenständige wissenschaftliche Arbeiten wird gefördert sowie die Konkretisierung des eigenen wissenschaftlichen Interesses. Dadurch werden die Studierenden nicht nur auf die Konzeption der Bachelorthesis vorbereitet, sondern es werden auch Erfahrungen und Erkenntnisse gesammelt, die für die Entscheidung über einen späteren Masterstudiengang wertvoll sind. Die Betreuung am Lehrstuhl wird durch den Besuch von Forschungskolloquien und ausgewählten Lehrveranstaltungen unterstützt.

b) Ebenfalls vertiefte wissenschaftliche Erfahrungen können Studierende dann sammeln, wenn sie sich dafür entscheiden, eigene Forschungsprojekte durchzuführen. Die Betreuung ist hier weniger stark mit der Forschungsarbeit eines Lehrstuhls verbunden; es fehlt daher die enge Eingliederung in ein wissenschaftliches Team. Dafür aber entwickeln die Studierenden bei einem eigenen Projekt noch mehr Eigenständigkeit und müssen hierfür auch einen ZU-Wissenschaftler gewinnen, der bereit ist, das Projekt zu begleiten. Neben dieser Betreuung, die individuell gestaltet wird, wird die wissenschaftliche Rückkopplung der Forschungsprojekte durch die Teilnahme an Forschungskolloquien und den Besuch von inhaltlichen und methodischen Veranstaltungen gefördert.

c) Studierende, die sich für die fachliche Vertiefung entscheiden, können weitere (ein bis zwei) Wahlpflichtmodule aus ihrem Studienprogramm besuchen und zwei Vertiefungsseminare. In diesen Vertiefungsseminaren wird die Verbindung zwischen Lehre und Forschung durch die Auswahl des jeweiligen thematischen Schwerpunkts hergestellt.

In den Fällen (a) und (b) ist der selbst gewählte Forschungsbereich nicht an das eigene Studienprogramm gebunden.

3.4   Erfahrungen mit diesen Lehrformaten

Die seit drei Jahren erprobten Lehrformate für studentische Forschung und die dadurch realisierte Reintegration von Freiräumen zur Erprobung von Eigenverantwortung in die stark determinierten Bologna-Studienstrukturen ermöglichen uns eine erste Zwischenbilanz.

Die Akzeptanz bei den Studierenden selbst ist sehr hoch, auch weil es in der Rückschau als besondere Zumutung sowohl des unbedingten Anfangs wie auch der Gruppendynamik gesehen wird. Die betreuenden Dozenten beobachten bei der Qualität insbesondere der Zeppelin-Projekte durchaus deutliche Schwankungen zwischen den Teams, werten diese aber nicht als problematisch, sondern sehen darin vielmehr eine Bestätigung für die Produktivität der Riskanz studentischer Forschung in den unteren Semestern. Einhellig wird in den höheren Semestern – und insbesondere dann bei den angedockten oder eigenständigen Forschungsprojekten im „Humboldt-Jahr" – eine deutliche Qualitätssteigerung der Fähigkeit der eigenverantwortlichen Definition von Forschungsfragen und der Möglichkeit, diese zu strukturieren und umzusetzen, wahrgenommen.

4.   Fazit

Universitäten sind verantwortlich dafür, Verantwortungsübernahme zu organisieren und zu ermöglichen. Dies gilt ganz zu Beginn für die Verantwortungsübernahme des eigenen Studiums und die der eigenen riskanten, d.h. sich selbst positionierenden Forschung ab dem ersten Semester. So kann die Grundlage für eine parallele und spätere Verantwortungsübernahme für gesellschaftliche Entwicklungslinien ermöglicht werden, weil die Haltung wissenschaftlich wie gesellschaftlich geübt werden kann.

Wenn die Universitäten und Hochschulen erkennen, welche Möglichkeiten sie als Wissensinstitutionen in einer Wissensgesellschaft besitzen und die Ermöglichung gesellschaftlicher Teilhabe über die Produktion sozialer Innovationen und die Verantwortungsübernahme für Eigenverantwortlichkeitsentwicklungen von Studierenden nicht mehr zwingend Arbeit bedeutet, sondern eine Rückbesinnung auf viele Eigenschaften der alten Idee der Universitas, dann wird sich von selbst eine Beziehungsfähigkeit ausprägen – und dies sicherlich im Sinne von Peter Strohschneider in einer funktionalen und vor allem auch inhaltlichen Differenzierung der 423 Institutionen allein in Deutschland.

Literatur

Berthold, C., Meyer-Guckel, V. & Rohe, W. (Hrsg.). (2012). *Mission Gesellschaft. Engagement und Selbstverständnis der Hochschulen. Ziele, Konzepte, internationale Praxis*. Essen: Edition Stifterverband.

Diehn, T. (Hrsg.). (2012). *Die kommenden Tage. Risiken und Chancen der Wissensgesellschaft*. Essen: Edition Stifterverband.

Gerhardt, V. (1999). *Selbstbestimmung. Das Prinzip der Individualität*. Stuttgart: Reclam.

Hörisch, J. (2006). *Die ungeliebte Universität – Rettet die Alma Mater*. München/Wien: Carl Hanser Verlag.

Jansen, S.A. (2013). Responsive Universitäten der Riskanz – Über die Funktion des Nichtbestellten. In M. Jostmeier, A. Georg & H. Jacobsen (Hrsg.), *Sozialen Wandel gestalten – Zum gesellschaftlichen Innovationspotenzial von Arbeits- und Organisationsforschung* (Reihe „Dortmunder Beiträge zur Sozialforschung") (S. 177–186). Wiesbaden: SpringerVS Verlag.

Jansen, S.A. (2012a). Humboldt 2.0 – Zur Zukunft der Universitäten in der Wissensgesellschaft. In T. Diehn (Hrsg.), *Die kommenden Tage. Risiken und Chancen der Wissensgesellschaft* (S. 172–181). Essen: Edition Stifterverband.

Jansen, S.A. (2012b). Merkwürdigkeiten aus den Manegen des Managements. Das postasoziale Management. *Brand eins, 04/2012*, 34–35.

Jansen, S.A. & Sandevski, T. (2012). *Die Bildung der Finanzierung und ihre Forschung – oder: die forsche Finanzierung der Bildung. Hochschulfundraising und staatliche „Matching Funds-Programme" im internationalen Vergleich* (zu|schnitt 24 – Discussion Paper der Zeppelin Universität). Friedrichshafen.

Jaspers, K. (1980). *Die Idee der Universität*. Berlin: Springer.

Jostmeier, M., Georg A. & Jacobsen, H. (Hrsg.). (2013). *Sozialen Wandel gestalten – Zum gesellschaftlichen Innovationspotenzial von Arbeits- und Organisationsforschung* (Reihe „Dortmunder Beiträge zur Sozialforschung"). Wiesbaden: SpringerVS Verlag.

Merleau-Ponty, M. (2003). *Das Auge und der Geist: Philosophische Essays*. Hamburg: Felix Meiner Verlag.

Ogburn, W.F. (1937). Foreword. In Subcommittee on Technology to the National Resources Committee (Hrsg.), *Technological Trends and National Policy, Including the Social Implications of New Inventions* (Vorwort). Washington D.C.: US Government Print Office.

Schleiermacher, F. (1808). *Gelegentliche Gedanken über Universitäten in deutschem Sinn*. Berlin: In der Realschulbuchhandlung.

Statistisches Bundesamt (2014a). *Studierende*. Verfügbar unter: https://www.destatis.de/DE/ZahlenFakten/GesellschaftStaat/BildungForschungKultur/Hochschulen/Tabellen/StudierendeInsgesamtBundeslaender.html [06.05.2014].

Statistisches Bundesamt (2014b). *Personal an Hochschulen*. Verfügbar unter: https://www.destatis.de/DE/ZahlenFakten/GesellschaftStaat/BildungForschungKultur/Hochschulen/Tabellen/PersonalHochschulen.html [06.05.2014].

Sombetzki, J. (2014). *Verantwortung als Begriff, Fähigkeit, Aufgabe*. Wiesbaden: SpringerVS.

Strohschneider, P. (2010). *„Things fall apart?" Zur Identität der deutschen Universität*. Friedrichshafener BildungsGespräch, Friedrichshafen, 24.02.2010, 19.00 Uhr.

Subcommittee on Technology to the National Resources Committee (Hrsg.). (1937). *Technological Trends and National Policy, Including the Social Implications of New Inventions*. Washington D.C.: US Government Print Office.

Zapf, W. (1989). Über soziale Innovationen. *Soziale Welt, 40* (1/2), 170–183.

Zeppelin Universität (2013). *z7z – zu7zehn: Mittefriststrategie der Zeppelin Universität – Wissenschaftliche Wirksamkeit durch Soziale Innovation*. Verfügbar unter: www.zu.de/strategie [06.05.2014].

PatientInnensicherheit im Krankenhaus – von der Kultur zur Verantwortung

Manfred Zottl

> *Du suchst nach geistiger Ruhe?*
> *Mach dir lieber erstmal ordentlich Sorgen!*
> Kodo Sawaki, Zen-Meister (Sawaki, 2005)

1. Wie sicher sind Krankenhäuser?

Eigentlich besteht kein Grund zur Sorge. In Österreich fühlt man sich im Krankenhaus sehr sicher. Auf die Frage „Wie wahrscheinlich ist es Ihrer Meinung nach, dass Patienten durch eine medizinische Krankenhausbehandlung in Österreich zu Schaden kommen?" antworten nur 19% der Befragten mit „sehr" bzw. „ziemlich wahrscheinlich". Damit sind wir Spitzenreiter in der EU: In keinem anderen Land haben die Menschen weniger Angst vor Schäden im Krankenhaus. Zum Vergleich: Deutschland 31%, Dänemark 63%, Frankreich 65%, Griechenland 83%, Durchschnitt EU27 50%.

Das Vertrauen der PatientInnen wird auch durch persönliche Erfahrungen kaum erschüttert. Die Frage „Haben Sie oder ein Mitglied Ihrer Familie schon einmal einen ernsten Zwischenfall während einer medizinischen Versorgung erlebt?" beantworten nur 12% der Befragten mit „Ja". Wieder der EU-Spitzenwert: Deutschland 30%, Frankreich 39%, Dänemark 43%, Schweden 49%, Durchschnitt EU27 26%. Hierzulande werden also schwerwiegende Fehler oder Schäden im Krankenhaus weder erwartet noch wahrgenommen (vgl. Europäische Kommission, 2010).

Sind wir wirklich so sicher?

Das Krankenhaus gilt als hochverlässliche Organisation (HRO – High Reliability Organization). Das Zusammenwirken der einzelnen Player dieser Organisation ist hochkomplex, gleichzeitig können sich Routinesituationen jederzeit in absolut unerwartete, unvorhersehbare und zeitkritische Akutereignisse verwandeln. Es müssen nicht nur eine Vielzahl von Berufsgruppen (ÄrztInnen, Pflege, TherapeutInnen, Transportdienste, Techniker, Verwaltungspersonal etc.), sondern auch zum Teil weit voneinander entfernte Bereiche (Ambulanz, Labor, Bettenstation, OP, Röntgen, Aufwachraum, Küche etc.) aufeinander abgestimmt richtig handeln.

Im Jahr 2000 veröffentlicht das Institute of Medicine/USA den Report „To Err Is Human – Building a Safer Health System" und kommt darin zum Schluss, dass in den Vereinigten Staaten jährlich zwischen 44 000 und 98 000 PatientInnen an vermeidbaren Fehlern („medical errors") sterben. Um das Ausmaß deutlich zu machen, wird ein Vergleich gezogen: Das wäre etwa so, wie wenn alle zwei Tage drei vollbesetzte Jumbo-Jets abstürzen würden (vgl. Kohn, Corrigan & Donaldson, 2000). Dieser Report sorgte weltweit dafür, dass das Thema „Fehler im

Krankenhaus" zunehmend durch Medien und Health Professionals fokussiert wurde. Im deutschsprachigen Raum wurden in den Folgejahren – meist nach der landesweiten medialen Aufarbeitung von schweren Zwischenfällen – unabhängige nationale PatientInnensicherheits-Organisationen gegründet: 2003 die Patientensicherheit Schweiz (CH), 2005 das Aktionsbündnis Patientensicherheit (D) und 2008 die Plattform Patientensicherheit in Österreich.

Aber was gilt als Fehler im Krankenhaus? Bis vor wenigen Jahren wurde ein klar abgegrenztes Schwarz-Weiß-Bild der Extreme vermittelt: einerseits die schicksalshafte und nicht zu beeinflussende Komplikation, andererseits der ärztliche Kunstfehler, welcher durch das fahrlässige bzw. schuldhafte Fehlverhalten einzelner Personen verursacht wird. Als relevanter Fehler wurde nur betrachtet, was auch einen Schaden nach sich gezogen hat. In den letzten Jahren setzten sich jedoch in diesem Zusammenhang neue Begriffe und Betrachtungsweisen durch:

Ein *Fehler* („error") ist eine Handlung oder ein Unterlassen, bei dem eine Abweichung vom Plan, ein falscher Plan oder kein Plan vorliegt. Ob daraus ein Schaden entsteht, ist für die Definition des Fehlers irrelevant. Es wird also etwas falsch gemacht oder – obwohl notwendig oder angebracht – nicht gemacht.

Ein *unerwünschtes Ereignis* („adverse event") ist ein schädliches Vorkommnis, das eher auf der Behandlung denn auf der Erkrankung beruht. Es kann vermeidbar oder unvermeidbar sein. Das wäre z.B. eine Infektion einer Operationswunde, obwohl alle nötigen Hygienemaßnahmen eingehalten wurden, oder eine allergische Reaktion auf ein Medikament, wobei die Allergie vorher weder PatientIn noch Arzt/Ärztin bekannt war.

Ein *vermeidbares unerwünschtes Ereignis* („preventable adverse event") ist ein unerwünschtes Ereignis, das vermeidbar ist. Wurden also im obigen Beispiel die Hygienemaßnahmen nicht eingehalten bzw. der/die Patient/in gar nicht nach seinen Allergien gefragt, so gilt das unerwünschte Ereignis als vermeidbar.

Patientensicherheit wird demnach definiert als „Abwesenheit unerwünschter Ereignisse", bzw. als „Verhinderung von versehentlichen oder vermeidbaren Schädigungen im Rahmen der medizinischen Versorgung". (vgl. Aktionsbündnis Patientensicherheit, 2014; Wachter, 2010, S. 201–214)

Wie oft passiert denn nun wirklich etwas? Mathias Schrappe vom Aktionsbündnis Patientensicherheit machte 2006 und 2008 einen systematischen Review von 241 Studien zum Thema aus 31 Ländern. Die Gesamtzahl aller untersuchten PatientInnen betrug 30 535 004 (Schrappe, 2008). Die Ergebnisse:

– bei 5–10% der PatientInnen im Krankenhaus tritt ein unerwünschtes Ereignis (UE) auf;
– bei 2–4% ist dies ein vermeidbares unerwünschtes Ereignis (VUE);
– 0,1% Todesfälle durch VUE's

Bei rund 2 800 000 stationären Aufenthalten in Krankenhäusern im Jahr 2011 in Österreich würde dies bedeuten, dass 2 800 PatientInnen auf Grund von vermeidbaren unerwünschten Ereignissen gestorben sind (vgl. Statistik Austria, 2013). Diese Zahl gibt jedenfalls Grund zur Sorge.

Eine mögliche (österreichische) Erklärungslösung gibt es allerdings noch: Bei den 241 Studien ist keine aus Österreich dabei. Es könnte also sein, dass sich unsere PatientInnen in ihrer Annahme gar nicht irren, und wir bezüglich vermeidbarer Schäden im Krankenhaus wirklich wesentlich besser sind als der Rest der (vergleichbaren) Medizinwelt. Von den mit der Thematik vertrauten ExpertInnen glaubt dies allerdings niemand ernsthaft.

2. Die Fehlerkultur im Krankenhaus

Die Art und Weise, wie in einer Organisation mit Fehlern, Schäden, aber auch Fehlerverursachern umgegangen wird, kann man als Ausprägung der vorhandenen Fehlerkultur bezeichnen. Diese Kultur vollzieht in den letzten Jahren einen Paradigmenwechsel. Nils Löber stellt diese komplexen Zusammenhänge in einem beeindruckend verständlichen Modell dar (vgl. Löber, 2012, S. 223–263). Ausgehend von einem Fehler- oder Schadensfall gibt es im Krankenhaus jeweils ein Vorher – hier zeigt sich die grundsätzliche Einstellung der Organisation Fehlern gegenüber – und ein Nachher – hier findet der Umgang mit Fehlern und Fehlerverursachern statt. Löber schlägt sechs Dimensionen der Fehlerkultur vor: Lernen, Flexibilität, positive Emotionen, Kommunikation, Vertrauen und Gerechtigkeit. Je nachdem, wie positiv diese Dimensionen im Krankenhaus ausgeprägt sind, spricht man von einer konstruktiven oder von einer destruktiven Fehlerkultur.

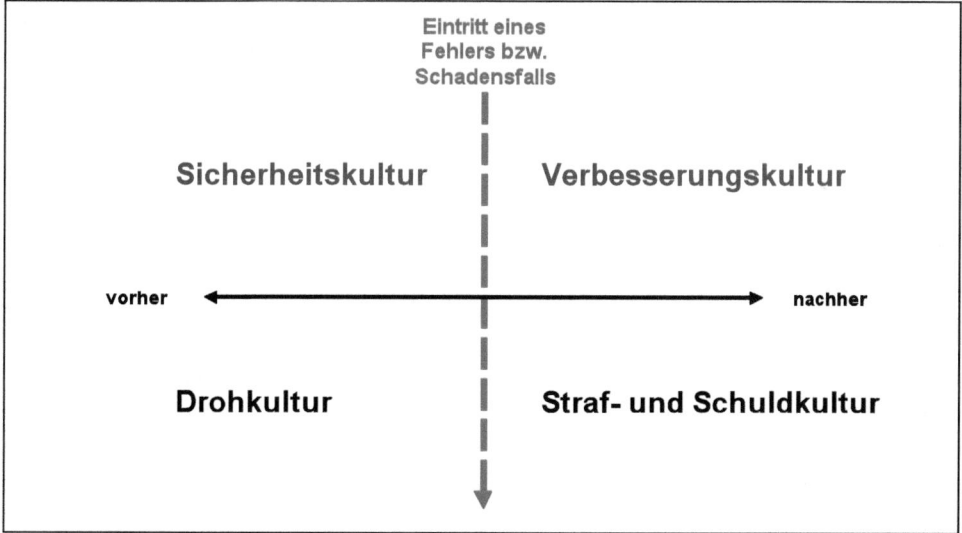

Abb. 1: Fehlerkulturausprägungen (vgl. Löber, 2012, S. 232)

Die destruktive Fehlerkultur verwirklicht sich in der Droh-, Straf- und Schuldkultur, die konstruktive in der Sicherheits- und Verbesserungskultur.

   In der destruktiven Fehlerkultur sind Fehler tabuisiert und werden als (meist schuldhaftes) Versagen Einzelner betrachtet. Über Fehler wird nicht gesprochen, daher kann man auch nicht aus ihnen lernen. Das Fehlermachen wird mit Sanktionen bedroht – sofern man den oder die „Schuldigen" namhaft machen kann. Die Vorgehensweisen in der Bearbeitung von Fehlern sind nicht transparent, dadurch herrscht Misstrauen vor. Es wird grundsätzlich von einem Null-Fehler-Ansatz ausgegangen.

In der konstruktiven Fehlerkultur geht man davon aus, dass Fehler immer wieder passieren werden. Das Lernen aus Fehlern ist die zentrale Strategie. Daher ist es wichtig, die Lernpotenziale aus Zwischenfällen systematisch zu erarbeiten und in verbesserte Abläufe, Strukturen und Sicherheitsbarrieren einfließen zu lassen. Es gilt Fehler zu entdecken, bevor sie zum unerwünschten Ereignis werden.

Unter dem Aspekt der Verantwortung besteht ein wesentlicher Unterschied: In der Drohkultur wird man in erster Linie für das Fehlermachen zur Verantwortung gezogen. Solange keine Fehler bzw. Schäden passieren, ist alles in Ordnung. In der Sicherheitskultur wird das Nicht-Einhalten von Sicherheitsbarrieren sanktioniert, egal ob daraus ein Fehler resultiert oder nicht. Ein z.B. tatsächliches fahrlässiges Verhalten eines Mitarbeiters ist in der destruktiven Fehlerkultur nur dann wirklich relevant, wenn es einen Schaden verursacht. Ziel ist es, den „schuldigen" Mitarbeiter namhaft zu machen und zu bestrafen, damit ist – aus Sicht dieser Kultur – die Fehlerursache beseitigt. Auch in der konstruktiven Fehlerkultur wird fahrlässiges Verhalten als solches wahrgenommen (und zieht die nötigen straf- bzw. dienstrechtlichen Konsequenzen nach sich). Allerdings sind die primären Fragen: Wieso fällt fahrlässiges Verhalten nicht auf? Warum wird es (unter Umständen) vom Team bzw. der unmittelbaren Führung toleriert? Wie lässt sich sicheres Handeln in diesem Bereich noch mehr unterstützen?

Die destruktive Fehlerkultur war in den Krankenhäusern in den letzten Jahrzehnten die vorherrschende. Erst seit einigen Jahren findet eine breitere Auseinandersetzung mit diesem Thema statt – nicht zuletzt durch die Kommunikation von Studien zur Häufigkeit von vermeidbaren unerwünschten Ereignissen. Die Entwicklung einer konstruktiven Kultur ist langwierig, mühsam und für das Krankenhausmanagement ungewohnt – insbesondere die Auseinandersetzung mit Werten wie „Vertrauen" und „Gerechtigkeit".

3.   PatientInnensicherheit systematisch gewährleisten

Wie sich die PatientInnensicherheit systematisch in der Organisation verwirklicht, ist in erster Linie von der vorherrschenden Fehlerkultur abhängig. In der destruktiven Fehlerkultur geht es (eher) um den Schutz vor Schadenersatzansprüchen und die Vermeidung von negativer Presse. Die Motivation in der konstruktiven Fehlerkultur resultiert (eher) aus medizinethischen Vorgaben (Nichtschadensprinzip, Benefizprinzip) – man kann es auch als „Verminderung von Leid" zusammenfassen. Wobei dieses mögliche Leid durch vermeidbare unerwünschte Ereignisse systemisch zu sehen ist: Leid der betroffenen PatientInnen, Leid der Angehörigen und – ebenso – Leid der Fehler- und Schadensverursacher (man spricht auf Grund der möglichen Traumatisierung durch das Verursachen von Schäden an PatientInnen in diesem Zusammenhang von „second victims", zweiten Opfern).

Wie kann ein PatientInnensicherheits-System, welches einer konstruktiven Fehlerkultur gerecht wird, aussehen? Hier die Beschreibung einer (von vermutlich mehreren) Möglichkeiten:

Prozessorientierung

Der Kernprozess im Krankenhaus ist das Aufnehmen, Behandeln/Betreuen und Entlassen von PatientInnen. Dieser Prozess hat zwei Kernziele: „Die PatientInnen richtig behandeln/betreuen" und „Keinen vermeidbaren Schaden zufügen". Rund um diesen Kernprozess sind alle anderen Abläufe entweder Teilprozesse (Medikamente verabreichen, Operationen durchführen etc.), unterstützende Prozesse (Instrumente aufbereiten, Laboruntersuchungen durchführen etc.) oder Managementprozesse (Budget planen, Personalressourcen sicherstellen etc.).

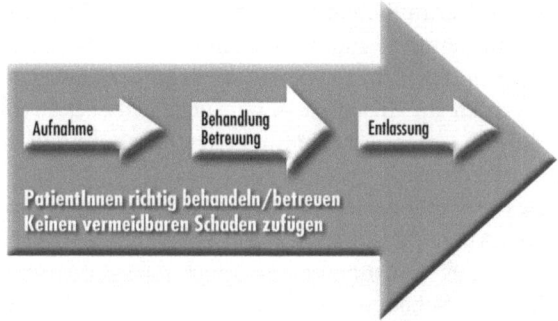

Abb. 2: Kernprozess und -ziele im Krankenhaus (eigene Darstellung)

Um die unerwünschten Ereignisse in den Prozessen zu minimieren, gibt es drei grundsätzliche Zugangsweisen:

Risikoanalysen

Auf Grund der Erfahrungen der MitarbeiterInnen werden Risiken – also potenzielle Fehler und Schäden – entlang der Prozesse erhoben und analysiert. Dabei werden die Eintrittswahrscheinlichkeit und das mögliche Schadensausmaß zur Bewertung herangezogen. Anschließend versucht man die Ursachen für das jeweilige Risiko zu ermitteln und diesen mit geeigneten risikominimierenden Maßnahmen (welche entweder Wahrscheinlichkeit und/oder möglichen Schaden reduzieren) zu begegnen. Es geht um die Beantwortung folgender Fragen: „Was ist das Risiko? Warum ist das so? Was kann man dagegen tun?"

Der Vorteil der Risikoanalysen ist, dass die Organisation schon im Vorfeld die Sicherheit erhöhen kann und nicht „warten" muss, bis etwas passiert. Weiters wird der langjährige Erfahrungsschatz der MitarbeiterInnen genutzt, was deren Vertrauen in die Organisation fördert. Aber es gibt auch Nachteile: die umfassende Analyse aller Prozesse ist sehr aufwändig – wobei auch bei massivem Aufwand nicht sichergestellt ist, dass alle Risiken erfasst werden. Zwischenfälle, welche außerhalb meines Vorstellungsbereichs liegen, können auch nicht als Risiken formuliert werden. Weiters erreichen die Kombinationsmöglichkeiten der einzelnen Risiken eine Komplexität, welche (auf diese Art und Weise) nicht handhabbar ist.

Analyse von Fehlern und Zwischenfällen

Bei diesem Zugang werden unerwünschte Ereignisse und insbesondere Schadensfälle systematisch einer Ursachenanalyse unterzogen. Die Fragen lauten: „Was ist vorgefallen? Warum ist das so abgelaufen? Was kann man tun, damit es so nicht mehr passieren kann?" Dies erfolgt personell getrennt von allfälligen dienst- oder strafrechtlichen Ermittlungen. Im Zuge dieser Analysen werden keine Namen von MitarbeiterInnen dokumentiert. Der Ablauf und die Rahmenbedingungen einer derartigen Analyse sind ebenfalls festgelegt und für MitarbeiterInnen jederzeit einsehbar. Eine dieser Rahmenbedingungen ist auf jeden Fall, dass die analysierenden MitarbeiterInnen zur Vertraulichkeit verpflichtet sind. Das Ergebnis einer solchen Analyse ist die Erarbeitung von Ursachen und sinnvollen risikominimierenden Maßnahmen. Die gefundenen Maßnahmen, welche den Zwischenfall in Zukunft verhindern würden, werden im Anschluss umgesetzt. Dabei geht es – im Sinne der konstruktiven Fehlerkultur – nicht um die Suche nach Schuldigen, sondern um das buchstäbliche Lernen aus Fehlern.

Der Vorteil dieser Methode ist, dass der Erkenntnisgewinn aus Vorfällen konsequent genutzt wird. Auch Zwischenfälle mit schweren PatientenInnenschäden haben dann den Sinn, dass „es" so niemandem mehr passieren muss, niemand mehr auf diese Art und Weise zu Schaden kommt (ein Aspekt, der Betroffenen – PatientInnen und Angehörigen – äußerst wichtig ist). Das Problem an diesem Zugang ist einerseits, dass die Organisation nicht einfach warten kann, bis ein Fehler passiert, um diesen dann zu analysieren. Andererseits braucht es ein Mindestmaß an Vertrauen der MitarbeiterInnen, damit sie dem Management auch Zwischenfälle melden, die zu keinem Schaden geführt haben.

Es soll aber auch auf die Problemfelder einer derartig geregelten Vertrauenskultur hingewiesen werden. Wenn ein Schadensfall gerichtlich oder behördlich verfolgt wird, so werden auch die MitarbeiterInnen des Analyseteams aussagepflichtig, und dies führt zu Loyalitätskonflikten, wo man doch vorher Vertraulichkeit zugesagt hat. Daher *muss* den befragten MitarbeiterInnen vorher auch gesagt werden, dass (abhängig von der Schwere des Ereignisses) auch die Analysierenden unter Umständen zu einer Aussage gegenüber einer Behörde, Sachverständigen etc. verpflichtet werden. Dieses Problem ließe sich nur durch eine entsprechende gesetzliche Regelung einer Schweigepflicht (ähnlich wie bei PsychotherapeutInnen) lösen. Weiters ist es problematisch, wenn man während einer Analyse – nach zugesagter Vertraulichkeit – auf ein schwerwiegendes rücksichtsloses bzw. fahrlässiges Verhalten stößt. In diesem Fall sollten die Maßnahmen auf der Systemebene („Wie stelle ich sicher, dass fahrlässiges Verhalten auffällt und nicht toleriert wird?") und nicht auf der persönlichen – im Sinne von „Sanktion" – gesucht werden (vgl. Zottl, 2012, S. 90).

Vor der Durchführung einer derartigen Analyse ist es für die Analysierenden ratsam, sich mental auf die Gespräche mit den betreffenden MitarbeiterInnen einzustellen. Unter Umständen sind dies Gespräche mit Menschen, die davon ausgehen, dass sie PatientInnen gerade einen schweren Schaden zugefügt haben. RisikomanagerInnen sind Menschen mit Emotionen und inneren Wertungen, daher ist es wichtig, mit einer bestimmten Haltung in diese Gespräche zu gehen. Um diese Haltung zu erreichen, sind folgende Überlegungen hilfreich:

–   Streben Sie Ruhe in sich und der Umgebung an – vermeiden Sie kalte Hektik.
–   Bewegen Sie Ihren inneren Zustand bewusst von „Verachtung" hin zu „Achtsamkeit".
–   Zeigen Sie umso mehr Respekt, je mehr Sie das Gefühl haben etwas „besser zu wissen".
–   Fällen Sie keine inneren Urteile, versuchen Sie zu verstehen.
–   Immer dann, wenn Sie an sich einen „inneren" erhobenen Zeigefinger bemerken, visualisieren Sie sich mit einer offenen, ausgestreckten Hand.
–   Wenn Sie bemerken, dass Ihr Gegenüber das Gespräch als „Strafe" empfindet, betonen Sie die „Chance" durch das Lernen aus Fehlern.

Die Art und Weise, wie in Krankenhäusern mit Fehlern umgegangen wird, ist für die MitarbeiterInnen ein Indikator dafür, wie ernst es die Krankenhausführung mit einer gegebenenfalls proklamierten Sicherheits-, Verbesserungs- oder Gerechtigkeitskultur meint. MitarbeiterInnen reagieren diesbezüglich hochsensibel auf eine Diskrepanz zwischen „Wollen" und „Handeln". Und sie werden freiwillig keine Fehler melden, wenn sie eine derartige Diskrepanz erleben (Zottl, 2012, S. 100).

Kritische Checks

Bei kritischen Checks handelt es sich um Sicherheitsbarrieren in Form strukturierter Kommunikation, welche die Wahrscheinlichkeit erhöhen, Abweichungen zu bemerken. Darüber hinaus fördern sie die Achtsamkeit, unterstützen die Antizipation (im Sinne von „unerwartete, aber mögliche Abweichungen miteinberechnen") und helfen bei der strukturierten Beherrschung von akuten hochgradigen Abweichungen (z.B. plötzlicher lebensbedrohlicher Zustand von PatientInnen). Dabei wird an festgelegten „Haltepunkten" im Prozess überprüft, ob zu diesem Zeitpunkt alles vorhanden, erledigt, vorbereitet ist – so wie es jetzt sein sollte. Abweichungen und Unklarheiten werden erkannt und behoben. Vergleichbar ist dieses Vorgehen mit der Überprüfung der Einkaufsliste vor (!) der Supermarktkassa: Habe ich alles im Wagen, was ich einkaufen wollte? (vgl. Zottl, 2012, S. 95).
     Der Vorteil dieser Checks liegt in ihrer Effizienz und Effektivität. Wenn vor Medikamentengaben, Untersuchungen und Eingriffen systematisch die Patientenidentität, die geplante Seite der Operation, das Medikament, die Dosis, vorliegende Allergien etc. überprüft werden, fallen diesbezügliche Fehler auf und Schäden werden verhindert. Diese Checks kosten – richtig angewandt – kaum Zeit und sind absolut wirkungsvoll. Weiters werden sie der Komplexität der Abläufe im Krankenhaus gerecht. Wie auch immer sich Risiken kombinieren und verwirklichen, Fehler fallen auf.
     Das Problem ist, dass es sich oft nicht einfach gestaltet, den geeigneten Zeitpunkt und die sinnvollen Inhalte der Checks festzulegen. Es reicht auch nicht ein Check – die Sicherheitsbarrieren befinden sich idealerweise gestaffelt im Prozess. Ein idealtypisches Beispiel für kritische Checks stellt die Surgical Safety Checklist der WHO dar. Diese wurde 2009 veröffentlicht und von der Plattform Patientensicherheit in eine österreichische Version übersetzt.

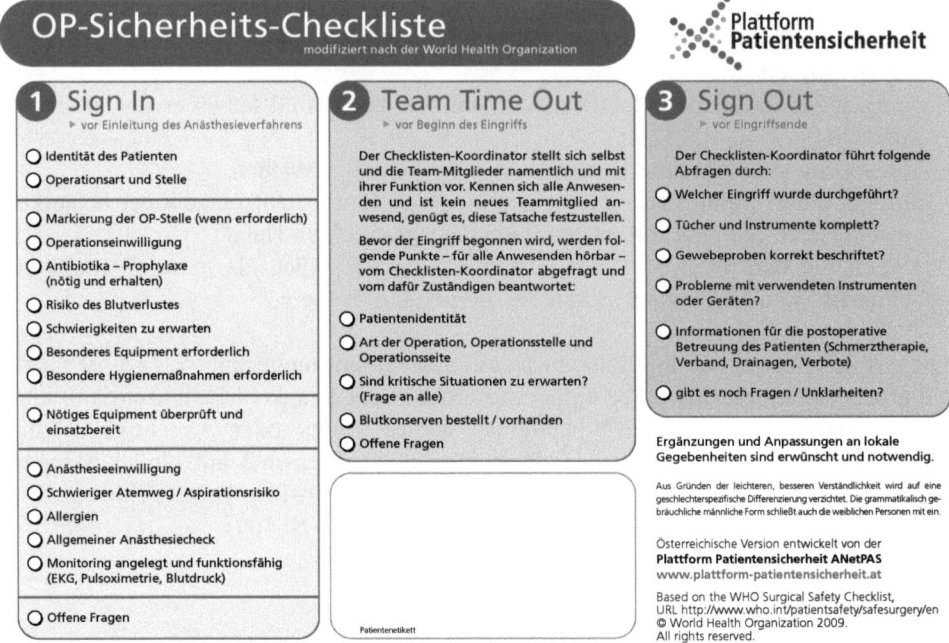

Abb. 3: OP-Sicherheits-Checkliste (Plattform Patientensicherheit, *OP-Sicherheits-Checkliste*)

Dieses Vorgehen ist eine Kombination aus Checkliste und Briefing (im Sinne von „strukturierter Kommunikation"). Zu genau festgelegten Zeitpunkten überprüfen die am Prozess Beteiligten gemeinsam die festgelegten Punkte. Dies findet in Form eines „Frage- und Antwort-Spiels" statt. Auch die Rollenverteilung (Wer fragt – wer antwortet?) ist bei den einzelnen Punkten vorab bestimmt. Neben sehr spezifischen Punkten (Antibiotikaprophylaxe – nötig und erhalten?) sind es vor allem die allgemeinen, unspezifischen Fragen (Sind kritische Situationen zu erwarten? Gibt es noch Fragen/Unklarheiten?), welche der Komplexität der möglichen auftretenden Risiken gerecht werden.

Ein wirksames PatientInnen-Sicherheits-System kombiniert die beschriebenen Vorgehensweisen auf sinnvolle und angemessene Art und Weise: Besonders wichtige bzw. gefahrengeneigte Prozesse werden Risikoanalysen unterzogen, möglichst viele unerwünschte Ereignisse werden auf ihr Lernpotenzial untersucht (und dieses wird dann auch umgesetzt), und durchdachte Sicherheitsbarrieren werden sorgfältig in relevante Prozesse implementiert.

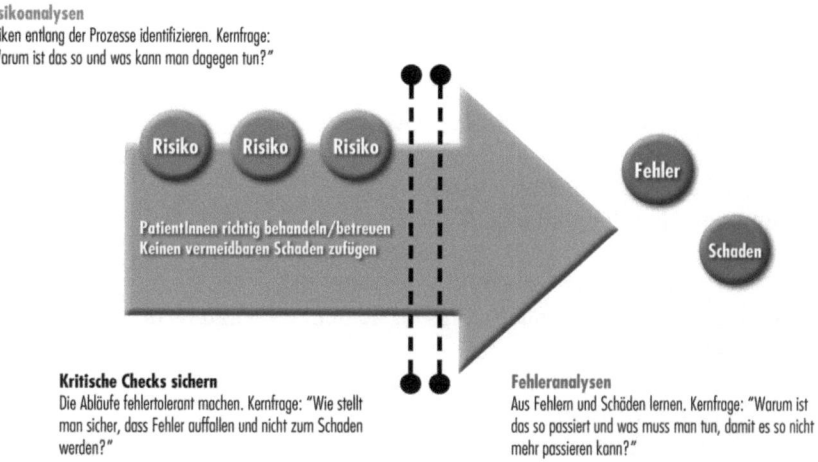

Abb. 4: Zugangsweisen zur systematischen PatientInnensicherheit (eigene Darstellung)

Unterstützt wird dieses System durch die Operationalisierung einiger grundsätzlicher Strategien:

Routinen standardisieren: Normale, immer wiederkehrende Routineabläufe sollen auf vorher festgelegte Art ablaufen. Dadurch lassen sich die Prozesse besser aufeinander abstimmen und es werden Reibungsverluste vermieden. Es bedeutet aber nicht stures Arbeiten nach Vorschrift.

Abweichungen erkennen und beherrschen: Wenn während einer Routine Fehler auftreten oder etwas „schief" läuft, muss dies möglichst frühzeitig erkannt werden. Dazu dienen zum einen die bereits vorgestellten kritischen Checks. Abweichungen fallen jedoch oftmals nur einzelnen MitarbeiterInnen auf – mitunter sind diese nicht direkt am Geschehen beteiligt bzw. hierarchisch den Handelnden untergeordnet (SchülerInnen, StudentInnen etc.). Hier ist eine Atmosphäre zu schaffen, die es den Beteiligten ermöglicht, wahrgenommene Gefährdungen (ohne Angst vor Konsequenzen) zu artikulieren. Eine Möglichkeit dazu ist eine Phrase, die vorher – z.B. auf der Abteilung – vereinbart wird („Ich brauche eine Klärung bitte!"). Nimmt jemand der Beteiligten – unabhängig von Berufsgruppe und Hierarchie – eine Gefährdung wahr, so macht er/sie mit dieser Phrase auf sich aufmerksam. Die Situation wird abgeklärt, anschließend wird mit der Routine fortgefahren. Auch wenn sich herausstellt, dass eine Gefahr tatsächlich nicht vorhanden war, wird der/die MelderIn im Handeln bestärkt („Danke – wir sind sicher! Das nächste Mal aber bitte wieder darauf aufmerksam machen."). Eine derartige Handlungsweise erfordert allerdings eine bereits entwickelte konstruktive Fehlerkultur – in einer destruktiven Kultur würde ein solcher Einwand als Vorwurf verstanden werden.

Um erkannte Abweichungen zu beherrschen, empfiehlt sich ein – aus der Luftfahrt übernommenes – Verfahren: FORDEC. Bei dieser Form einer strukturierten (Team-)Kommunikation werden folgende Punkte gemeinsam abgearbeitet (vgl. Bühler, Ebermann, Hamm & Reuter-Leahr in: Scheiderer & Ebermann, 2011, S. 160–166):

Facts: Was ist das Problem?
Situationsanalyse, Erfassen von Informationen.

Options: Welche Möglichkeiten bestehen?
Sammlung von Handlungsmöglichkeiten.

Risks & Benefits: Was spricht wofür und wogegen?
Abschätzung der Risiken und Erfolgsaussichten, Abwägung der Vor- und Nachteile der Handlungsmöglichkeiten.

Decision: Was tun wir nun?
Auswahl der Option mit geringstem Risiko und größten Erfolgsaussichten.

Execution: Wer macht was, wann und wie?
Konkrete Durchführung der gewählten Option.

Check: Ist alles noch richtig? Können wir uns verbessern?
Vergleich der tatsächlichen mit den erwarteten Wirkungen. Wurde alles durchgeführt? Haben sich neue Fakten ergeben?

Situative Aufmerksamkeit sichern: Dies stellt sozusagen das Gegenkonzept zum Multitasking dar. „Das Maß des situationalen Bewusstseins (englisch: ‚situational awareness‘) beschreibt, inwieweit wahrgenommene und tatsächliche Realität übereinstimmen. [...] In diesem Kontext bedeutet ‚das situationale Bewusstsein behalten‘ also, den Überblick und einen kühlen Kopf zu bewahren." (Wachter, 2010, S. 81). Dieser Abgleich ist nicht nur für Einzelne, sondern auch für Teams relevant (und wird dort durch strukturierte Kommunikation, wie z.B. die oben beschriebene OP-Checkliste, erzielt).

Effektive Kommunikation sicherstellen: „Der Krankenhausbetrieb ist in hohem Maße vom funktionierenden Austausch von Informationen verschiedenster Art abhängig. Grundvoraussetzung hierfür sind praktikable Methoden, mit denen dieser Transfer sichergestellt werden kann. Sehr große Bedeutung hat dabei die mündliche Übertragung von Informationen. Schon auf Kollegenebene können falsch oder überhaupt nicht übermittelte Informationen fatale Folgen haben. Noch komplexer stellt sich der Austausch zwischen den unterschiedlichen Berufsgruppen und Abteilungen dar. Besonders, wenn Medikamente angeordnet oder Befunde übermittelt werden, kommt es immer wieder zu Fehlern." (Paula, 2007, S. 19)

Verantwortung klären und wahrnehmen: Der Begriff „Verantwortung" bezieht sich dabei insbesondere auf folgende Aspekte (vgl. Zottl 2012, S. 82):
Verantwortung im Sinne von „Wer trägt die Verantwortung für die augenblickliche (Notfall-)Situation?" Also Klarheit darüber, wer welche von der Routine abweichenden Situationen lenkt und koordiniert.

Verantwortung im Sinne von: „Wer ist nach einer Systemschnittstelle im weiteren Prozessablauf zuständig (für eine/n PatientIn, für ein Problem etc.)?" Damit soll sichergestellt werden, dass die Kontinuität der Verantwortung gewahrt bleibt. Diese Prämisse der Kontinuität der Verantwortung gilt sowohl auf der Ebene der PatientInnenbehandlung, als auch auf der Handlungsebene der Verbesserungskultur (Wer entscheidet? Wer setzt um? Wer ist für die Sicherstellung der Einhaltung von Maßnahmen verantwortlich? etc.).

4.   Führungsverantwortung ist gefragt

Die PatientInnensicherheit lässt sich nur in einer konstruktiven Fehlerkultur systematisch sicherstellen. Das Management ist dabei mit ungewohnten Herausforderungen konfrontiert. Ab wann haben vermeidbare unerwünschte Ereignisse für die Verursacher Konsequenzen? Wie geht man mit fahrlässigem Verhalten um?

> Seit einigen Jahren existiert ein neuer, wirkungsvoller Ansatz, der sich „just culture" nennt. Das Konzept, das von dem Ingenieur und Rechtsanwalt David Marx stammt, unterscheidet zwischen menschlichem Versagen (,human error'), risikobehaftetem Verhalten (,at-risk-behavior') und rücksichtslosem Verhalten (,reckless behavior'). Nur letztere Kategorie, die als ,Handlung unter bewusster Missachtung beträchtlicher und nicht gerechtfertigter Risiken' definiert wird, gilt als schuldhaft. (Wachter, 2010, S. 162)

Die Gebrauchsanleitung für die „just culture" kommt nicht aus dem Krankenhaus, sie kommt aus der Luftfahrt – von Sidney Dekker, dem Direktor der Forschung an der „School of Aviation" an der Lund Universität in Schweden:

> Warum brauchen Sie eine Gerechtigkeitskultur (just culture)? Sie möchten, dass ihnen die Menschen über Sicherheit und andere Probleme und Vorfälle am Arbeitsplatz erzählen. Dafür müssen Sie Fairness erwarten können. Ihre Berichte dürfen nicht zu unverhältnismäßigen Konsequenzen führen. Das Dilemma ist, dass man jemanden zur Verantwortung ziehen möchte, obwohl dies die Bereitschaft anderer Ähnliches zu berichten dämpft. Hier brauchen wir die Gerechtigkeitskultur, das Abwägen zwischen ,zur Verantwortung ziehen' und ,aus Fehlern lernen', einem Umdenken hin zu einem Umgang mit diesen beiden Polen. Sie erreichen diese Gerechtigkeitskultur aber nicht, wenn Sie Fairness nur dann versprechen, wenn kein Vorsatz oder grobe Fahrlässigkeit vorliegt. Dies führt nur zu Verunsicherung, denn dafür gibt es keine eindeutigen Definitionen. Ob etwas als Fahrlässigkeit eingestuft wird, hängt von den Standards für angemessenes Verhalten, der Definition von Fachkundigkeit, angemessener Achtsamkeit, der Fertigkeit Unglücke vorherzusehen und der Definition von Vernunft ab. Solche Definitionen muss irgendjemand verfassen. Somit lautet die Kernfrage: Wen ermächtigen wir diese Anforderungen zu definieren? Wer sagt ,bis-hier-her-und-nicht-weiter'? Das Interesse an einer Gerechtigkeits-

kultur wächst, weil immer mehr Personen eine solche Grenze zu ziehen scheinen, beispielsweise Manager oder Richter, die aber nur bedingte Kenntnisse von der praktischen Arbeit haben. Wie wird eine Gerechtigkeitskultur entwickelt?

1. Es gibt keine klare Grenze zwischen akzeptablem und inakzeptablem Verhalten. Stattdessen sollten wir eine Person benennen, die diese Grenze zieht, in der Organisation, im Beruf, in der Gesellschaft. Und wenn das Ergebnis nicht befriedigend ist, dann sollten wir auf allen Ebenen darüber diskutieren.

2. Analysieren Sie, wie Sie solche Vorkommnisse in Ihrem Umfeld behandeln und helfen Sie betroffenen Personen in angemessener Weise und bestrafen Sie sie nicht.

3. Finden Sie unabhängige Personen, die diese Vorkommnisse bearbeiten. Lassen Sie dies nicht den direkten Vorgesetzten machen, denn das erschwert die Offenheit.

4. Auch wenn Sie sich mit legitimen Fragen zu Vorkommnissen konfrontiert sehen, versuchen Sie Ihre Sicherheitsdaten vor Untersuchungen durch legitimierte dritte Stellen zu schützen.

5. Stellen Sie sicher, dass Ihre Mitarbeiter ihre Rechte und Pflichten nach einem Vorfall kennen. Sie sollten wissen was auf sie zukommt und wer für sie zuständig ist. Das nimmt ihnen die Angst. Es geht nicht darum, Verantwortung auszuweichen, sondern Verantwortungsbewusstsein zu fördern, damit die Anzahl von Meldungen und deren Detailtreue steigt, um daraus lernen zu können. (Dekker, 2012)

Der Paradigmenwechsel der Fehlerkultur im Krankenhaus ist kein Meilenstein („Ab sofort!"), sondern ein Prozess. Er verläuft auch nicht gleichmäßig, sondern wird durch verschiedene Ereignisse vorangetrieben und zurückgeworfen. Die destruktive Fehlerkultur räumt nicht so einfach ihren Platz.

Durch das Handeln, das konsequente Umsetzen von Sicherheitsbarrieren, die Kommunikation von Erkenntnisgewinnen aus Analysen, die Einhaltung von Zusagen (Vertraulichkeit) schafft es die Führung aber, diesen Veränderungsprozess mit der nötigen Energie zu versorgen.

„Die Führung" – das sind einzelne Menschen, die ihre Verantwortung für diesen Wandel wahrnehmen können. Das ist die Grundlage eines PatientInnensicherheits-Systems, in welchem MitarbeiterInnen ihre Verantwortung für die Sicherheit wahrnehmen sollen.

0,1% Todesfälle durch vermeidbare unerwünschte Ereignisse – das geht besser! Machen wir uns ordentlich Sorgen – es zahlt sich aus.

Literatur

Agenda Patientensicherheit 2008 (2008). *Aktionsbündnis Patientensicherheit*. Verfügbar unter: http://www.aps-ev.de/fileadmin/fuerRedakteur/PDFs/Agenda_Patientensicherheit/Agenda_2008.pdf [17.05.2014].

Aktionsbündnis Patientensicherheit (2014). *Glossar*. Verfügbar unter: http://www.aps-ev. de/patientensicherheit/glossar/ [17.05.2014].

Bühler, J., Ebermann, H-J., Hamm, F. & Reuter-Leahr, D. (2011). Entscheidungsfindung. In J. Scheiderer & H. Ebermann (Hrsg.), *Human Factors im Cockpit. Praxis sicheren Handelns für Piloten* (S. 143–173). Berlin/Heidelberg: Springer Verlag.

Dekker, S. (2012). Eigene Abschrift eines Interviews. Verfügbar unter: http://www.youtu be.com/watch?v=m9B14j6QSwM bzw. http://www.gdf.de/front_content.php?idcat=94 [19.07.2012].

Europäische Kommission (2010). *Spezial Eurobarometer 327. Patientensicherheit und Qualität der medizinischen Versorgung*. Brüssel: TNS Opinion & Social.

Kohn, L., Corrigan J. & Donaldson M. (Hrsg.). (2000). *To Err Is Human. Building a Safer Health System*. Washington D.C.: National Academy Press.

Löber, N. (2012). *Fehler und Fehlerkultur im Krankenhaus. Eine theoretisch-konzeptionelle Betrachtung*. Wiesbaden: Gabler/Springer Fachmedien.

Paula, H. (2007). *Patientensicherheit und Risikomanagement im Pflege- und Krankenhausalltag*. Heidelberg: Springer Medizin Verlag.

Plattform Patientensicherheit (2014). *OP-Sicherheits-Checkliste*. Verfügbar unter: http://www.plattformpatientensicherheit.at/download/themen/PPS_Checklist.pdf [17.05.2014].

Sawaki, K. (2005). *Zen ist die größte Lüge aller Zeiten*. Frankfurt: Angkor.

Scheiderer, J. & Ebermann, H. (Hrsg.). (2011). *Human Factors im Cockpit. Praxis sicheren Handelns für Piloten*. Berlin/Heidelberg: Springer Verlag.

Schrappe, M. (2008). Systematischer Review zu Häufigkeiten von unerwünschten Ereignissen, vermeidbaren unerwünschten Ereignissen (Schäden), Fehlern und Beinaheschäden in der Gesundheitsversorgung. Aktualisierung 2008. In Agenda Patientensicherheit 2008, *Aktionsbündnis Patientensicherheit* (S. 3–70). Verfügbar unter: http://www.aps-ev.de/fileadmin/fuerRedakteur/PDFs/Agenda_Patientensicherheit/Agenda_2008.pdf [17.05.2014].

Statistik Austria (2013). *Jahrbuch der Gesundheitsstatistik*. Wien: Verlag Österreich GmbH.

Wachter, R. (2010). *Fokus Patientensicherheit. Fehler vermeiden, Risiken managen*. Berlin: ABW Wissenschaftsverlag.

Zottl, M. (2012). *„Machen wir einmal, dann sehen wir schon!" Risikomanagement im Krankenhaus als kybernetischer Prozess*. Unveröffentlichte Masterarbeit. Universität Wien, Institut für Ethik und Recht in der Medizin.

III.
(Eigen-)Verantwortungsübernahme durch Unternehmen

Die Verantwortung großer deutscher Dienstleister gegenüber der Gesellschaft – eine longitudinale Analyse der ökologischen Nachhaltigkeitsberichte von 2000 bis 2010

Ann-Marie Nienaber, Ansgar Buschmann, Bastian Neyer, Monika Käs und Gerhard Schewe

Zusammenfassung

Die Verantwortung großer deutscher Unternehmen gegenüber der Gesellschaft ist ein zentrales Thema der heutigen Zeit. Die Berichterstattung des nachhaltigen Engagements ist für Unternehmen heutzutage ein essentieller Bestandteil ihrer Existenzberechtigung gegenüber der Gesellschaft geworden. Allerdings lassen sich immer wieder Fälle in der Presse finden, die Unternehmen des Greenwashing bezichtigen. Wie sieht es also in den großen deutschen Unternehmen in Hinblick auf ihre Berichterstattung aus? Ist diese transparent und nachvollziehbar für Stakeholder oder kann tatsächlich von Anzeichen für Greenwashing gesprochen werden? Ziel dieses Beitrages ist es, die Verbindlichkeit von Aussagen und Absichten zur ökologischen Nachhaltigkeit von deutschen Dienstleistungsunternehmen zu untersuchen und zu schauen, inwiefern diese Unternehmen ihre gesellschaftliche Veranwortung tatsächlich erfüllen und damit transparent sowie konsistent über ihr nachhaltiges Engagement berichten. Hierzu wurden die ökologischen Nachhaltigkeitsberichte der acht größten, börsennotierten Dienstleistungsunternehmen in Deutschland im Rahmen einer longitudinalen Analyse über elf Jahre, von 2000–2010, detailliert untersucht. Auf Basis eines Kategoriensystems, welches die Empfehlungen der Global Reporting Initiative (GRI) und der Greenhouse Gas Protocol Initiative (GHG Protocol Initiative) als Grundlage nutzt, werden die Unternehmen systematisch analysiert.

Es zeigt sich erstens, dass Unternehmen oftmals ihre kommunizierten Absichten hinsichtlich bestimmter Bereiche, wie der Reduktion von Papier- oder Wasserverbrauch, über den Zeitverlauf ständig verändern, ohne explizit darauf hinzuweisen. Dies erschwert die Nachvollziehbarkeit ihres tatsachlichen Engagements deutlich und kann daher als wenig verantwortungsbewusst gegenüber der Gesellschaft gesehen werden. Zweitens zeigt sich, dass viele Dienstleistungsunternehmen lediglich vage Absichtserklärungen anstatt klar operationalisierter Ziele ausgeben, zum Beispiel behaupten Unternehmen oftmals, dass sie den Treibstoffverbrauch reduzieren wollen, aber sagen weder, wie sie das konkret messen wollen, bis wann sie die Reduktion erreichen wollen noch auf welches Level sie den Treibstoffverbrauch reduzieren wollen. Insgesamt kann allerdings positiv festgestellt werden, dass die Anzahl der betrachteten Bereiche wie Wasserverbrauch, Fahrzeugflotte oder Flugreisen insgesamt über den Betrachtungszeitraum ansteigt, sodass der Gesellschaft insgesamt mehr Informationen hinsichtlich des eigenverantwortlichen Engagements zur Verfügung gestellt werden und die gesellschaftliche Verantwortung offenbar ein zentraler Baustein in unserer Unternehmenswelt geworden ist.

Problemstellung

Ökologische Nachhaltigkeit ist ein Thema, welches in den letzten Jahren für Unternehmen verstärkt an Dynamik und Bedeutung gewonnen hat (Thomas, 2011; Wittstruck & Teuteburg, 2010). Auch wenn der verantwortungsvolle Umgang im Sinne einer ökologischen Unternehmensführung nicht erst jüngst in das Management Einzug gehalten hat, übt doch die steigende Sensibilität der Stakeholder einen zunehmenden Druck zur Kommunikation der Nachhaltigkeitsaktivitäten von Unternehmen aus (Schäuble, 2009; Schewe, Nienaber, Buschmann & Liesenkötter, 2012; Zentes & Schramm-Klein, 2009). Eine klare und konsistente Berichterstattung ist dabei zentraler Gedanke eines verantwortungsvollen Engagements. Auch die sorgfältige Auswahl derjenigen Kategorien, über welche berichtet werden soll, wie Papier- oder Wasserverbrauch, ist dabei entscheidend. Dies stellt insbesondere in der Dienstleistungsbranche eine besondere Herausforderung dar, denn im Gegensatz zu produzierenden Unternehmen besteht für diese nicht die Möglichkeit, über eine nachhaltige Erstellung ihrer Produkte zu berichten. Vielmehr steht hier das eigene verantwortliche Handeln im Mittelpunkt. Allerdings findet sich bislang kein allgemeingültiger Standard in Forschung und Praxis darüber, was und wie nachhaltiges Engagement insbesondere im Dienstleistungskontext verbindlich zu kommunizieren ist.

In Deutschland ist allgemein ein positiver Trend bezüglich der Nachhaltigkeitsberichterstattung zu erkennen (Gebauer, Hoffmann & Westermann, 2010). In der Vielzahl der publizierten Studien zur Thematik handelt es sich um zeitpunktbezogene Wirkungsanalysen, die keine Aussagen über ein konsistentes und klar nachvollziehbares ökologisches Engagement im Zeitablauf erlauben (Kilian & Hennings, 2012; Oberndorfer & Wagner, 2010; Stanny & Ely, 2008; Stanwick & Stanwick, 1998). Eine Längsschnittanalyse findet sich hingegen lediglich bei Schewe, Nienaber, Buschmann und Liesenkötter (2012) und bezieht sich dort – wie auch die überwiegenden Mehrzahl der zeitpunktbezogenen Studien – auf den produzierenden Sektor der Industrie. Der Dienstleistungssektor wird in der Forschung zu Nachhaltigkeitsberichterstattung bisher weitestgehend vernachlässigt, obwohl gerade in diesem Bereich davon auszugehen ist, dass durch die Stakeholder langfristig eine nachvollziehbare Nachhaltigkeitsberichterstattung gefordert wird (Hertz, 2009; Zentes & Schramm-Klein, 2009).

Das Ziel der vorgestellten Analyse ist es daher, die Kommunikation des ökologisch nachhaltigen Engagements in seiner Entwicklung bei Dienstleistungs- und Handelsunternehmen in einer Längsschnittanalyse aufzuzeigen und hierdurch folgender Frage nachzugehen: Berichten Dienstleistungsunternehmen transparent und nachvollziehbar ihr ökologisch nachhaltiges Engagement, also kommunizieren sie eigenverantwortlich klar und konsistent oder handelt es sich in vielen Fällen eher um Greenwashing?

Vor dem Hintergrund der explorativen Analyse für die Dienstleistungsbranche werden hier die Nachhaltigkeitsberichte aller relevanten DAX30 Unternehmen über den Zeitraum der Jahre 2000 bis 2010 analysiert. Hierfür werden zunächst die eigenverantwortlich kommunizierten Aktivitäten des Nachhaltigkeitsengagements betrachtet, um anschließend aufzuzeigen, wie sich die Berichterstattung hierüber im Zeitverlauf verändert. Folglich liefert die hier vorgestellte Analyse eine

Methode zur Erhebung des longitudinalen Status quo in der eigenverantwortlichen Nachhaltigkeitskommunikation. Durch diese soll aufgezeigt werden, inwiefern Dienstleistungsunternehmen dem stark wachsenden Druck hinsichtlich ihrer Aufgabe, Verantwortung gegenüber der Gesellschaft zu übernehmen, gerecht werden (Aryes, 2008; Bansal, 2005; Caldwell, 1984; Bundesministerium für Umwelt, Naturschutz und Reaktorsicherheit (BMU), 2009; Dyllick & Hockerts, 2002; Figge & Hahn, 2004; Gladwin, Kennelly & Krause, 1995; Shrivastava, 1995; Zeuch, 2011).

Theoretische Grundlagen zur eigenverantwortlichen Kommunikation ökologischen Engagements

Gemäß des durch die Enquete-Kommission des deutschen Bundestages herausgearbeiteten 3-Säulen-Modells sollen *ökologische*, *ökonomische* und *soziale* Ziele gleichberechtigt und gleichwertig zueinander stehen und dadurch eine dreidimensionale Perspektive für eine nachhaltige Gesellschaftspolitik formen (hier und im Folgenden: Deutscher Bundestag, 1998). Während sich die ökonomische Säule auf langfristige Erträge aus vorhandenen Ressourcen stützt, konzentriert sich die soziale Dimension auf die intra- und intergenerative Beteiligungs- und Verteilungsgerechtigkeit. Die ökologische Dimension, welche hier im Fokus steht, befasst sich mit dem schonenden Umgang mit Ressourcen und der Natur (Ayres, 2008; Söderbaum, 2007; Thomas, 2011).

Die ökologische Dimension ist durch die Integration der Auswirkungen einer Organisation auf lebende und nicht lebende Natursysteme, einschließlich der Ökosysteme, zu Boden, in der Luft und zu Wasser gekennzeichnet (GRI, 2011). Ökologische Nachhaltigkeit orientiert sich dementsprechend am ursprünglichen Gedanken, keinen Raubbau an der Natur zu betreiben (Bansal & Roth, 2000; Farago & Bucher, 1993; Zeuch, 2011). Gemäß der Legitimitätstheorie ist es vor dem Hintergrund der inhärenten Verantwortung von Unternehmen gegenüber den eigenen Mitarbeitern direkt, aber auch der Gesellschaft allgemein, unabdingbar im Sinne nachhaltiger Unternehmensführung zu agieren (Patten, 1992). Die Fragestellung, in welcher Art und in welchem Umfang dies geschehen sollte, wird bereits seit Jahrzehnten diskutiert (Dowling & Pfeffer, 1975; Deegan, 2002). Zu den zentralen Umweltproblemen werden in der heutigen Zeit unter anderem der Treibhauseffekt, die Zerstörung der Ozonschicht, der Rückgang der Biodiversität sowie der Smog gezählt (BMU, 2009). Es wird deutlich, dass alle menschlichen Handlungen – die wirtschaftlichen Aktivitäten mit eingeschlossen – das Ökosystem beeinflussen und dies im eigenen Handeln zu berücksichtigen für die eigene Legitimität von Unternehmen von zentraler Relevanz ist. Es gilt die natürliche Umwelt so zu nutzen, dass sie in ihren wesentlichen Charakteristika bzw. Funktionen langfristig erhalten bleibt (Jörissen, Kopfmüller, Brandl & Paetau, 1999).

Aus diesem Grund haben in den letzten Jahrzehnten immer mehr Unternehmen damit begonnen, ihre Stakeholder eigenverantwortlich über ihre ökologische Unternehmensperformance zu informieren (Herzig & Schaltegger, 2003). Besonders durch den Ende der 1990er Jahre entstandenen Druck in der Öffentlichkeit und der wachsenden Kritik am unternehmerischen Handeln im Allgemeinen und am Verhalten der Unternehmen in Bezug auf den Klimaschutz im Speziellen wird diese Entwicklung forciert (Jonker, Stark & Tewes, 2011; Motiel, 2008). Die damit verbundenen Zielstellungen können durchaus vielfältig sein (Steurer & Tiroch, 2009), beziehen sich aber alle im Kern darauf, der eigenen gesellschaftlichen und unternehmerischen Verantwortung, bedingt durch die artikulierten Ansprüche der Gesellschaft und Mitarbeiter, nachzukommen. Hierdurch soll wiederum die eigene Glaubwürdigkeit sichergestellt und Reputation aufgebaut werden.

Unabhängig von den jeweiligen Zielsetzungen ist es für Organisationen bedeutsam, dass die Nachhaltigkeitsberichterstattung die Ermittlung, die Veröffentlichung, und die Rechenschaftslegung der unternehmerischen Leistung gegenüber internen und externen Stakeholdern im Hinblick auf die Ziele einer nachhaltigen Entwicklung umfasst. Ein Nachhaltigkeitsbericht sollte demnach eine angemessene Darstellung der Nachhaltigkeitsleistung liefern und sowohl positive als auch negative Aspekte beinhalten (Global Reporting Initiative (GRI), 2011). Wird dieser Grundsatz berücksichtigt, sollte von einer breiten Berichterstattung über differenzierte Kategorien ausgegangen werden. Somit kann die Nachhaltigkeitsberichterstattung als zentrales Element einer konsequenten Unternehmensstrategie zur Umsetzung von Corporate Social Responsiblity (CSR) Zielen gemäß einem verantwortlichen Handeln gelten. In der Umsetzung dieser haben sich mit der Global Reporting Initative (GRI) und dem Greenhouse Gas Protocol (GHG Protocol Initative) zwei Institutionen herausgebildet, die in der Praxis vielfach als Leitlinien für die Berichterstattung herangezogen werden. Allerdings bleiben einige Fragen unbeantwortet: Wird gemäß den Forderungen der GRI breit über ein Engagement berichtet oder umfasst die Berichterstattung nur wenige Kategorien? Inwiefern soll konsistent über die Inhalte berichtet werden? Legitimieren sich Unternehmen in ihrem verantwortungsvollen Handeln gegenüber ihren Stakeholdern, indem sie über ihr Engagement verbindlich und konsistent berichten?

Methodik der Untersuchung

Um eine klare Stichprobe für die explorative Analyse des Kommunikationsverhaltens von Dienstleistern gewährleisten zu können, werden als Basis der nachfolgenden Analyse die Nachhaltigkeitsberichte der Jahre 2000 bis 2010 jener Dienstleistungsunternehmen herangezogen, die im DAX30 notiert sind. Der Untersuchungsstichtag für die Zuordnung zum DAX30 war der 05. April 2011. Zum Zeitpunkt der Erhebung waren zwölf Unternehmen im DAX30 notiert, die dem Dienstleistungssektor zugeschrieben werden. Als Analysegrundlage können in einem longitudinalen Rahmen nur in sich abgeschlossene und nicht mehr veränderbare Nachhaltigkeitsberichte herangezogen werden. Aus Gründen der Vergleichbarkeit müssen diese sich weiterhin auf das gesamte Unternehmen konzentrieren. Vier Unternehmen wurden deshalb direkt aus der Analyse ausgeschlossen.[1]

---

1   Konkret können keine Aussagen für Fresenius Medical Care KGaA, Fresenius SE und SAP gemacht werden, da zum Untersuchungszeitpunkt höchstens ein einziger konzernweit gültiger Nachhaltigkeitsbericht vorlag, also keine Analyse im Zeitablauf möglich ist. Munich Re musste aus der Untersuchung ausgeschlossen werden, da die Nachhaltigkeitsberichte (welche seit 2000 publiziert werden) nicht konzernweit gültig sind.

Dementsprechend konnten für die Analyse acht der identifizierten zwölf Unternehmen herangezogen werden. Es handelt sich um: Allianz, Commerzbank, Deutsche Bank, Deutsche Börse, Deutsche Post, Deutsche Telekom, Lufthansa und Metro. Die Fokussierung auf große Unternehmen der Dienstleistungsbranche (DAX30) bietet sich insbesondere deshalb an, weil hier die Kommunikation des eigenen verantwortlichen Handels gegenüber den Stakeholdern als besonders relevant angesehen wird, da diesen Unternehmen innerhalb des Dienstleistungssektors eine Vorreiterrolle unterstellt werden kann.

Als Analysemethode wurde für die vorliegende Untersuchung auf die qualitative Inhaltsanalyse zurückgegriffen (Krippendorff, 2004; Mayring, 2010), welche um longitudinale Aspekte erweitert wurde. Sie besteht im Kern aus einer systematischen Analyse von festgelegten Kriterien, in diesem Fall aus Nachhaltigkeitsberichten. Zur strukturierten Auswertung wurde ein entsprechendes Kategoriensystem (auf Basis des GRI und der GHG Protocol Initiative) entwickelt, welches als methodischer Rahmen die Gewährleistung der Vergleichbarkeit der Berichterstattung der Unternehmen untereinander erlaubt und zeigt, welche inhaltlichen Bereiche in den Berichten behandelt werden. Weitere Anforderungen an die Berichtskategorien waren die Allgemeingültigkeit für alle untersuchten Unternehmen sowie eine klare inhaltliche Abgrenzung der Indikatoren voneinander. Das Ergebnis ist ein Katalog von insgesamt 23 Hauptkategorien bzw. Bereiche, mit deren Hilfe die Nachhaltigkeitsberichterstattung im Zeitablauf untersucht werden kann (vgl. Tab. 1).

Innerhalb der hergeleiteten Kategorien werden die Ziele in allgemeine sowie konkret quantifizierbare Ziele unterteilt. Darauf aufbauend wird in der vorliegenden Untersuchung hinsichtlich der Ausprägungen zwischen *Absichtserklärungen* und *operationalen Zielen* unterschieden. Ein *operationales Ziel* muss vom Unternehmen in all seinen Dimensionen, also Inhalt, Ausmaß und Zeitbezug, definiert werden (Adam, 1996). Ziele, die mindestens eine dieser Dimensionen nicht aufweisen, werden als *Absichtserklärungen* bezeichnet. Umgekehrt muss schon an dieser Stelle die Berichterstattung vom tatsächlichen Nachhaltigkeitsengagement unterschieden werden. Zunächst gilt immer die implizite Annahme, dass die Berichterstattung wahrheitsgemäß erfolgt. Die Höhe der Ziele (und damit die Auswirkungen sowie die Qualität der Nachhaltigkeitsbemühungen an sich) soll im Rahmen der vorliegenden Analyse nicht weiter betrachtet werden, um den klaren Fokus auf die Berichterstattung zu wahren. Im Verlauf des Erhebungsprozesses wurde im Rahmen der hier durchgeführten Analyse eine erneute Überprüfung aller extrahierten Ziele durchgeführt, wodurch eine entsprechende Intercoderreliabilität sichergestellt werden kann. Zur Sicherstellung der Vergleichbarkeit und Nachvollziehbarkeit der erhobenen Daten wurde dabei auf die Unterstützung von MaxQDA, einer Software zur qualitativen Datenanalyse, zurückgegriffen.

Das methodische Vorgehen konzentriert sich auf drei wesentliche inhaltliche Bereiche, welche analysiert werden. Zunächst wird darauf eingegangen, *zu welchem Zeitpunkt, in welchem Ausmaß und mit welcher Entwicklung Handels- und Dienstleistungsunternehmen* in die Berichterstattung eingestiegen sind. Anschließend wird darauf eingegangen, *welche Kategorien der Nachhaltigkeit als besonders relevant* für die Unternehmensberichte erkennbar sind und im dritten Bereich wird aufgezeigt, inwiefern *Unterschiede zwischen Absichtserklärungen und Zielen* für die Beurteilung einer nachhaltigen Kommunikation des ökologischen Engagements

Hauptkategorie	GRI-Kategorie (GRI 2011)	GHG-Kategorie (GHG 2001)
Abfallproduktion	Emmissions/Effluents/Waste	Upstream
Abwasser	Emmissions/Effluents/Waste	Upstream
Alternative Antriebskonzepte	Transport	Upstream
(Schutz der) Biodiversität	Biodiversity	keine Angabe
Fossile Energien	Energy	Upstream
Energieverbrauch	Energy	Upstream
Erneuerbare Energien	Energy	Upstream
Firmenwagen	Transport	Transformation
Geschäftsreisen	Transport	Upstream
Green Logistics	Transport	Upstream
„Grüne" Gebäude	Biodiversity	Transformation
Herkömmliche Antriebskonzepte	Transport	Transformation
Kernenergie	Energy	Upstream
Mitarbeitereinbezug	keine Angabe	Transformation
Organisatorische Stellung des Umweltmanagements	keine Angabe	keine Angabe
Papierverbrauch	Materials	Upstream
Produktverantwortung	Products and Services	Downstream
Schadstoffausstoß	Emmissions/Effluents/Waste	Upstream; Downstream; Transformation
Treibhausgasemissionen	Emmissions/Effluents/Waste	Upstream; Downstream; Transformation
Treibstoffverbrauch	Transport	Transformation
Umweltrelevante Unfälle	keine Angabe	Upstream; Downstream; Transformation
Verwendung „grüner" Inputs	Materials	Upstream
Wasserverbrauch	Water	Upstream

Tab. 1:   Kategoriensystem

entscheidend sind. Durch diesen Ansatz der Analysemethode wird eine vergleichende Perspektive geliefert, die tiefergehende Erkenntnisse zur Entwicklung des Kommunikationsverhaltens hinsichtlich einzelner Kategorien gewährleistet.

Ergebnisse und Diskussion

Ergebnisse zur Berichterstattung im Zeitverlauf

Die Ergebnisse bestätigen zunächst die allgemeine Vermutung, dass sich die eigenverantwortliche Berichterstattung des nachhaltigen Handelns in den Jahren seit 2000 auch für große Unternehmen der Dienstleistungsbranche zu einer umfassenden Aufgabe entwickelt hat. Seit 2007 publizieren alle untersuchten Unternehmen regelmäßig Nachhaltigkeitsberichte. Neben der Anzahl der Veröffentlichungen ist auch ein starker Anstieg der berichteten Kategorien im Zeitverlauf festzustellen. Dies lässt sich oftmals auf unternehmensindividuelle Gründe primär organisatorischer Natur oder auf unterschiedliche Entwicklungsstadien, die das Nachhaltigkeitsverständnis und die Nachhaltigkeitsberichterstattung in den letzten Jahren durchlaufen haben, zurückführen.

Zur Validierung dieser Aussage wird die durchschnittliche Zahl an Kategorien pro Bericht herangezogen. Sie errechnet sich durch Addition aller Kategorien (über alle Unternehmen) im betreffenden Jahr und anschließender Division durch die absolute Anzahl an berichtenden Unternehmen (vgl. Abb. 1). Es wird deutlich, dass einige Unternehmen im Jahr 2001 sehr ambitioniert in die eigenverantwortliche Berichterstattung ihres Engagements starten, dann allerdings deutlich zurückhaltender kommunizieren. Insgesamt hat jedoch ab dem Jahr 2002 ein Anstieg der kommunizierten Bereiche (Wasserverbrauch etc.) stattgefunden. Die Schwankungen, insbesondere zwischen den Jahren 2007 und 2010, unterstützen die Vermutung, dass bei Dienstleistungsunternehmen bis dato Unsicherheit darüber herrscht, welches Ausmaß an kommuniziertem Engagement, ausgedrückt in der Anzahl von berichteten Kategorien, tatsächlich zielführend ist, um durch die eigenverantwortliche Darstellung des nachhaltigen Engagements die eigene Legitimitätsgrundlage abzusichern.

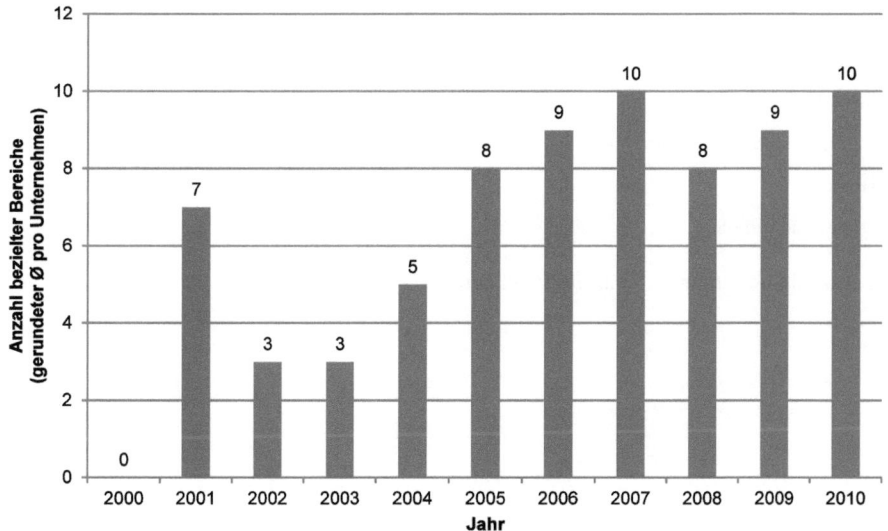

Abb. 1: Anzahl der Bereiche mit kommunizierten Zielen pro Jahr

Ergebnisse zu den berichteten Kategorien

Die mit Hilfe der qualitativen Inhaltsanalyse ermittelten Kategorien setzen sich aus insgesamt 23 unterschiedlichen Bereichen zusammen. Eine Übersicht über die Anzahl der berichtenden Unternehmen je Kategorie findet sich in Tab. 2.

Kategorie	Anzahl berichtender Unternehmen	Anteil
Abfallproduktion	8	100%
Energieverbrauch	8	100%
Mitarbeiter-Einbezug	8	100%
Organisatorische Stellung	8	100%
Papierverbrauch	8	100%
Produktverantwortung	8	100%
Treibhausgasemission	8	100%
Wasserverbrauch	8	100%
Grüne Gebäude	7	88%
Verwendung „grüner" Inputs	7	88%
Firmenwagen	6	75%
Geschäftsreisen	6	75%
Erneuerbare Energien	5	63%
Green Logistics	5	63%
Schutz der Biodiversität	5	63%
Treibstoffverbrauch	5	63%
Fossile Energien	4	50%
Abwasser	2	25%
Schadstoff-Ausstoß	2	25%
Alternative Antriebskonzepte	1	13%
Herkömmliche Antriebskonzepte	0	0%
Kernenergie	0	0%
Umweltrelevante Unfälle	0	0%

Tab. 2: Anzahl berichtender Unternehmen pro Kategorie

Wie eingangs vermutet, wird ersichtlich, dass in der Nachhaltigkeitsberichterstattung großer Dienstleistungsunternehmen nicht alle Bereiche in gleicher Intensität behandelt werden. Acht der 23 Kategorien werden von allen betrachteten Unternehmen mit Zielen belegt, d.h. hier sind sich die Unternehmen entweder einig, dass die eigenverantwortliche Kommunikation ihres Handelns wichtig ist oder aber, dass sie durch die Kommunikation der anderen Unternehmen dazu angeregt werden, über die gleichen Bereiche zu berichten. Dies betrifft insbesondere allgemein anerkannte Bereiche der ökologischen Nachhaltigkeit wie Treibhausgasemissionen oder Ressourcenkennzahlen, aber auch Kennzahlen der organisatorischen Umsetzung der Nachhaltigkeitsbemühungen. Umgekehrt können mit den Bereichen der herkömmlichen Antriebskonzepte, der Kernenergie und der umweltrelevanten Unfälle drei Kategorien identifiziert werden, die im Bereich der großen Dienstleistungsunternehmen keine Berücksichtigung finden, obwohl sie zuvor durch die Erstellung des Kategoriensystems als relevant identifiziert worden sind. Hieraus lässt sich schlussfolgern, dass diese Kategorien entweder primär für Industrieunternehmen relevant sind (Baetge & Hesse, 2008) oder aber als noch nicht relevant für das eigenverantwortliche Handeln und/oder dessen Kommunikation nach außen anerkannt wurden. Weitere 15 Kategorien werden nicht konsistent über alle Unternehmen hinweg angewendet. Auf die Kategorie „Grüne Gebäude" geht beispielsweise lediglich die Deutsche Börse nicht ein, während die Allianz als einziges untersuchtes Unternehmen die „Verwendung grüner Inputs" vernachlässigt.

Im Zeitverlauf werden darauf aufbauend Tendenzen der Nutzung von Kategorien deutlich. Der Hauptindikator in Bezug auf die Nutzungsintensität einer Kategorie ist hierbei die Anzahl der Unternehmen, die im entsprechenden Jahr mindestens ein Ziel in einer Kategorie kommuniziert haben. In Relation zu allen Unternehmen, welche für das betreffende Jahr einen Nachhaltigkeitsbericht publiziert haben, ergibt sich der Prozentsatz der Unternehmen pro Kategorie. Abbildung 2 zeigt, exemplarisch für fünf Kategorien, die Werte über den relevanten Beobachtungszeitraum hinweg:[2]

---

2   Die Übersicht über die Nutzungsintensität aller Kategorien im Zeitverlauf findet sich in Anhang A.

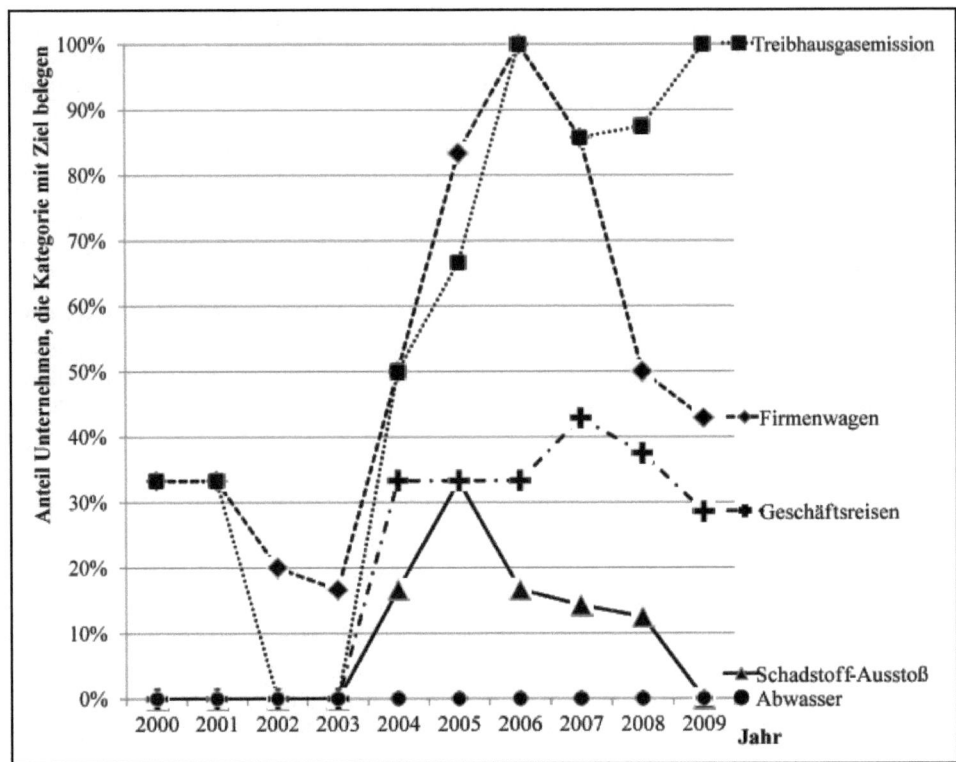

Abb. 2: Exemplarische Auswertung der Ziele im Zeitverlauf

Bereits hier wird deutlich, dass zunächst allgemein anerkannte und übergreifend genutzte Kategorien des ökologisch nachhaltigen Handelns wie bspw. Treibhausgasemissionen zu erkennen sind. Andere Kategorien erfahren zwischenzeitlich relativ viel Aufmerksamkeit, verschwinden jedoch ähnlich schnell wieder aus dem Fokus der Unternehmen. Erklärungen hierzu müssen jeweils in den individuellen Kategorien gesucht werden. Am exemplarisch dargestellten Beispiel von Zielen zu Firmenwagen und dem Schadstoff-Ausstoß wird deutlich, dass ihre Kommunikation zugunsten einer übergreifenderen Berichterstattung im Hinblick auf die Ziele der Treibhausgasemissionen abgelöst wurde. Auch die Tendenz, nachhaltiges Engagement und damit auch kommunizierte Ziele anhand des Treibhausgas-Äquivalents zu messen, sorgt für Umgruppierungen im Zeitablauf. Zuletzt sind zwei Gruppen von Kategorien zu nennen: solche Kategorien, die von keinem Dienstleistungs- und Handelsunternehmen betrachtet werden und jene, die sich durch eine konstante, mittlere Nutzungsintensität auszeichnen. Bei nicht genutzten Kategorien kann ebenfalls von einem Konsens in Bezug auf die Nutzung gesprochen werden, jedoch eher im Sinne einer Negativabgrenzung (Baetge & Hesse, 2008).

Ergebnisse zu Absichtserklärungen und operationalisierten Zielen

Auf einer detaillierteren Ebene wird schließlich die Art der Aussagen pro dienstleistungsorientiertem Unternehmen analysiert. Dabei wird entsprechend zwischen operationalisierten Zielen und Absichtserklärungen unterschieden. Aus Berichterstattungsperspektive sind operationale Ziele als transparenter und verbindlicher anzusehen, da eine genauere Festlegung hinsichtlich des Ausmaßes des eigenen Engagements durch die Unternehmen erfolgt und deren Erreichung messbar(er) wird. Das Verhältnis von operationalen Zielen zu Absichtserklärungen ist dementsprechend ein Indikator zur Beurteilung der Qualität der Berichterstattung und der Intensität des Engagements. Durch die Kombination der Ergebnisse zur Anzahl der betrachteten Kategorien als Maß des Berichtsumfangs und dem Anteil operationaler Ziele als Maß der Verbindlichkeit lassen sich weitere Erkenntnisse gewinnen. Abbildung 3 stellt die beiden Merkmale integriert dar und zeigt auf aggregierter Ebene die Diskrepanzen zwischen den Unternehmen in Bezug auf Umfang und Verbindlichkeit ihres eigenenverantwortlich kommunizierten Handels:

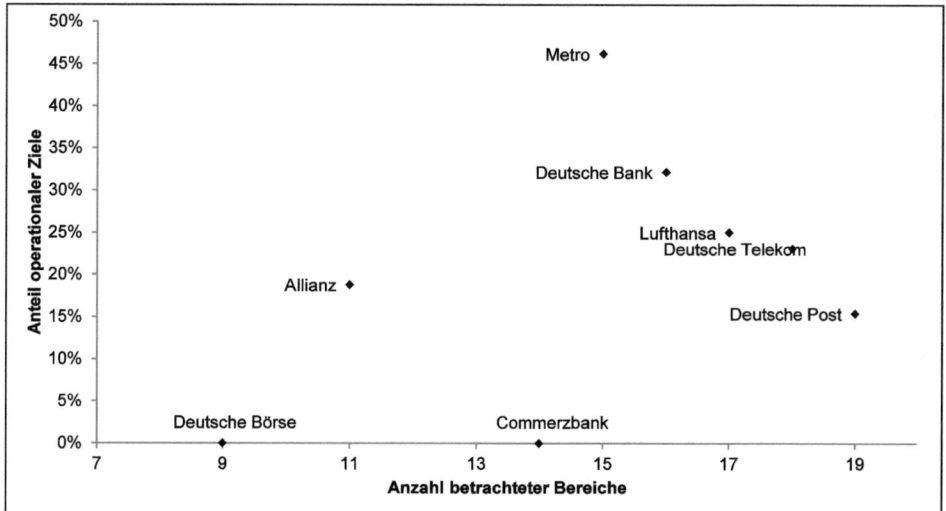

Abb. 3: Umfang und Verbindlichkeit der Berichterstattung

Auch wenn keine Gewichtung der beiden Dimensionen Umfang und Verbindlichkeit stattfinden kann und der optimale Berichtsumfang diskutabel bleibt, sind eindeutige Unterscheide zwischen den Unternehmen erkennbar. Während *Deutsche Börse* und *Commerzbank* in ihrer Zielformulierung unkonkret agieren und dementsprechend keine operationalisierten Ziele aufweisen, ist bei *Metro* fast jedes zweite Ziel konkret in Inhalt, Ausmaß und Zeitbezug definiert. Bei der *Deutschen Post* und der *Deutschen Telekom* werden in 19 bzw. 18 betrachteten Kategorien 15% respektive 23% der Ziele in operationalisierter Form dargestellt. Insgesamt deutet sich ein übergreifender Trend an: Mit steigender absoluter Anzahl an Zielen geht eine sinkende Operationalisierung der Ziele einher. Dies spricht bei den betroffenen

Unternehmen für eine zielgerichtetere selbstverantwortliche Kommunikation der eigenen Bemühungen nachhaltigen Handelns an die Stakeholder.

In Abb. 4 werden die Ergebnisse hinsichtlich der einzelnen Kategorien dargestellt.

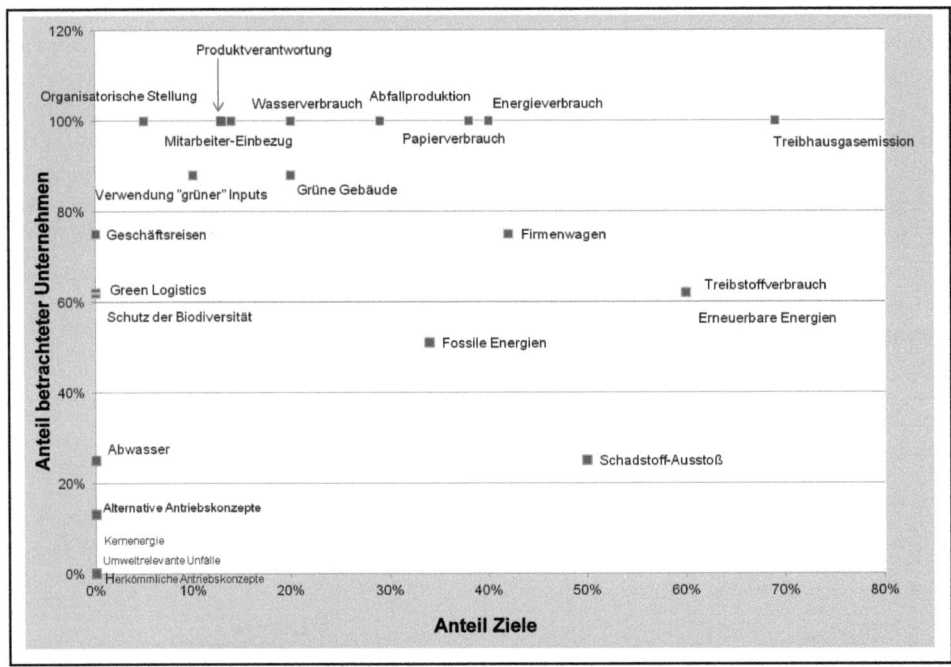

Abb. 4: Zusammenfassende Darstellung der Ergebnisse

Vor dem Hintergrund der anhaltenden Diskussion zur Operationalisierung und Messung des Nachhaltigkeitsengagements (Turker, 2009) bleibt jedoch unbeantwortet, ob generell jede Kategorie mit konkreten Zielen belegt werden kann. Aus der Grafik geht hervor, dass alle acht untersuchten dienstleistungsorientierten Unternehmen für die Kategorie „Treibhausgasemission" in ihren Nachhaltigkeitsberichten konkrete Ziele kommunizieren. 70% dieser Ziele wurden als operationale Ziele formuliert. Hier scheinen sich die Unternehmen relativ einig zu sein, wie verantwortungsvolles Engagement ausgestaltet und kommuniziert werden soll. Bei allen weiteren Kategorien, die von 100% der Unternehmen angestrebt werden, zeigt sich ein deutlich geringeres Ausmaß in der Kommunikation konkreter Ziele. Zuletzt sind noch einzelne Kategorien zu finden, die wahrscheinlich auf Grund ihrer Spezifität nur vereinzelt von Unternehmen konkret operationalisiert werden können, wie zum Beispiel die „Organisatorische Stellung der Nachhaltigkeit".

Auch wenn diese Untersuchung erste wesentliche Erkenntnisse dafür liefert, ob Dienstleistungsunternehmen ihr nachhaltiges ökologisches Engagement eigenverantwortlich nachvollziehbar und konsistent kommunizieren, soll auf einige Limitationen eingegangen werden. Trotz einer Vielzahl wesentlicher Erkenntnisse im Hinblick auf die eigenverantwortliche konsistente und transparente Kommunikation des nachhaltigen ökologischen Engagements deutscher Dienstleistungsunternehmen bleibt offen, ob eine hohe Anzahl an Zielen grundsätzlich werthaltiger ist als eine geringe. Hierauf kann keine Antwort geliefert werden. Weiterhin bleibt festzuhalten, dass sich die Untersuchung ausschließlich auf die acht größten börsennotierten deutschen Unternehmen der Dienstleistungsbranche bezieht und damit die Ausweitung der Analysegrundlage auf weitere Unternehmen die Validität der Ergebnisse erhöhen würde. Deutlich wird zudem, dass auch der Dienstleistungsbereich Bedarf für tiefergehende Forschung aufweist, vernachlässigt dieser doch einige Kategorien, die in größerem Zusammenhang als relevant identifiziert werden. Eine vergleichende Perspektive zwischen Industrie- und Dienstleistungsunternehmen stellt hier den logischen nächsten Schritt dar.

Fazit

Im Rahmen dieser Untersuchung konnten zwei wesentliche Forschungsbeiträge geleistet werden. Zunächst wurde gezeigt, dass sich bislang kein einheitliches Vorgehen der Stakeholderansprache zur eigenverantwortlichen Kommunikation des nachhaltigen ökologischen Engagements in der Nachhaltigkeitsberichterstattung von Dienstleistungsunternehmen herausgebildet hat. Bisherige Ansätze zielen primär auf produzierende Unternehmen ab, weshalb diese Untersuchung als Anhaltspunkt für die eigenverantwortliche Kommunikation ökologischen Engagements für nichtproduzierende Unternehmen dienen kann. Durch die Differenzierung in Absichtserklärungen und operationale Ziele über insgesamt 23 Kategorien hinweg wird eine Beurteilung im Hinblick auf die Konsistenz der eigenverantwortlichen Kommunikation des Nachhaltigkeitsengagements möglich. Aufgezeigt werden kann dabei, wie sich die eigenverantwortliche Kommunikation des ökologischen Nachhaltigkeitsengagements über den Zeitraum 2000–2010 verändert hat und welche Berichtskategorien im Zeitverlauf eine zunehmende Bedeutung einnehmen.

Literatur

Adam, D. (1996). *Planung und Entscheidung – Modelle, Ziele, Methoden*. Wiesbaden: Gabler.

Aryes, R.U. (2008). Sustainability economics: Where do we stand? *Ecological Economics, 67*, 281–310.

Baetge, J. & Hesse, A. (2008). *Best Practices bei SD-KPIs – Beispiele guter Berichterstattung zu „Sustainable Development Key Performance Indicators" (SD-KPIs) in Lageberichten 2006* (Deloitte Extra-Financial Issues). München: Eigenverlag.

Bansal, P. (2005). Evoling Sustainbaly: A longitudinal study of corporate sustainable development. *Strategic Management Journal, 26*, 197–218.

Bansal, P. & Roth, K. (2000). Why Companies go Green: A Model of Ecological Responsiveness. *Academy of Management Journal, 43* (4), 717–736.

Brown, H.S., de Jong, M. & Lessidrenska, T. (2007). *The Rise of the Global Reporting Initiative (GRI) as a Case of Institutional Entrepreneurship* (Corporate Social

Responsibility Initiative Working Paper No. 36). Cambridge, MA: John F. Kennedy School of Government, Harvard University.

Bassen, A., Jastram, S. & Meyer, K. (2005). Corporate Social Responsibility Eine Begriffserklärung. *ZFWU, 6* (2), 231–236.

Bundesministerium für Umwelt, Naturschutz und Reaktorsicherheit (BMU) (2009). *Nachhaltigkeitsberichterstattung: Empfehlungen für eine gute Unternehmenspraxis.* Berlin: ohne Verlag.

Caldwell, L.K. (1984). Political aspects of ecologically sustainable development. *Environmental Conservation, 11* (4), 299–308.

Deegan, C. (2002). The legitimizing effect of social and environmental disclosures – a theoretical foundation. *Accounting, Auditing & Accountability Journal, 15* (2), 282–311.

Deutscher Bundestag (1998). *Abschlussbericht der Enquete-Kommission „Schutz des Menschen und der Umwelt Ziele und Rahmenbedingungen einer nachhaltig zukunftsverträglichen Entwicklung": Konzept Nachhaltigkeit: Vom Leitbild zur Umsetzung.* Bonn: ohne Verlag.

Dowling, J. & Pfeffer, J. (1975). Organizational Legitimacy: Social Values and Organizational Behavior. *The Pacific Sociological Review, 18* (1), 122–136.

Dyllick, T. & Hockerts, K. (2002). Beyond the Business Case for Corporate Sustainability. *Business Strategy and the Environment, 11* (2), 130–141.

Farago, P. & Bucher, P. (1993). Umweltorientierte Unternehmensführung. *GAIA, 2* (1), 22–32.

Figge, F. & Hahn, T. (2004). Sustainable Value Added. Measuring Corporate Contributions to Sustainability Beyond Eco- Efficiency. *Ecological Economics, 48* (2), 173–184.

Gladwin, T.N., Kennelly, J.J. & Krause, T.S. (1995). Shifting Paradigms for Sustainable development Implications for Management Theory and Research. *Academy Management Review, 20* (4), 874–907.

Global Reporting Initiative (GRI) (Hrsg.). (2011). *Sustainability Reporting Guidelines* (Version 3.1). Amsterdam: ohne Verlag.

Greenhouse Gas Protocol Initiative (GHG Protocol Initiative). (2001). *The Greenhouse Gas Protocol. A corporate accounting and reporting standard.* Verfügbar unter: http://www.ghgprotocol.org/files/ghgp/public/ghg-protocol-2001.pdf [07.04.2014].

Hertz, N. (2009). Abschied vom Gucci-Kapitalismus. *Handelsblatt, 17.02.2009,* 9.

Herzig, C. & Schaltegger, S. (2003). *Nachhaltigkeit in der Unternehmensberichterstattung: Gründe – Probleme – Lösungsansätze. Diskussionspapier zum Fachdialog des Bundesumweltministeriums (BMU) am 13. November 2003.* Berlin: ohne Verlag.

Hoffmann, T. (2011). *Unternehmerische Nachhaltigkeitsberichterstattung – Eine Analyse des GRI G3.1-Berichtsrahmens.* Lohmar: Josef Eul Verlag.

Jonker, J., Stark, W. & Tewes, S. (2011). *Corporate Social Responsibility und nachhaltige Entwicklung: Einführung, Strategie und Glossar.* Berlin/Heidelberg: Springer.

Jörissen, J., Kopfmüller, J., Brandl, V. & Paetau, M. (1999). *Ein integratives Konzept nachhaltiger Entwicklung* (Forschungszentrum Karlsruhe, Technik und Umwelt, Wissenschaftliche Berichte FZKA 6393).

Kilian, T. & Hennings, N. (2012). Unternehmerische Verantwortung zwischen Anspruch und Wirklichkeit: Eine empirische Analyse der Kommunikation CSR-relevanter Aspekte in Geschäftsberichten der DAX-30-Unternehmen von 1998–2009. *uwf – UmweltWirtschaftsForum, 19* (3), 249–255.

Krippendorff, K. (2004). *Content Analysis: An Introduction to Its Methodology.* Thousand Oaks: Sage.

Lingohr, T. & Kruschel, M. (2011). *Best Practices im Value Management: Wie sie durch Einkauf und Technik einen nachhaltigen Wertbeitrag leisten können.* Wiesbaden: Gabler Verlag.

Loew, T., Ankele, K., Braun S. & Clausen J. (2004). *Bedeutung der internationalen CSR-Diskussion für Nachhaltigkeit und die sich daraus ergebenden Anforderungen an Unternehmen mit Fokus Berichterstattung. Endbericht an das Bundesministerium für Umwelt, Naturschutz und Reaktorsicherheit.* Berlin/Münster: ohne Verlag.

Mayring, P. (2010). *Qualitative Inhaltsanalyse. Grundlagen und Techniken.* Basel/Weinheim: Beltz Verlag.

Motiel, I. (2008). Corporate Social Responsibility and Corporate Sustainability Separate Pasts, Common Futures. *Organization & Environment, 21* (3), 245–269.

Oberndorfer, U. & Wagner, M. (2010). Die Rolle des Nachhaltigkeitsmanagements für den Börsenwert von Unternehmen: Eine ereignisstudienbasierte Untersuchung der DAX-30. *Zeitschrift für Umweltpolitik & Umweltrecht, 33* (3), 341–363.

Patten B.C. (1992). Energy, emergy and environs. *Ecol. Modell, 62,* 29–69.

Schäuble, W. (2009). Globalisierung ohne Regeln können wir uns nicht erlauben. *Handelsblatt, 30.12.2009,* 2–3.

Schewe, G., Nienaber, A., Buschmann, A. & Liesenkötter, B. (2012). Alles nur Greenwashing? Wie glaubwürdig berichten Unternehmen über ihr Nachhaltigkeitsengagement? *Zeitschrift für Umweltpolitik und Umweltrecht, 33* (1), 1–27.

Shrivastava, P. (1995). The Role of Corporations in Achieving Ecological Sustainability. *Academy of Management Review, 20* (4), 936–960.

Söderbaum, P. (2007). Towards Sustainability Economics: Principles and Values. *Journal of Bioeconomics, 9* (3), 205–225.

Stanny, E. & Ely, K. (2008). Corporate Environment Disclosures about the Effects of Climate Change. *Corporate Social Responsibility and Environmental Management, 15* (6), 338–348.

Stanwick, P.A. & Stanwick, S.D. (1998). The Relationship Between Corporate Social Performance, and Organizational Size, Financial Performance, and Environmental Performance: An Empirical Examination. *Journal of Business Ethics, 17* (2), 195–204.

Steurer, R. & Tiroch, M. (2009). Corporate Social Responsibility (CSR) in Österreich: Wie substanziell ist der freiwillige Beitrag der Wirtschaft zu einer nachhaltigen Entwicklung? *Zeitschrift für Umweltpolitik & Umweltrecht, 32* (2), 199–222.

Thomas, E. (2011). Der Umweltberatungsmarkt in Deutschland Ansätze einer Marktanalyse. *Zeitschrift für Management, 6* (2), 171–199.

Turker, D. (2009). Measuring Corprate Social Responsibility: A Scale Development Study. *Journal of Business Ethics, 85,* 411–427.

Weber, C., Lorson, P., Pfitzer, N., Kessler H. & Wirth J. (Hrsg.). (2009). *Berichterstattung für den Kapitalmarkt – Festschrift für Karlheinz Küting zum 65. Geburtstag.* Stuttgart.

Witttruck, D. & Teuteberg, F. (2010). Ein Referenzmodell für das Sustainable Supply Chain Management. *Zeitschrift für Management, 5* (2), 141–164.

Zentes, J. & Schramm-Klein, H. (2009). Nachhaltigkeitsberichterstattung – eine neue Dimension der Rechnungslegung. In C. Weber, P. Lorson, N. Pfitzer, H. Kessler & J. Wirth (Hrsg.), *Berichterstattung für den Kapitalmarkt – Festschrift für Karlheinz Küting zum 65. Geburtstag* (S. 183–209). Stuttgart.

Zeuch, M. (2011). Nachhaltige Kostenoptimierung durch 6-Sigma-Einkauf (Wertmanagement im Einkauf). In T. Lingohr & M. Kruschel, *Best Practices im Value Management: Wie sie durch Einkauf und Technik einen nachhaltigen Wertbeitrag leisten können* (S. 171–184). Wiesbaden: Gabler Verlag.

Anhang A: Nutzungsintensität der Kategorien im Zeitlauf (in %)

Kategorie	2000	2001	2002	2003	2004	2005	2006	2007	2008	2009	nutzende Unternehmen
Abfallproduktion	33	33	20	17	33	50	33	29	50	57	5
Abwasser	0	0	0	0	0	0	0	0	0	0	0
Alternative Antriebskonzepte	0	0	0	0	0	0	17	14	0	0	1
Energieverbrauch	33	67	80	50	100	83	83	86	88	71	7
Erneuerbare Energien	33	67	40	17	17	50	50	57	50	29	4
Firmenwagen	33	33	20	17	50	83	100	86	50	43	7
Fossile Energien	0	0	0	17	17	17	17	14	13	14	3
Geschäftsreisen	0	0	0	0	33	33	33	43	38	29	3
Green Logistics	0	0	0	17	33	33	33	29	13	29	2
Grüne Gebäude	33	33	20	17	33	67	67	57	50	71	5
Herkömmliche Antriebskonzepte	0	0	0	0	0	0	0	0	0	0	0
Kernenergie	0	0	0	0	0	0	0	0	0	0	0
Mitarbeiter-Einbezug	33	33	0	0	17	67	33	43	13	71	6
Schutz der Biodiversität	33	33	60	50	50	50	83	43	38	57	5
Organisatorische Stellung	33	33	20	33	50	67	83	86	88	86	7
Papierverbrauch	33	33	40	33	67	50	33	29	25	57	7
Produktverantwortung	33	33	20	17	33	67	83	71	75	71	8
Schadstoff-Ausstoß	0	0	0	0	17	33	17	14	13	0	2
Treibhausgasemission	33	33	0	0	50	67	100	86	88	100	7
Treibstoffverbrauch	33	33	0	17	50	50	50	29	25	14	5
Umwelt-relevante Unfälle	0	0	0	0	0	0	0	0	0	0	0
Verwendung „grüner" Inputs	33	33	20	17	50	50	67	86	88	71	7
Wasserverbrauch	33	33	60	17	33	50	50	43	38	57	5
berichtende Unternehmen	3	3	5	6	6	6	6	7	8	7	

Anmerkung: Der Prozentsatz berechnet sich für jede Kategorie als:

$$\frac{\text{Anzahl Unternehmen, welche im betreffenden Jahr mindestens ein Ziel kommuniziert haben}}{\text{Anzahl aller berichtenden Unternehmen im betreffenden Jahr}}$$

Neue Formen umfassenderer Berichterstattung als Chance zur Übernahme von Eigenverantwortung durch Nationalstaaten

Nikolai Haring

1. Einleitung

Im Zuge der Finanz- und Wirtschaftskrise sind zuletzt immer mehr Stimmen laut geworden, die ein Umdenken in der Gesellschaft, der Politik und der Wirtschaft fordern. Vielerorts ist der Eindruck entstanden, dass die Unternehmen (v.a. die Banken) – durch Marktliberalisierungen entfesselt – sozusagen ihr eigenes Spielchen treiben und dabei gesellschaftliche, politische wie auch wirtschaftliche Kollateralschäden getrost in Kauf nehmen, im Falle der Banken wohl auch mit dem Wissen, dass es der Steuerzahler sein wird, der die Zeche bezahlen wird, wenn etwas schiefgehen sollte.

Jetzt wissen wir andererseits aber auch, dass regulatorische Vorkehrungen, wie etwa die Basel-III-Regelungen in Europa (vgl. dazu Wikipedia, 2014a) oder der *Dodd-Frank Act* in den USA (vgl. Wikipedia, 2014b), getroffen wurden und noch immer werden (so Lobbygruppen dagegen nicht erfolgreich opponieren[1]), um gewissen Fehlentwicklungen Einhalt zu gebieten und zukünftige Risiken zu vermeiden oder zumindest zu vermindern. Sogar in Adam Smith's „Wealth of Nations" (s. Smith, 1776), dem Werk, welches sowohl den Beginn der klassischen Nationalökonomie als auch parallel des Wirtschaftsliberalismus markiert, gibt es in Book IV „Of Systems of Political Economy" von ihm explizit benannte Bereiche, die er dem Staat vorbehält (Bildung für Arme, das Rechtswesen, ein stehendes Heer etc.).

Dies alles geschieht freilich um den Preis einer zu zahlenden „Versicherungsprämie" (etwa höhere Kapitalkosten aufgrund verpflichtender Eigenkapitalunterlegungen (vgl. dazu z.B. die diesbezüglichen Regelungen in Basel III (vgl.

---

[1] Ein Beispiel dafür wäre etwa die verantwortungslose Aufweichung der leverage-Regeln, die Bestandteil der neuen Basel-III-Regeln sind, durch den Basler Ausschuss für Bankenaufsicht (*Basel Committee on Banking Supervision*) Anfang dieses Jahres: Die leverage-ratio (Eigenkapital/Summe der Vermögenswerte) hat nach wie vor mindestens 3% zu betragen, allerdings wurde die Formel zur Berechnung dieser Verhältniskennzahl laxer gemacht (vgl. dazu The Economist online, 2014).
Von 700 Organisationen mit 1.700 Lobbyisten im Auftrag von Banken und Finanzmärkten sind nur 450 im EU-Transparenzregister registriert, wie eine von der AK und dem ÖGB in Auftrag gegebene Studie jüngst gezeigt hat. Die Finanzindustrie gibt im Jahr 123 Mio. € für Lobbying aus – Nichtregierungsorganisationen, Gewerkschaften und Konsumentenvertreter nur knapp ein Dreißigstel davon, nämlich vier Mio. €.
Aber auch ExpertInnen, die einen großen Einfluss auf die Entscheidungen in der EU haben, sind ebenfalls mehrheitlich mit Vertretern der Industrie, der Finanzwirtschaft oder der vier großen Wirtschaftsprüfungsfirmen besetzt. Dabei hatte das EU-Parlament die Finanzierung der verschiedenen Expertengruppen von vier Bedingungen abhängig gemacht: Die Wirtschaftsinteressen sollten nicht dominieren, ExpertInnen sollten nicht zugleich Lobbyisten sein, neue Einstellungen sollten ausgeschrieben werden und Protokolle und Tagesordnungen sollten transparent sein. In Wahrheit repräsentieren aber mehr als die Hälfte der ExpertInnen Interessen der Großunternehmen, gut 60% der neuen Gruppen entstanden ohne öffentliche Ausschreibung und auch bei der Transparenz der Dokumente liegt vieles im Argen. (APA, 2014)

Wikipedia, 2014a), höhere *compliance*-Kosten etc.). Allerdings darf man es mit der Regulierung nicht übertreiben, denn freier Wettbewerb und auch die vier Grundfreiheiten der EU sind immens wichtig und haben ihre nachgewiesenen Vorteile.

Oftmals ist es ja die Bevölkerung selbst, die vor Veränderungen Angst hat, alles haben, aber nichts zahlen möchte und die Wichtigkeit mancher Dinge (z.B. von Bildung und Wissenschaft) nicht ausreichend (an-)erkennt. Die Politik verhält sich allzu oft mutlos und beugt sich dem Willen des Volkes, auch wenn hier oft mehr Leadership, Kommunikation und Überzeugungsarbeit gefordert wäre. Verschlimmert wird das Ganze durch partikulare Interessensgruppen, die ihre Pfründe zu behaupten versuchen und dabei das größere Ganze, das Gemeinwohl, aus den Augen verlieren. So können die Gesellschaft und die Politik der Wirtschaft schaden.

Den bisherigen Ausführungen folgend, sollte klar geworden sein, dass Gesellschaft, Umwelt und Wirtschaft keine voneinander losgelösten Entitäten sind, sondern – in Form positiver wie auch negativer externer Effekte – aufeinander einwirken und in einer Art Schicksalsgemeinschaft miteinander verbunden sind. Um darin gut miteinander auszukommen, bedarf es entsprechender Spielregeln (insb. rechtlicher Regulatorien), aber auch der Eigenverantwortung, welche aus ethischen und moralischen Grundsätzen abgeleitet werden kann. Die Eigenverantwortung hat zwei Facetten:

Zum einen, Verantwortung für das eigene Tun und Sein zu übernehmen, wie es insbesondere Liberale einfordern und wovon die nach wie vor stark obrigkeitshörigen und von einer Versorgungsmentalität geprägten ÖsterreicherInnen[2] noch weit entfernt sind. Aufklärung tut also weiterhin vonnöten, denn

> Aufklärung ist der Ausgang des Menschen aus seiner selbstverschuldeten Unmündigkeit. Unmündigkeit ist das Unvermögen, sich seines Verstandes ohne Leitung eines anderen zu bedienen. Selbstverschuldet ist diese Unmündigkeit, wenn die Ursache derselben nicht am Mangel des Verstandes, sondern der Entschließung und des Muthes liegt, sich seiner ohne Leitung eines anderen zu bedienen. Sapere aude! Habe Muth, dich deines eigenen Verstandes zu bedienen! ist also der Wahlspruch der Aufklärung. (Kant, 1784, S. 481)

---

2   In Österreich wächst die Sehnsucht nach einer starken Führungsfigur. Etwa ein Drittel der Befragten (29 Prozent) stimmt in einer jüngst veröffentlichten Umfrage des Zukunftsfonds der Republik Österreich der Aussage *„Man sollte einen starken Führer haben, der sich nicht um Wahlen und Parlament kümmern muss"* mehr oder weniger zu. Nach Meinung des Historikers Oliver Rathkolb vom Institut für Zeitgeschichte der Universität Wien ist der Grund für diese „Führer-Sehnsucht" eine „sozio-ökonomisch verursachte Apathie", eine Perspektivenlosigkeit, die sich ja auch im aktuellen Regierungsprogramm und -handeln der alten (= neuen) Regierung widerspiegelt. Der Wissenschaftler spricht von einem „signifikanten Trend" im Vergleich zu einer ähnlichen Untersuchung 2007 (vgl. Hebel, 2014). Im Falle Österreichs darf an dieser Stelle natürlich auch der Hinweis auf die antiliberale, autoritäre Vergangenheit (Habsburger-Monarchie, Katholizismus, Militär, Nationalsozialismus etc.) nicht fehlen. Aber Bernd Marin fragte jüngst zu Recht: „Ist die schier endlose Leidensfähigkeit und Eselsgeduld einer über Jahrtausende zu Untertanen gebrochenen Bevölkerung mit ihrer Feudalherrschaft vielleicht irgendwann doch einmal endgültig erschöpft?" (Marin, 2014)

Bildung und (Zivil-)Courage sind die Schlüssel dafür. In einer Welt, die volatil, unsicher, komplex und ambivalent ist (die sogenannte VUKA-Welt), können außerdem auch noch Identität, Beziehungsfähigkeit, Signalresonanz, Ambiguitätstoleranz und Resilienz als Zutaten für eine gelungene (Selbst-)Führung genannt werden (Guwak & Strolz, 2012, S. 171–186).

Zum anderen bedeutet Eigenverantwortung aber auch, Verantwortung für die Auswirkungen des eigenen Handelns auf andere(s) (Menschen, Umwelt) zu übernehmen. Bekanntlich fällt dies leicht, wenn diese Auswirkungen positiv ausfallen. Wenn die verursachten Externalitäten hingegen negativ sind, sucht man gerne einen Sündenbock, um den eigenen Selbstwert nicht mindern zu müssen.[3] Wie man die Eigenverantwortung für das soziale Umfeld und die ökologische Umwelt wahrnimmt, wurde traditionell stark von Wertvorstellungen geprägt, die in vielen Fällen den Institutionen entstammten, denen man angehörte (Familie, Glaubensrichtung, Partei etc.). In dem Maße, in dem sich diese Institutionen aufzulösen beginnen und die von ihnen transportierten Werte nicht mehr als selbstverständlich angenommen werden können, muss diese neugewonnene Freiheit neu gestaltet werden, was zumindest zu Beginn sicherlich nicht leichtfallen wird und einer entsprechenden Verantwortungsübernahme bedarf.[4]

In weiterer Folge soll der Frage nachgegangen werden, inwieweit die jüngst entwickelten Formen einer weitergehenden Berichterstattung der Nationalstaaten dazu geeignet sind, dass diese die Übernahme ihrer Eigenverantwortung im o.a. Sinn darstellen bzw. sogar ein Anstoß für die Länder sein könnten, diese Eigenverantwortung (noch) stärker zu leben.

Methodisch wird hierbei ein konzeptionell-normativer Ansatz gewählt.

---

3   Wie schon die österreichische Erzählerin, Novellistin und Aphoristikerin Marie Freifrau von Ebner-Eschenbach (1830–1916) konstatierte: „Magst den Tadel noch so fein, noch so zart bereiten, weckt er Widerstreiten. Lob darf ganz geschmacklos sein, hocherfreut und munter schlucken sie's hinunter." (von Ebner-Eschenbach, 1893)

4   Vgl. zum Wechselspiel zwischen Freiheit und Verantwortung (z.B. durch Bindung) Guwak & Strolz (2012, S. 196–211). Diese Herausforderung stellt sich für jede/n Einzelne/n, für die Organisationen und auf der Ebene (supra-)staatlicher Gebilde. Bzgl. Ersterer, auf die in weiterer Folge nicht mehr im Detail eingegangen werden wird, sei daran erinnert, dass mentale bzw. psychische Gesundheit den wichtigsten Einzelfaktor für persönliche Glücklichkeit darstellt. Aber gerade in Industrieländern sind Depressionen und Angststörungen (die beiden häufigsten Ausprägungsformen im Falle eines Burnouts) auf dem Vormarsch und derzeit ist eine dramatische Zunahme der behandelten Fälle im Bereich emotionaler Störungen zu beobachten. Weltweit sind etwa ca. 10% der Bevölkerung von den beiden o.a. Krankheiten betroffen, was sowohl mit großem persönlichen Leid als auch weitreichenden gesamtwirtschaftlichen Folgen (z.B. aufgrund langer Krankenstände oder der Berufsunfähigkeit und dadurch bedingter Frühpensionierungen) und entsprechenden Kosten einhergeht. Selbst in den entwickelten Volkswirtschaften wird jedoch nur ein Drittel der Betroffenen behandelt (was eine menschenrechtlich inakzeptable Ungleichbehandlung im Vergleich zu körperlichen Krankheiten darstellt), und das, obgleich die Therapien eine Erfolgsrate von 50% aufweisen. In den westlichen Gesellschaften hängt die Zunahme psychischer Leiden wohl weniger mit der Wirtschaftskrise zusammen, als mit wachsendem Narzissmus und dem Anspruch, sich mehr über den Status als über Beziehungen und die Suche nach Sinnhaftigkeit zu definieren, wie etwa Jürgen Margraf (Professor für Klinische Psychologie und Psychotherapie an der Universität Bochum) meint. Die US-Psychologin Jean Twenge schließt aus Befragungen in der Zeit zwischen 1952 und 1993, dass sich die Werte zugunsten stärkerer Unabhängigkeit verändern (vgl. Helliwell, Layard & Sachs, 2014, S. 4, 38–53 sowie Stanzl, 2014).

Im Mittelpunkt der nachfolgenden Ausführungen stehen Bestrebungen auf volkswirtschaftlicher Ebene, nicht nur die wirtschaftliche Leistung zu messen, sondern auch den gesellschaftlichen Fortschritt, wobei insbesondere auf die *Better Life Initiative* der OECD und den Sustainability-Adjusted Global Competitiveness Index eingegangen werden soll. Im Schlussteil, der auch eine Zusammenfassung beinhaltet, werden dann auch noch kurz entsprechende Bestrebungen auf betriebswirtschaftlicher Ebene, wie etwa das *Integrated Reporting Framework*, die jüngsten Bestrebungen der EU in puncto verpflichtender Sozial- und Nachhaltigkeitsberichterstattung und die sogenannte Gemeinwohlbilanz angerissen.

2.   Ansätze zur Messung nicht nur der wirtschaftlichen Leistung, sondern auch des gesellschaftlichen Fortschritts auf volkswirtschaftlicher Ebene[5]

Die Welt befindet sich derzeit in multiplen Problemlagen, auch wenn die ökonomische Krise aufgrund ihrer Dringlichkeit die wohl noch bedeutendere soziale und ökologische Krise überdeckt. (Luks, 2012, S. 17f.) Es darf jedoch nicht vergessen werden, dass Krisensituationen immer auch die Chance für Veränderungen bieten. Um mit Max Frisch zu sprechen: „Krise ist ein produktiver Zustand. Man muss ihr nur den Beigeschmack der Katastrophe nehmen."[6]

Andere und umfassendere Lenkungssysteme sind vonnöten, soll das menschliche Leben zukunftsfähig bleiben. Unter einem Lenkungssystem soll hier ein Zielsystem verstanden werden, welches wichtige Zieldimensionen des menschlichen Handelns abbildet. Nach erfolgter Festlegung des Zielsystems bedarf es natürlich auch noch der Bestimmung von Maßnahmen, die es zu ergreifen gilt, um die angestrebten Werte in den Zieldimensionen zu erreichen. Umfassend heißt, dass sowohl ökologische als auch ökonomische und soziale Aspekte abgedeckt werden sollen (vgl. Bishop & Green, 2011, S. 14; Luks, 2012, S. 8–13). Dieses Zielsystem kann dann einerseits für die Verhaltenssteuerung im Sinne der Koordination und Motivation menschlicher Handlungen verwendet werden, andererseits sowohl für die Planung als auch für die Kontrolle von Entwicklungen und Zuständen. Solche Zielsysteme lassen sich sowohl auf der Makro- als auch auf der Meso- und Mikroebene entwickeln. Es ist wichtig, alle drei Ebenen einzubeziehen, da etwa die Sozialkapitalforschung zeigt, dass diese multiplikativ miteinander verknüpft sind.[7] Unter der Makro-Ebene sol-

---

5   Vgl. zu einigen der nachstehenden Ausführungen bereits Haring (2012).
6   So war etwa die Wirtschaftskrise in den 1930er-Jahren Anlass für den US-amerikanischen Kongress, die Entwicklung einer volkswirtschaftlichen Gesamtrechnung zu beauftragen, um die wirtschaftliche Realität besser fassen zu können. So entstand das Bruttoinlandsprodukt (Marber, 2012, S. 74).
7   Vgl. zu den entsprechenden Größenordnungen Gehmacher (o.J.b) und weiters Gehmacher (o.J.a, S. 2–4). Aufgrund der derzeitigen Unzulänglichkeiten fordert Felber (2012, S. 35–39) eine Neuordnung des Gesellschafts-, v.a. aber des Wirtschaftssystems, indem die Anreize auf der organisatorischen, der regionalen und der volkswirtschaftlichen Ebene verbindlich verändert werden.

len hier internationale Organisationen und Nationen subsumiert werden.[8] Die Meso-Ebene umfasst z.B. Interessensverbände oder Regionen. Auf der Mikroebene sind insbesondere einzelne Organisationen angesprochen.

Wie Luks (2012) auf S. 12 treffend festhält, gibt es die

> [...] Wahl zwischen *managed transition* und *forced transition* [...]:
> Werden die jedenfalls stattfindenden Veränderungen durch bewusst
> vollzogene Handlungen und Unterlassungen geprägt oder dadurch, dass
> – zum Beispiel ökologische – Probleme ‚unbearbeitet' bleiben und so
> einen Wandel erzwingen? ‚Nachhaltige Entwicklung' steht für den Ver-
> such, das letztgenannte Szenario zu verhindern. [...] Es ist [...] ge-
> wiss angemessener, auf Gestaltung zu setzen, statt sich von Ereignissen
> gleichsam überrollen zu lassen.[9]

Nachfolgend soll der derzeit weltweit wohl bedeutsamste Versuch beschrieben wer-den, ein umfassendes Zielsystem zu entwickeln: die *OECD Better Life Initiative*. Vorab ist festzuhalten, dass globale Initiativen wie die *OECD Better Life Initiative* äußerst wichtig sind, da heutzutage viele Herausforderungen grenzüberschreitend sind, was weltweiter Koordination und gemeinsamer Anstrengungen bedarf, um die-se erfolgreich zu bewältigen.

Die *OECD Better Life Initiative* wurde im Mai 2011 gestartet und ist das Ergebnis einer Dekade Arbeit an diesem Thema.[10] Es ist der Versuch, international vergleich-bare Messgrößen des Wohlergehens zusammenzutragen.[11] Die Empfehlungen, die von dieser Kommission gemacht wurden, versuchten Bedenken zu adressieren, dass standardmäßig erhobene und publizierte makroökonomische Messgrößen, wie z.B.

---

8 So wird z.B. in Bhutan seit einiger Zeit statt des Bruttoinlandsprodukts das Bruttonational-glück (Gross National Happiness) als gesamtwirtschaftlicher Indikator berechnet, an dem sich die Politik des Landes orientieren soll (vgl. umfassend Helliwell, Layard & Sachs, 2013, S. 108–158; weiters http://www.grossnational hapiness.com/).

9 Um mit Max Weber zu sprechen, bedarf es statt einer bloßen Gesinnungs- einer Verantwor-tungsethik, die es auf die konkreten Folgen von Handlungen und Unterlassungen abgesehen hat, und nicht nur auf die Richtigkeit von Einstellungen und Motivlagen: „Wir müssen uns klarmachen, daß alles ethisch orientierte Handeln unter zwei voneinander grundverschie-denen, unaustragbar gegensätzlichen Maximen stehen kann: es kann ‚gesinnungsethisch' oder ‚verantwortungsethisch' orientiert sein. Nicht daß Gesinnungsethik mit Verantwor-tungslosigkeit und Verantwortungsethik mit Gesinnungslosigkeit identisch wäre. Davon ist natürlich keine Rede. Aber es ist ein abgrundtiefer Gegensatz, ob man unter der gesinnung-sethischen Maxime handelt – religiös geredet: ‚Der Christ tut recht und stellt den Erfolg an-heim' – oder unter der verantwortungsethischen: daß man für die (voraussehbaren) Folgen seines Handelns aufzukommen hat." (Weber, 1988, S. 51f.) Weber folgert allerdings, dass Gesinnungs- und Verantwortungsethik keine Gegensätze sondern Ergänzungen sind, die ge-meinsam den richtigen Politiker ausmachen. Gehmacher (2011, S. 3) glaubt, dass die Kluft zwischen Glauben und Tun (*belief-behaviour-gap*) durch Sozialkapital überbrückt werden kann. Hinderlich könnte dabei jedoch die menschliche Prokrastination sein (vgl. Dobelli, 2012, S. 149–151).

10 Der Einstieg der OECD in die Thematik war die Publikation „The Wellbeing of Nations. The Role of Human and Social Capital" im Jahr 2001 (vgl. OECD, 2001), die ein Bestsel-ler wurde.

11 Diese orientieren sich an den Empfehlungen der „Commission on the Measurement of Eco-nomic Performance and Social Progress", die nach deren wichtigsten Proponenten auch als Stiglitz-Sen-Fitoussi-Kommission bekannt ist (Stiglitz, Sen & Fitoussi, 2009).

das Bruttoinlandsprodukt (BIP), nicht dazu in der Lage sind, das derzeitige und zukünftige Gemeinwohl der Menschen sachgerecht abzubilden.[12] So gibt uns das BIP z.B. keine Auskunft darüber, ob wir zu viel konsumiert haben, die falschen Dinge, oder ob wir zu wenig gespart haben (vgl. Marber, 2012, S. 74). Das BIP zeigt uns auch nicht Innovationen und die übermäßige Ausbeutung der natürlichen Ressourcen an und exkludiert unbezahlte Dienstleistungen wie z.B. Freiwilligendienste oder Hausarbeit (vgl. The Economist online, 2011; 2012). Im Jahr 1968

> Robert Kennedy critiqued national income accounting on the grounds that it 'does not allow for the health of our children, the quality of their education, or the joy of their play. It does not include the beauty of our poetry or the strength of our marriages; the intelligence of our public debate or the integrity of our public officials. It measures neither our wit nor our courage; neither our wisdom nor our learning; neither our compassion nor our devotion to our country; it measures everything, in short, except that which makes life worthwile.' (Bishop & Green, 2011, S. 13)

> Given these drawbacks, should GDP be abandoned or adjusted? I think not. Macroeconomic policy requires a measure of total economic activity. However, economists and policy-makers ought to stop using GDP growth as a shorthand for society's overall economic welfare. That is better measured by a 'dashboard' approach, such as the OECD Better Life Index. While these need further development, they have the great advantage of showing the separate elements that contribute to social welfare, and the trade-offs between them. (Coyle, 2014)

Außerdem ist der von den Wirtschaftswissenschaften ins Zentrum nahezu aller Theorien gestellte (Grenz-)Nutzen des Einkommens im Vergleich zu anderen positiven Determinanten der Lebenszufriedenheit, wie z.B. Erwerbstätigkeit und Familienleben, bescheiden (vgl. Ruckriegel, 2012b, S. 106–108).[13] Die

---

12 Bereits Simon Kuznets, jener Volkswirtschaftler, der (gemeinsam mit Colin Clark) das BIP entwickelt hat, realisierte die Grenzen von dessen Aussagekraft: "In 1934, Kuznets warned 'the welfare of a nation can scarcely be inferred from measurement of national income.' He wrote again in 1962, 'distinctions must be kept in mind between quantity and quality of growth, between its costs and return, and between the short and the long run.'" (Marber, 2012, S. 74) Kuznets "resigned from his post overseeing the U.S. national accounts when he lost an argument over his desire to include unpaid domestic work in the calculation of GDP." (Bishop & Green, 2011, S. 15) Vgl. zu einer umfassenden Kritik am BIP Stiglitz et al. (2009, S. 21–40 und 85–142). Felber (2012, S. 37) fordert, dass das Gemeinwohl-Produkt einer Volkswirtschaft (bestehend aus 15–25 Indikatoren) das BIP ersetzen soll, so wie die Gemeinwohl-Bilanz eines Unternehmens den Finanzgewinn ablösen soll. Kritik lässt sich jedoch nicht nur am BIP, sondern auch an anderen zentralen makroökonomischen Messgrößen anbringen, wie z.B. der Arbeitslosenrate, der Produktivität, dem internationalen Handel (Export und Import) und der Inflationsrate (vgl. dazu im Detail Marber, 2012, S. 75–78).

13 Zahlreiche kritische Beiträge zum Thema Geld finden sich bei Liessmann (2009). Mit Lebenszufriedenheit wird hier ein subjektives Wohlbefinden angesprochen, womit die im Zentrum der ökonomischen Glücksforschung stehende Zufriedenheit mit dem Leben gemeint ist, im Gegensatz zum Glücklichsein in Form positiver oder negativer Gefühle im Moment (vgl. P., 2012; Ruckriegel, 2012b, S. 100f. und Ruckriegel, 2008, S. 309). Dass diese Unterscheidung wichtig sein kann, weisen Arbeiten wie jene von Kahneman & Deaton (2010)

Gründe, weshalb uns mehr Geld/Einkommen nicht/kaum glücklicher macht, liegen in der Veränderung der Ansprüche aufgrund von Gewöhnung und interdependenten Präferenzen in Form sozialer Vergleiche (beides kommt in der ökonomischen Mainstream-Theorie annahmegemäß nicht vor (vgl. Easterlin, 2005, S. 55)), die die Ursachen des Easterlin-Paradoxons sind, das nach Richard Easterlin benannt wurde, der diesen Sachverhalt bereits 1974 problematisierte (vgl. Easterlin, 1974; Ruckriegel, 2008, S. 310).[14] Die Glücksforschung hat sieben Glücksfaktoren identifiziert: persönliche Freiheit, physische und psychische Gesundheit, innere Haltung (im Hinblick auf Dankbarkeit, Optimismus, Vermeidung von sozialen Vergleichen, Emotionsmanagement etc.) und Lebensphilosophie (Spiritualität, d.h., eine persönliche Suche nach dem Sinn des Lebens bzw. Religiosität), Engagement und befriedigende Erwerbs- und/oder Nichterwerbsarbeit, gelingende/liebevolle soziale Beziehungen (Partnerschaft, Familie, Freunde, Kollegen, Nachbarn) und die finanzi-

---

nach, demnach ein höheres Einkommen zwar eine höhere Lebenszufriedenheit bewirken kann, jedoch nicht das emotionale Wohlergehen zu steigern vermag (über 75.000 US$ Jahreseinkommen hinaus). Vgl. zu Messmethoden des Glücks Frey & Frey-Marti (2010, S. 27–33). Dahinter steht die Überlegung, dass die durch das beobachtete Verhalten offenbarten Präferenzen nicht den wahren Nutzen zu identifizieren vermögen, da „sich die Marktteilnehmer häufig nicht sehr rational verhalten, […] die meisten Personen weniger egoistisch, sondern vielmehr auf Fairness aus sind, […] das Verhalten wenig zeitkonsistent ist und […] Maximieren eher unglücklich macht." (Ruckriegel, 2012a, S. 130) Diese zentralen Erkenntnisse der Verhaltensökonomie (*behavioural economics*) finden sich detaillierter in Ruckriegel (2011, S. 833–837) beschrieben. Man kann die Leute aber, abgehend von der Vorstellung des homo oeconomicus und abstellend auf die Überlegungen der Verhaltensökonomie, nach ihrer Lebenszufriedenheit befragen, womit man von der ordinalen zur kardinalen Nutzenmessung zurückkehrt (vgl. van Praag, 2007, S. 61), wobei Lebenszufriedenheit approximativ mit Nutzen gleichgesetzt wird. (Ruckriegel, 2008, S. 311–313). Die Glücksforschung ist interdisziplinär, an ihr arbeiten Neurobiologen, Ökonomen, Psychologen und Soziologen gemeinsam. (vgl. Ruckriegel, 2012b, S. 100). Übrigens merkte Smit (1761, S. 237) in „*The Theory of Moral Sentiments*" schon 1759 an: „The happiness of mankind […] seems to have been the original purpose intended by the Author of nature, when he brought them into existence." Dies findet sich aber auch schon bei Thomas von Aquin und Aristoteles („Glück ist das letzte Ziel menschlichen Handelns") (vgl. Ruckriegel, 2012b, S. 99).

14 „Zum einen passen sich die Ansprüche und Ziele an die tatsächliche Entwicklung an, d.h. mit steigendem Einkommen steigen auch die Ansprüche, so dass daraus keine größere Zufriedenheit erwächst (hedonistische Tretmühle). Zum anderen ist – sofern die materielle Existenz gesichert ist –, weniger das absolute Einkommen, als vielmehr das relative Einkommen – d.h. das eigene Einkommen im Vergleich zu anderen – für den Einzelnen entscheidend." (Ruckriegel, 2012a, S. 133) Vgl. auch Ruckriegel: „Demnach ist bis ca. 10.000 US-Dollar BIP pro Kopf eine starke Korrelation zwischen Zunahme der Zufriedenheit und Steigerung des BIP pro Kopf zu beobachten, da es hier um die Befriedigung von existenziellen Grundbedürfnissen wie Essen, Wohnen, Kleidung, Sicherheit und Bildung geht, von 10.000 bis 20.000 US-Dollar ist die Korrelation noch vorhanden, aber geringer. Über 20.000 US-Dollar ist die Korrelation nahezu nicht mehr gegeben." (Ruckriegel, 2012b, S. 108ff.; vgl. auch Binswanger, 2010, S. 25, Abbildung 1 und Diener & Seligman, 2004, S. 5 und 18) Österreichs kaufkraftbereinigtes BIP pro Kopf liegt derzeit bei 42.597 US-Dollar (Wikipedia, 2014c). Vgl. zum Zusammenhang (und zur Kausalität) zwischen Einkommen und Lebenszufriedenheit ausführlicher Binswanger (2010, S. 24–46) und Frey & Frey-Marti (2010, S. 47–62). Neben der Anspruchs- und der Statustretmühle versprechen auch noch die Multioptions- und die Zeitspartretmühle Glück, verhindern es aber (vgl. Binswanger, 2010, S. 47–137). Auswege aus diesen Tretmühlen finden sich bei Binswanger (2010, S. 139–208).

elle Lage (Einkommen) zur Befriedigung der materiellen (Grund-)Bedürfnisse (vgl. Ruckriegel, 2012a, S. 131).[15]

> Nach den Erkenntnissen der Glücksforschung kommt daher einem Mehr an materiellen Gütern – nachdem die materiellen Grundbedürfnisse gedeckt sind – eine immer geringere Rolle zu. Vielmehr gewinnen soziale Kontakte und Mitmenschlichkeit, die sog. Beziehungsgüter (*relational goods*), zunehmend an Bedeutung. (Ruckriegel, 2008, S. 309)[16]

Kehren wir aber zur *OECD-Better Life Initiative* zurück. Diese beinhaltet zwei Hauptelemente: *Your Better Life Index* und *How's Life?*

Erstmalig am 24.05.2011 publiziert, beinhaltet der *Your Better Life Index* (*BLI*) 11 „Dimensionen" des gesellschaftlichen Fortschritts: zum einen drei Kategorien, die über die materiellen Lebensbedingungen Auskunft geben: Wohnen (Kosten, Grundausstattung und Platz), Einkommen (verfügbares Netto-Haushaltseinkommen und finanzieller Reichtum), Jobs (Jobsicherheit, beruflicher Verdienst, Langzeitarbeitslosigkeit und Beschäftigungsquote); zum anderen acht Kategorien, die die Lebensqualität (objektive Lebensqualität einerseits und subjektives Wohlbefinden andererseits) messen sollen: Gemeinschaft (Qualität des sozialen Unterstützungsnetzwerks), Bildung (Anzahl der Bildungsjahre, studentische Fähigkeiten, Erreichen von Bildungszielen), Umwelt (Luft- und Wasserqualität), Zivilengagement (Transparenz der Regierung bei der Erstellung von Regulatorien und Wahlbeteiligung), Gesundheit (subjektive Einschätzung des eigenen Gesundheitszustands und Lebenserwartung), Lebenszufriedenheit, Sicherheit (Mord- und Überfallsraten) und Work-Life-Balance[17] (die Anzahl der Angestellten, die Überstunden machen, und die Zeit, die Leute ihrer Freizeit und persönlichen Initiativen widmen). Insgesamt sind derzeit somit 24 spezifische Messindikatoren in Verwendung, die sowohl harte Fakten als auch Umfragedaten umfassen. Die Daten werden aktuell in 34 der OECD-Mitgliedsländer plus Brasilien und Russland gemes-

---

15   Zur relativen Bedeutungslosigkeit der Mehrung von Geld und Besitz im Vergleich zu den anderen Lebensqualitätsfaktoren vgl. die von Ruckriegel, 2012b, auf S. 112 in Abb. 6 dargestellten Umfrageergebnisse. Siehe zu den Faktoren der Lebenszufriedenheit im Einzelnen etwa Helliwell et al. (2013, S. 58–97).

16   So auch Kahneman & Krueger (2006) und Diener & Seligman (2004, S. 1).
Das erinnert natürlich stark an die Maslowsche Bedürfnispyramide, ergänzt durch den Ansatz von Deci und Ryan in Hinblick auf psychologische Bedürfnisse. (Maslow, 1943; Deci, 1971; Deci & Ryan, 1985a; 1985b). Dass der Mensch grundsätzlich ein soziales, vertrauensvoll agierendes und kooperatives Wesen ist, wird auch durch zahlreiche Erkenntnisse sowohl der Neurobiologie als auch der Neuroökonomie gestützt (vgl. Ruckriegel, 2008, S. 310 mit zahlreichen weiteren Nachweisen). Ihre philosophische Verankerung findet die Glücksforschung in der empirischen Ethik des Utilitarismus, die auf Jeremy Bentham (1748–1832) zurückgeht. „Im Anschluss an die Position von Hume und Smith lehnt der Utilitarismus den egoistischen Hedonismus (Optimierung des Lust-Unlust-Kalküls des Handelnden selbst, Anmerkung des Verfassers) ab. Im moralischen Kalkül geht es nicht bloß um das Glück des Handelnden selbst, sondern um das Glück aller von der Handlung Betroffenen, um das ‚größtmögliche Glück der größtmöglichen Zahl' (Bentham) und letztlich um den sozialen Nutzen aller Menschen überhaupt." (Anzenbacher, 2003, S. 33)

17   Eigentlich sollte von einer Life-Balance gesprochen werden, da die Arbeit ein zeitlich umfangreicher und integraler Bestandteil des Lebens ist und die Arbeit und das (restliche) Leben nicht als zwei gegensätzliche Pole angesehen werden sollten.

sen (vgl. The Economist online, 2012).[18] Der *BLI* kann mit seinen Kategorien und Indikatoren daher als offenes Kennzahlensystem angesehen werden.

Der *BLI* wird aber etwa dafür kritisiert, dass er Ungleichheiten in der Gesellschaft, die soziale Funktionsstörungen bewirken, bisher (bis auf die Langzeit-arbeitslosigkeit) nicht zufriedenstellend abbildet.[19]

Die einzelnen Indikatoren lassen sich dabei wie folgt systematisieren:

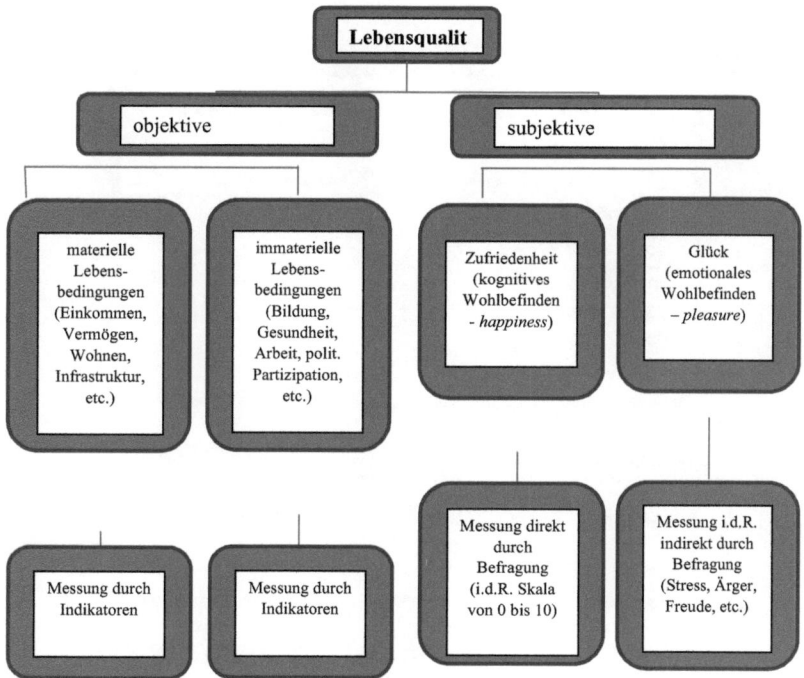

Abb. 1: Indikatorensystem der Lebensqualität (s. Boecker, 2011)

---

18   Die OECD zeigt sich aufgrund der Feedbacks von TeilnehmerInnen an regionalen Konfe-renzen, die sie in Afrika, im asiatisch-pazifischen Raum und in Lateinamerika organisiert hat, optimistisch, dass das neue OECD-Rahmenkonzept zum Wohlergehen in allen Ländern der Welt von Relevanz sein könnte.

19   So meint etwa Ökonomie-Professor Jean Gadrey „cet indicateur manque de mesures de 'santé sociale', comme le pourcentage de personnes pauvres, de personnes couvertes par l'assurance maladie ou encore, le revenu des dix pour cent le plus riches divisés par le revenu des dix pour cent le plus pauvres, un indicateur d'inégalité utilisé par les Nations unies." (Baietto, 2011)
Arbeitslosigkeit dürfte allerdings einen besonders hohen Einfluss auf die Lebenszufrieden-heit haben: „Arbeitslosigkeit ist verheerend. Sie reduziert die Lebenszufriedenheit schlag-artig und die Unzufriedenheit wird auch im Durchschnitt nicht sofort überwunden, wenn man wieder Arbeit findet. Ähnlich wirken unter den sozial bedingten Ereignissen nur die Verwitwung (eigene Krankheiten und Tod von Kindern sind andere Kategorien)" (Wagner, 2009, S. 797)
Gleichheit wirkt zweifach auf die Lebenszufriedenheit: Einerseits, da für jemanden, der arm ist, ein Euro mehr mehr wert ist als für jemanden, der reich ist. Andererseits, da dadurch soziale Spannungen reduziert werden. (vgl. Helliwell et al., 2013, S. 70f.)
Warum Gleichheit Glück bedeutet und gerechte Gesellschaften besser für alle sind, erläu-tern Wilkinson & Pickett (2010) auf Basis empirischer Untersuchungen.

In der nachfolgenden Abbildung 2 wird gezeigt, wie das individuelle Wohlergehen mit der Nachhaltigkeit des Wohlergehens über die Zeit verbunden ist und wie der Zusammenhang mit dem BIP aussieht. Um die Nachhaltigkeit des Wohlergehens über die Zeit zu gewährleisten, ist dabei der Aufbau, der Erhalt und die Weiterentwicklung diverser interdependenter Kapitalien (natürliches Kapital, ökonomisches Kapital, Human- und Sozialkapital) erforderlich.

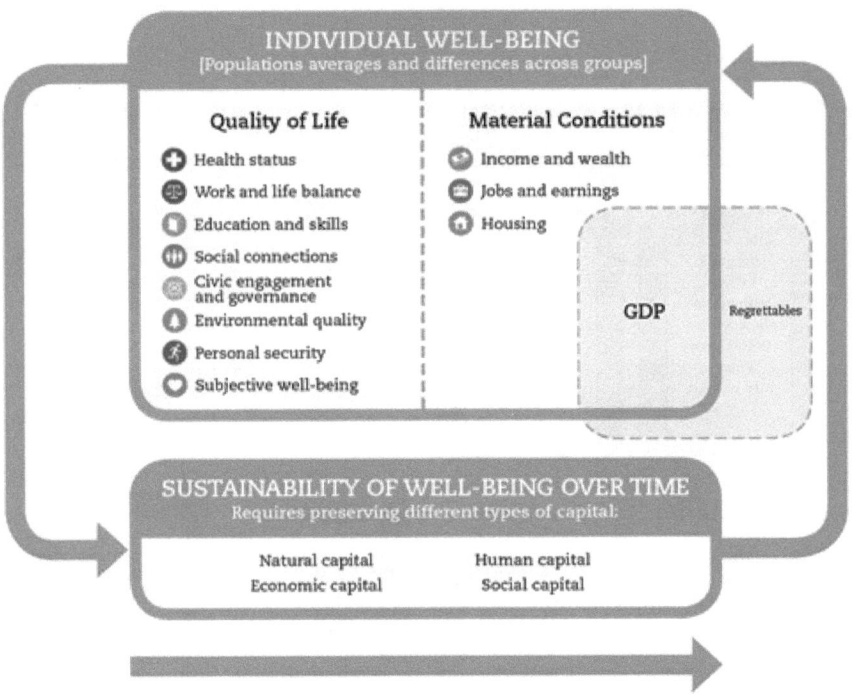

Abb. 2: Zusammenhang zwischen individuellem Wohlergehen, Wohlergehen über die Zeit und Bruttoinlandsprodukt (BIP) (Wikiprogress, 2014)

Die nachstehende Abbildung 3 zeigt eine Gegenüberstellung des BIP pro Kopf zu Kaufkraftparitäten mit dem Wohlergehen, wie es durch den *BLI* der OECD gemessen wird. Dabei wird offensichtlich, dass das kaufkraftbereinigte BIP pro Kopf zwar eine recht hohe Korrelation mit dem *BLI* aufweist, aber eben auch andere Faktoren eine wichtige Rolle spielen.

So fällt etwa Österreich trotz eines recht hohen kaufkraftbereinigten BIPs pro Kopf beim *BLI* insbesondere hinter die nordischen Länder in Europa zurück.

Die hohen Zufriedenheitswerte in den skandinavischen Gesellschaften werden in der Literatur auf das hohe Vertrauen zueinander, die geringe Einkommensungleichheit und auf eine eher positive Sichtweise des täglichen Lebens zurückgeführt. (vgl. Greve, 2010, S. 132, 144)

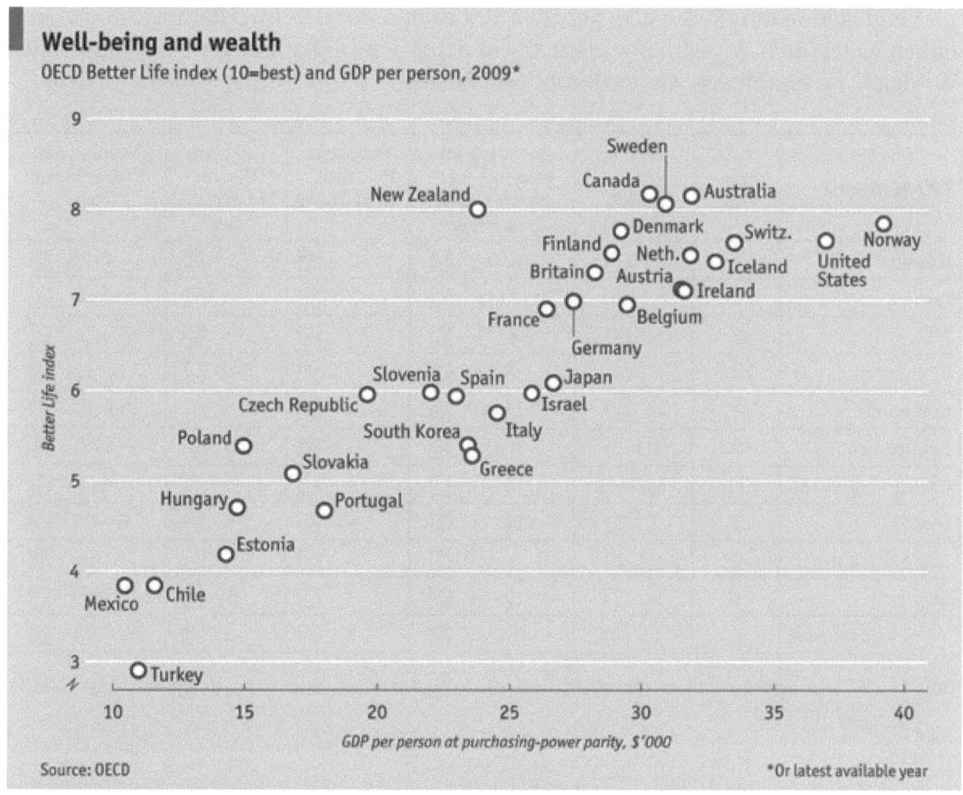

Abb. 3: Reichtum (BIP pro Kopf zu Kaufkraftparitäten) und Wohlergehen (OECD-*BLI*) (The Economist online, 2011)

Der *BLI* versucht als interaktives Instrument, BürgerInnen dazu zu bewegen, an der Diskussion teilzunehmen, was in ihrem Leben am meisten zählt und was Regierungen tun sollten, um das Wohlergehen zu verbessern, indem sie die Messkategorien individuell gewichten können, um so kombinierte Messgrößen des Wohlergehens der Menschen (als auch von Frauen und Männern separat) in den verschiedenen Ländern zu ermitteln und miteinander zu vergleichen. Es zeigt sich, dass die Nutzer, die sich damit einverstanden erklärt haben, ihre Resultate zu teilen, die Dimensionen Gesundheit, Lebenszufriedenheit und Bildung am stärksten gewichten, und zwar unabhängig vom Land, aus dem sie stammen.[20]

---

20 Auf Basis der 1.446 in Österreich publik gemachten Resultate wurde den Kategorien Gesundheit, Lebenszufriedenheit, Umwelt und Bildung (in dieser Reihenfolge) der höchste Stellenwert beigemessen. Unter den Antwortenden waren in Österreich 69% Männer und die Altersgruppe 25–34 Jahre mit 32% am stärksten vertreten (OECD, 2014c). Insgesamt haben bisher 60.000 Menschen aus 180 Ländern und Territorien ihre *BLIs* geteilt. Bis Ende 2014 sollen 100.000 TeilerInnen erreicht werden (OECD, 2014b).
Es zeigt sich, dass es nur geringe Unterschiede zwischen den Resultaten der beiden Geschlechter gibt und auch keine signifikanten Differenzen zwischen den Ergebnissen der verschiedenen Generationen (vgl. Gooch, 2012, S. 2).

Vergleicht man nun die angegebenen Prioritäten mit den in Österreich in den einzelnen Kategorien erreichten Werten sowie deren jeweiligen Rang im internationalen Vergleich, so ergibt sich die nachstehende Tabelle:

BLI-Kategorie	Priorität	Wert (Skala 0–10) (Rang)	Ranking im internat. Vergleich (1–36) (rel. Rang)	Differenz Priorität – Wert-Rang	Differenz Priorität – int. Ranking	Summe der Differenzen (Rang)
Housing	7	5,8 (9)	22 (9) ■	-2 ■	-2 ■	-4 (7) ■
Income	9	5,0 (11)	9 (4) ☐	-2 ■	+5 ☐	+3 (4) ☐
Jobs	8	8,6 (4)	5 (2) ☐	+4 ☐	+6 ☐	+10 (2) ☐
Community	10	9,7 (1)	5 (2) ☐	+9 ☐	+8 ☐	+17 (1) ☐
Education	4	6,7 (7)	22 (9) ■	-3 ■	-5 ■	-8 (9) ■
Environment	3	7,3 (6)	20 (8) ■	-3 ■	-5 ■	-8 (9) ■
Civic Engagement	11	5,6 (10)	15 (6) ☐	+1 ☐	+5 ☐	+6 (3) ☐
Health	1	7,7 (5)	19 (7) ■	-4 ■	-6 ■	-10 (11) ■
Life Satisfaction	2	9,1 (2)	6 (1) ☐	0 ☐	+1 ☐	+1 (6) ☐
Safety	5	9,1 (2)	13 (5) ☐	+3 ☐	0 ☐	+3 (4) ☐
Work-Life Balance	6	5,9 (8)	26 (11) ■	-2 ■	-5 ■	-7 (8) ■

Tab. 1:   *BLI*-Kategorien: Priorität, Wert und Ranking im internationalen Vergleich (vgl. OECD, 2014b; c; d)

Analysiert man nun die erhaltenen Ergebnisse, so fällt auf, dass die Bereiche Gesundheit, Bildung, Umwelt, Work-Life-Balance und Wohnen sowohl im innerösterreichischen als auch im internationalen Vergleich im Vergleich zu den angegebenen Prioritäten nicht so gut abschneiden wie gewünscht.

Vorteilhafte Ergebnisse im Vergleich zu den angegebenen Prioritäten erhält man für Österreich hingegen bei den Kategorien Gemeinschaft, Jobs, Zivilengagement, Sicherheit, Einkommen und Lebenszufriedenheit.

In der nachstehenden Abbildung 4, in der die 11 Dimensionen des Gemeinwohls zu vier Hauptbereichen zusammengefasst wurden, ist nicht nur der Beitrag dieser vier Hauptbereiche zum erreichten Wert des *Better Life Index* ersichtlich, bei dem Österreich nur im Mittelfeld landet (Platz 16 von 36 insgesamt), sondern auch wie es dem obersten und dem untersten Quintil der Bevölkerung hinsichtlich des Wohlbefindens jeweils ergangen ist. Diesbezüglich wies etwa die USA eine sehr hohe Ungleichheit aus, obwohl sie den zweithöchsten *Better Life Index*-Wert erreichte.[21]

---

21   Eine Gegenüberstellung von Einkommensungleichheit (in Form des Gini-Koeffizienten) und Lebenszufriedenheit im nationalen Vergleich findet sich in Ruckriegel (2012b, S. 105, Abb. 3). „Es wundert somit nicht, dass auch die subjektiven Zufriedenheitswerte entscheidend von der Einkommenshierarchie geprägt werden, was im Übrigen unabhängig vom jeweiligen Niveau des Durchschnittseinkommens weltweit beobachtbar ist, sobald die materiellen Grundbedürfnisse abgedeckt sind [...]" (Ruckriegel, 2012a, S. 133).
Wie Arbeitslosigkeit, Inflation und Einkommensunterschiede unsere Lebenszufriedenheit beeinflussen, erläutern Frey & Frey-Marti (2010, S. 63–78).

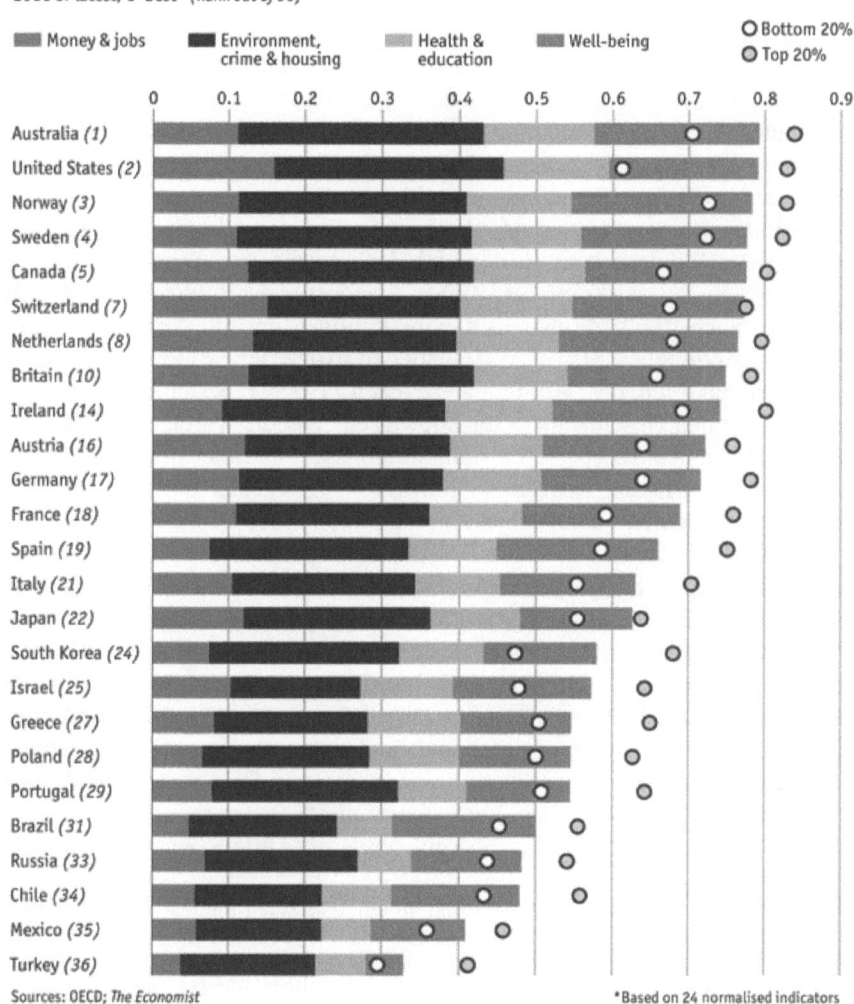

Better-life index

2011 or latest, 1=best* *(Rank out of 36)*

Abb. 4: Better Life Index 2011 inkl. Ungleichheit (oberstes und unterstes Quintil) (The Economist Online, 2012)

Die von der OECD im November 2013 zum zweiten Mal herausgegeben Studie *„How's life 2013? Measuring well-being"* bietet ein umfassendes Bild von dem, was das Leben von Menschen in 39 Ländern ausmacht (OECD, 2013a; die erste How's life?-Studie wurde von der OECD am 12. Oktober 2011 publiziert; vgl. spezifisch zu Österreich OECD, 2013b). Der Report bewertet die 11 spezifischen Lebensaspekte des *BLI* (vgl. dazu im Detail OECD, 2013a, S. 17–70).[22] Die Studie legt dabei das

---

22 Generell will die OECD Messgrößen in drei Bereichen weiterentwickeln, und zwar betreffend die materiellen Ressourcen, die nicht-monetären Aspekte der Lebensqualität und die Nachhaltigkeit (OECD, 2012, S. 3). Die OECD weist hier aber durchwegs darauf hin, dass

Schwergewicht auf Haushalte und Individuen und nicht auf die Gesamtentwicklung der Ökonomie. OECD-Länder mit niedrigem Einkommen weisen etwa eine hohe Lebenszufriedenheit und eine gute Work-Life-Balance auf, während Länder mit höherem Einkommen eine schlechtere Work-Life-Balance haben. Menschen mit geringerer Bildung und niedrigem Einkommen schneiden in fast allen Dimensionen des Wohlergehens schlechter ab als ihre besser gestellten MitbürgerInnen. Sie weisen eine schlechtere Gesundheit und eine geringere Partizipation in der Gemeinschaft auf und erfahren eine geringere Lebenszufriedenheit. Diversitäten kommt somit sowohl zwischen Ländern als auch innerhalb einzelner Staaten vor.

In der neuen Studie *„How's life 2013? Measuring well-being"* wurde u.a. der Entwicklung des Wohlergehens in der globalen Finanz- und Wirtschaftskrise nachgegangen: In den am stärksten betroffenen Ländern sank (neben den wirtschaftlichen Größen) auch das Vertrauen in die Institutionen und die Lebenszufriedenheit, während die individuellen Stresslevels anstiegen. Außerdem wurden hinsichtlich der verschiedenen Faktoren des Wohlergehens nach wie vor bestehende Unterschiede zwischen den beiden Geschlechtern nachgewiesen. Weiters wurden erste Schritte unternommen, um anhand geeigneter Indikatoren die vieldimensionale Qualität von Arbeitsplätzen zu erfassen und das zukünftige Wohlergehen mithilfe der Messung verschiedener Kapitalien (natürliches Kapital, ökonomisches Kapital, Human- und Sozialkapital) abschätzen zu können. Bei Letzterer soll auf der Arbeit der *UNECE-Eurostat-OECD-taskforce on Measuring Sustainable Development* aufgebaut werden (vgl. dazu näher OECD, 2013a, S. 71–206).

Grundsätzlich ist es zu begrüßen, dass man versucht, die herkömmlichen ökonomischen Messgrößen durch neue Indikatoren zu ergänzen, welche die für die Lebenszufriedenheit wichtigsten Bereiche abbilden und so den Zustand und den Fortschritt von Gesellschaften umfassend und integrativ zu zeigen vermögen.[23] Größte Sorgfalt ist dabei auf die Auswahl der relevanten Dimensionen und Variablen zu legen. Ein umfassendes, aber doch überschneidungsfreies und überschaubares Messgrößen-Set ist hier erwünscht. Sowohl wissenschaftliche Kriterien als auch die

---

die Qualität der Daten noch verbessert und an einer besseren internationalen Vergleichbarkeit gearbeitet werden muss (vgl. Helliwell et al., 2013, S. 164–166). Zu diesem Zweck hat die OECD (unter der Ägide des *Committee on Statistics*) am 20.03.2013 *„The Guidelines on Measuring Subjective Well-being"* mit erstmaligen internationalen Empfehlungen betreffend die Sammlung, Veröffentlichung und Analyse subjektiver Wohlergehensdaten herausgegeben. Darin wird auch erläutert, warum Maßnahmen für subjektives Wohlergehen für ein Monitoring und politisches Handeln relevant sind und warum nationale Statistikbehörden eine wichtige Rolle darin spielen, die Brauchbarkeit bestehender Maßgrößen zu verbessern. Inkludiert sind eine Anzahl an prototypischen Umfragemodulen betreffend das subjektive Wohlergehen, die von nationalen und internationalen Organisationen bei der Durchführung ihrer Umfragen verwendet werden können (vgl. OECD, 2013c). Ist einmal die Qualität der erhobenen Messgrößen gewährleistet, können Zeitreihen ermittelt werden. Ist auch die internationale Vergleichbarkeit der Indikatoren gegeben, so können Ländervergleiche angestellt und Panels erhoben werden.

23   „In der vorliegenden Form wird der Indikatorensatz zur Lebenszufriedenheit […] das System der volkswirtschaftlichen Gesamtrechnungen nicht ersetzen, sondern ergänzen. Das mag manchen radikalen Systemkritikern nicht weit genug gehen, das mag anderen als ein unsinniger Schritt weg von dem bewährten System der volkswirtschaftlichen Gesamtrechnungen erscheinen. Beide Extrempositionen dürften jedoch am Ende wenig zielführend sein. Die Indikatoren zur Lebenszufriedenheit sollten dazu dienen, Informationslücken zu beseitigen und den Entscheidungsträgern eine zusätzliche Messgröße an die Hand zu geben, an der sie ihre Politik ausrichten können." (Erber, 2010, S. 839)

Frage der politischen Akzeptanz sind dabei zu berücksichtigen (vgl. Frey & Frey-Marti, 2010, S. 163). Chancen werden sich hinkünftig sicher auch durch die vermehrte Verfügbarkeit von Echtzeitdaten ergeben (vgl. Marber, 2012, S. 80f.).

Gegen die Bereitstellung zusammengesetzter Indikatoren für die Lebenszufriedenheit durch die amtliche Statistik lässt sich einwenden, dass solch ein Gesamtindex aufgrund der unvermeidlichen Gewichtungen der einzelnen Komponenten werturteilsbehaftet ist (vgl. mit weiteren Nachweisen bzgl. der Methoden zur Berechnung zusammengesetzter Indikatoren Erber, 2010, S. 837, Fn. 32). Einzelne Kennzahlen ermöglichen hingegen Detailanalysen und Einzelaussagen. So können aber auch Wahlmöglichkeiten im Sinne eines *trade offs* aufgezeigt werden. Damit wird es für die Wirtschaftspolitik z.B. leichter, Entscheidungen, die ein geringeres Wirtschaftswachstum implizieren, zu vermitteln. Natürlich müssen letztendlich werturteilsbehaftete Entscheidungen getroffen werden.

Die Initiativen hinsichtlich einer umfassenderen Berichterstattung bzgl. des menschlichen Wohlergehens sind aber natürlich nicht nur auf die OECD beschränkt:

Mitte Juli 2011 forderte die UNO-Generalversammlung (auf Antrag Bhutans) alle Länder auf, Glück und Wohlergehen künftig auch als explizites Ziel ihres politischen Wirkens zu verfolgen. Zur gleichen Zeit hat auch das EU-Parlament eine ähnliche Resolution angenommen (vgl. Ruckriegel, 2012a, S. 134).

Die UNO selbst veröffentlicht jährlich den *Human Development Index* (*HDI*), der sich aus dem geometrischen Mittel eines Bildungs-, Lebenserwartungs- und Einkommensindex ergibt, seit 2010 neu berechnet wird und Werte zwischen 0 und 1 annehmen kann.[24] Österreich liegt hier mit einem *HDI* iHv 0,895 aktuell an 18. Stelle – in den letzten Jahren hat Norwegen die Liste angeführt (vgl. Wikipedia, 2014d). Damit ist der *HDI* der UNO jedoch bei weitem nicht so umfassend ausgestaltet wie der *BLI* der OECD.

Im Rahmen einer *Feasibility Study for Well-Being Indicators* hat die europäische Statistikbehörde *Eurostat* einen EU-weiten Indikatorensatz zur Messung der Lebenszufriedenheit entwickelt, der 40 sowohl objektive als auch subjektive Messgrößen aus fünf Lebensbereichen (physiologische Bedürfnisse, Sicherheit und Geborgenheit, individuell bewertete Aktivitäten, Beziehungsgeflecht und Zugehörigkeit sowie Kompetenz und Selbstwertschätzung) enthält.[25] Der Ergebnisindikator für die Lebenszufriedenheit der *Eurostat*-Studie hat das Akronym *SALY* (*Satisfaction Adjusted Life Expectancy* – Lebenszufriedenheit korrigierte Lebenserwartung).[26] Ein Ländervergleich zeigt dabei, dass die Höhe des kaufkraftbereinigten Pro-Kopf-Einkommens keineswegs vollständig mit der Höhe von *SALY* korreliert. Weiters zeigt sich, dass kein enger Zusammenhang zwischen dem Anstieg des Pro-Kopf-Einkommens und der Veränderung der um die Lebenszufriedenheit

---

24 Weiters hat sich die UNO *Millennium Development Goals* gesetzt, um extreme Armut zu reduzieren. Ab 2015 sollen diese Entwicklungsziele durch weltweite Sustainable Development Goals ergänzt werden (Wikipedia, 2014h).

25 Von den 40 Variablen sind 29 bereits grundsätzlich aus bestehenden Erhebungen vorhanden bzw. könnten modifiziert werden. Neu zu erheben sind hingegen nur elf weitere. Ein Überblick über die Variablen für einen EU-weiten Indikatorensatz zur Messung der Lebenszufriedenheit findet sich etwa bei Erber (2010, S. 836).

26 *SALY*, die Lebenszufriedenheit-korrigierte Lebenserwartung, kann nach einer Methode von Ruut Veenhoven mittels folgender Definitionsgleichung berechnet werden: $SALY_t = LEXP * LSAT_t$, wobei LEXP die Lebenserwartung zum Zeitpunkt der Geburt ist und LSAT die Lebenszufriedenheit zum jeweiligen Zeitpunkt kennzeichnet. (Veenhoven, 2007)

korrigierten Lebenserwartung feststellbar ist. Nur bei starkem Anstieg des Pro-Kopf-Einkommens scheint ein statistisch positiver Zusammenhang zum *SALY*-Indikator zu bestehen, was als Hinweis auf die empirische Gültigkeit des oben angeführten *Easterlin*-Paradoxons gewertet werden kann (vgl. Erber, 2010, S. 837f.). Der im November 2011 von einer hochrangig besetzten *Eurostat*-Arbeitsgruppe vorgelegte Endbericht zu *„Measuring Progress, Well-being and Sustainable Development"* (vgl. European Statistical System Committee, 2011) wird unmittelbar Eingang in die praktische Arbeit der statistischen Ämter in den einzelnen EU-Ländern finden.

Beim vom britischen Think-Tank *New Economics Foundation* 2006 initiierten und alle drei Jahre veröffentlichten *Happy-Planet-Index* (*HPI*) wird neben der Lebenserwartung und der persönlichen Lebenszufriedenheit auch noch der ökologische Fußabdruck als drittes Bewertungskriterium miteinbezogen. Österreich lag hier 2012 an 48. Stelle und damit im Mittelfeld von insgesamt 111 teilnehmenden Ländern; angeführt wird diese Liste von Staaten aus Mittelamerika. (Vgl. Wikipedia, 2014e; Ruckriegel, 2010, S. 1143)

Seit 1981 wurde im Zuge der *World Values Survey*, die von Ron Inglehart, einem Sozialwissenschaftler der Universität Michigan, initiiert wurde, und in der ein weltweites Netzwerk von Sozialwissenschaftlern nationale Umfragen in fast 100 Länder durchgeführt hat, um persönliche Werte und Einstellungen von Menschen zu erheben und zu eruieren, wie sich diese über die Zeit hinweg verändern, und welche Auswirkungen sich auf die Gesellschaft und die Politik ergeben könnten, u.a. auch ein Index des persönlichen Wohlergehens (generelle Lebenszufriedenheit) erhoben. In 45 der 52 Länder, für die Langzeitdaten vorliegen, ist die Glücklichkeit und Lebenszufriedenheit im Zeitraum 1981–2007 gestiegen, was v.a. der Demokratisierung, der wirtschaftlichen Entwicklung und der steigenden gesellschaftlichen Toleranz geschuldet ist. (Wikipedia, 2014f)[27]

Maße der Lebenszufriedenheit werden außerdem auch über die *European Social Survey* und die *Gallup World Poll* erhoben.

Der *Global Competitiveness Report* (*GCR*), der jährlich vom *World Economic Forum* (*WEF*) publiziert wird, beinhaltet seit 2004 ein Ranking von Ländern anhand des *Global Competitiveness Index*, der makro- und mikroökonomische Faktoren der Wettbewerbsfähigkeit miteinander kombiniert. Seit einigen Jahren führt die Schweiz dieses Ranking an (vgl. Wikipedia, 2014g).

Aber auch das *World Economic Forum* hat erkannt, dass es immer wichtiger wird, die Zusammenhänge zwischen wirtschaftlicher Wettbewerbsfähigkeit einerseits und sozialer und ökologischer Nachhaltigkeit andererseits besser zu verstehen, was einer Weiterentwicklung des *Global Competitiveness Index* hin zu einem sogenannten *Sustainability-Adjusted Global Competitiveness Index* bedarf: Dieser neue Maßstab hat als Ziel, *„the set of institutions, policies and factors that make a nation remain productive over the longer term while ensuring social and environmental sustainability"* zu bewerten. Der *Global Competitiveness Index* soll mithin um zwei weitere Säulen ergänzt werden, den *social sustainability pillar* (der *„the set of institutions, policies and factors that enable all members of society to experience the best possible health, participation and security; and to maximize their potential to*

---

27 Eine der bemerkenswertesten Veränderungen, die gemessen werden konnten, war der Rückgang an Lebenszufriedenheit in Russland und vielen anderen ex-kommunistischen Staaten in den 1990er-Jahren.

contribute to and benefit from the economic prosperity of the country in which they live" misst) und den *environmental sustainability pillar* (der *„the institutions, policies and factors that ensure an efficient management of resources to enable prosperity for present and future generations"* misst). (vgl. im Detail Schwab, 2014, S. 53–77; zur Berechnung und den Datenquellen s. ebd., S. 78–82)

Das konzeptionelle Rahmenkonzept wird in der nachstehenden Abbildung 5 dargestellt:

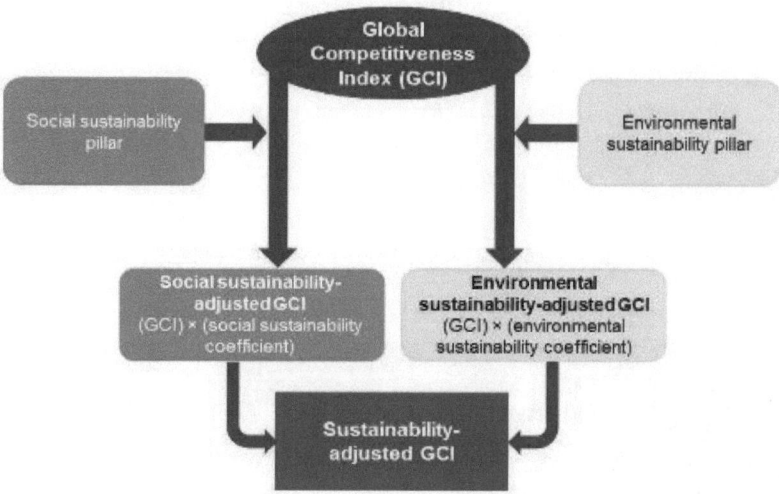

Abb. 5: Sustainability-Adjusted Global Competitiveness Index (World Economic Forum, 2014)

Die mangelnde Verfügbarkeit hoch-qualitativer Daten und das noch zu geringe evidenzbasierte Verständnis der komplizierten Zusammenhänge zwischen der Wettbewerbsfähigkeit, der ökologischen und der sozialen Nachhaltigkeit mindern derzeit noch die Aussagekraft der gezogenen Schlussfolgerungen, sodass es sich hier um *work in progress* handelt. Nichtsdestotrotz ist es bemerkenswert, dass etwa Österreich vom 16. auf den 7. Platz (unter 147 bewerteten Ländern) vorstößt, wenn man den *Sustainability-Adjusted Global Competitiveness Index* statt des *Global Competitiveness Index* zugrunde legt (vgl. Schwab, 2014, S. 68).

Einen noch radikaleren Ansatz, der die Eigeninteressen der Länder ausblendet und auf die Bemühungen um eine gemeinsame, weltumspannende Solidarität fokussiert, hat der unabhängige Politikberater Simon Anholt am 24.06.2014 in Form des sogenannten *Good Country Index* präsentiert, der Staaten danach reiht, wie viel sie global für andere tun. Dabei werden 35 Sets an Daten zugrunde gelegt, die dann in sieben Bereichen zusammengefasst werden:

The good country index
2014, *rank out of 125 countries*

	OVERALL RANK	SCIENCE & TECHNOLOGY	CULTURE	INTERNATIONAL PEACE & SECURITY	WORLD ORDER	PLANET & CLIMATE	PROSPERITY & EQUALITY	HEALTH & WELLBEING
Ireland	1	Britain	Belgium	Egypt	Germany	Iceland	Ireland	Spain
Finland	2	Austria	Netherlands	Jordan	Austria	Canada	Switzerland	Netherlands
Switzerland	3	Cyprus	Malta	Tanzania	Netherlands	Sweden	Finland	Belgium
Netherlands	4	Czech Rep.	Austria	Lesotho	Ireland	Norway	Sweden	Canada
New Zealand	5	Israel	Germany	Uruguay	Denmark	Brazil	Belgium	Denmark
Sweden	6	Switzerland	Estonia	Togo	Malta	Australia	Ghana	Britain
Britain	7	Finland	Ireland	Benin	Norway	New Zealand	Singapore	United States
Norway	8	Sweden	Czech Rep.	Paraguay	Sweden	Congo	Netherlands	Sweden
Denmark	9	Hungary	Denmark	Nigeria	Britain	Uganda	Britain	Ireland
Belgium	10	New Zealand	Luxembourg	Ecuador	Switzerland	France	Malaysia	Switzerland
Yemen	116	Bolivia	Iraq	Portugal	Angola	Libya	Madagascar	Lesotho
Venezuela	117	Venezuela	Venezuela	Ukraine	Cambodia	Bangladesh	India	Congo-Braz.
Benin	118	Sudan*	Laos	Sudan*	Qatar	Belarus	Laos	Venezuela
Indonesia	119	Cambodia	Iran	South Korea	Saudi Arabia	Macedonia	Libya	Zimbabwe
Zimbabwe	120	Paraguay	Cameroon	Spain	Rwanda	Ukraine	Iraq	Namibia
Angola	121	Congo-Braz.	Rwanda	Czech Rep.	Singapore	Benin	South Africa	Mongolia
Azerbaijan	122	Indonesia	Yemen	Azerbaijan	U.A.E.	Mauritius	Algeria	Mozambique
Iraq	123	Libya	Congo	Hungary	Vietnam	Vietnam	Brazil	Libya
Vietnam	124	Angola	Libya	Latvia	Iraq	Serbia	Venezuela	Zambia
Libya	125	Iraq	Sudan*	Lithuania	Oman	Zimbabwe	Paraguay	Cameroon

Source: goodcountry.org   *Including South Sudan

Economist.com/graphicdetail

Abb. 6: The good country index (P.,W. & C., 2014)

Österreich nimmt (erstaunlicherweise) Platz 2 in den Bereichen Wissenschaft & Technologie und Weltordnung ein, und auch bei der Kultur wird ein guter 4. Platz erreicht. Nur Platz 104 geht sich hingegen beim Beitrag zum internationalen Frieden und zur globalen Sicherheit aus. Im Gesamtranking landet Österreich unter 125 teilnehmenden Ländern auf Platz 14 (vgl. Anholt, 2014).

Die dem *Good Country Index* zugrunde liegende Idee ist sicherlich clever, die konkrete Ausführung gestaltet sich aber schwierig: Der Index skaliert z.B. oft auf Basis des BIPs, um armen Ländern eine Chance gegenüber reicheren zu geben. Im Bereich internationaler Frieden und globale Sicherheit werden jene Staaten bestraft, die in bewaffnete Konflikte im Ausland involviert sind und/oder Waffen verkaufen, obwohl man auch argumentieren könnte, dass damit zur Stabilität der Welt beigetragen wird. Trotzdem stellt dieser neue Index eine wertvolle Bereicherung dar, da er aufzeigt, wie Länder dastehen, wenn sie sich untereinander daran messen würden, wie stark sie sich darum bemühen, den anderen zu dienen (vgl. P.,W. & C., 2014).

Auf die zahllosen nationalen und weiteren internationalen Initiativen, die es mittlerweile gibt, kann an dieser Stelle nicht eingegangen werden.

3. Zusammenfassung und Ausblick auf Initiativen zum Nachhaltigkeitsreporting auf Organisationsebene

Traditionelle wirtschaftliche Kennzahlen, wie z.B. das Bruttoinlandsprodukt (BIP), reichen nicht aus, wenn es um die Steuerung von Gesellschaften geht. Insbesondere die ökologische und soziale Nachhaltigkeit kommen dabei zu kurz. Letztendlich sollte das Wohlergehen im Sinne der Lebenszufriedenheit und Glücklichkeit der Menschen im Vordergrund allen Handelns stehen, woraus sich ein eigener VWL-Zweig, die Glücksökonomie entwickelt hat.

Aus den angeführten Gründen wurden in den letzten Jahren sowohl auf nationaler als auch auf internationaler Ebene umfassendere Kennzahlen(systeme) entwickelt, die als Ergänzung zu den traditionellen wirtschaftlichen Leistungsindikatoren anzusehen sind.

Der weltweit derzeit wohl bedeutendste diesbezügliche Versuch stammt von der OECD mit ihrer *Better Life Initiative.* Im Rahmen des *Better Life Index* (*BLI*) wurden hierbei 11 Dimensionen des Wohlergehens festgelegt, die durch adäquate Indikatoren operationalisiert werden. Dabei handelt es sich um ein offenes Kennzahlensystem, welches als *dashboard* für die Einschätzung des Wohlergehens eines Landes verwendet werden kann. In Form des *Your Better Life Index* besteht für den Einzelnen auch die Möglichkeit, die Gewichtung der 11 Kategorien interaktiv festzulegen und diese Präferenzen mit anderen zu teilen. Anhand dieser individuellen Gewichtung können aggregierte Werte ermittelt und so den eigenen Präferenzen entsprechende Länderrankings erstellt werden. Auf Basis der hinsichtlich der Gewichtung der 11 Dimensionen des Wohlergehens gegebenen Antworten sind auch Ländervergleiche hinsichtlich der Gewichtungen der Kategorien möglich, die etwas über die Präferenzen der BürgerInnen der einzelnen Nationalstaaten aussagen und somit auch als Leitlinien des politischen Handelns dienen können. Die von den einzelnen Ländern erzielten Kategorien- und Indikatorenwerte lassen sich aber auch einzeln mit jenen anderer Länder vergleichen.

Im Bericht *How's life 2013? Measuring well-being* finden sich Analysen zu aktuellen Themen und zukünftigen Weiterentwicklungen des *BLI.*

Auch der vom *World Economic Forum* seit 2011 entwickelte *Sustainability-Adjusted Global Competitiveness Index* versucht neben der wirtschaftlichen Wettbewerbsfähigkeit auch die ökologische und soziale Nachhaltigkeit mit zu berücksichtigen und diese drei Bereiche zu einer einzigen, aussagekräftigen Kennzahl zusammenzuführen, was doch zu einigen Veränderungen im Länderranking führt.

In beiden Fällen sind die mangelnde Verfügbarkeit hoch-qualitativer und international vergleichbarer Daten und das noch zu geringe evidenzbasierte Verständnis der komplizierten Zusammenhänge zwischen den einzelnen Kategorien und Leistungsindikatoren bzw. der wirtschaftlichen Wettbewerbsfähigkeit, der ökologischen und der sozialen Nachhaltigkeit ein Thema. Bei Letzterem geht es um das

Erkennen von Vernetzungen im Sinne von Korrelationen und Kausalitäten, die eine Aggregation der Werte zu einer einzigen Kennzahl ermöglichen würde. Da die o.a. Ansätze noch recht jung sind und kontinuierlich weiterentwickelt werden, ist davon auszugehen, dass die Aussagekraft der aus den erhaltenen Ergebnissen gezogenen Schlussfolgerungen in den nächsten Jahren weiter steigen wird.

Es ist davon auszugehen, dass diese umfassenderen Kennzahlensysteme zukünftig einen festen Platz neben den traditionellen wirtschaftlichen Leistungsindikatoren einnehmen werden. Es bleibt zu hoffen, dass nicht nur die Berichterstattung über die wirtschaftliche Leistungsfähigkeit und den gesellschaftlichen Fortschritt damit umfassender und ausgewogener, sondern auch das Denken und Handeln der verschiedenen Akteure holistischer und damit ausbalancierter wird. Denn wie hat es Ben Bernanke, bis Ende Januar 2014 Chef der US-Zentralbank FED, im August 2012 so schön formuliert: *„The ultimate purpose of economics, of course, is to understand and promote the enhancement of wellbeing."* (Bernanke, 2012, S. 2)

Nicht zu vergessen ist zuletzt, dass es entsprechender Anstrengungen nicht nur auf der Makroebene, sondern auch auf der Meso- und der Mikroebene und einer bestmöglichen Abstimmung zwischen diesen bedarf.

Auf der Ebene der einzelnen Organisationen ist u.a. das vom *International Integrated Reporting Council* (IIRC) im Dezember 2013 herausgegebene *Integrated Reporting Framework* (IR-Framework) als weltweites Projekt einer umfassenderen, freiwilligen Berichterstattung im Sinne eines *„tripple bottom line"*-Reportings (wenngleich nun mit klarer Ausrichtung an den Interessen der Kapitalgeber) zu nennen. Das vom IIRC verabschiedete IR-Framework hat das Potenzial, die Unternehmensberichterstattung als eine adäquate Reaktion auf gesellschaftliche Veränderungen weltweit zu verändern. Es ist das überraschend schnelle Ergebnis eines intensiven Diskussions- und Entwicklungsprozesses einer Multi-Stakeholder-Initiative, die grenzüberschreitend eine beeindruckende fachpolitische Unterstützung erfahren hat. Mit dem Framework macht das IIRC deutlich, dass es Integrated Reporting (IR) nicht nur als Konzept zur Verbesserung der Kapitalmarktkommunikation von Unternehmen, sondern als gebotene Form einer zeitgemäßen Corporate Governance eines Unternehmens versteht. Das bedeutet, dass alle wesentlichen Ressourcenverbräuche und Umfeldimplikationen der Unternehmenstätigkeit in der Unternehmensführung, d.h. bei strategischen und operativen Entscheidungen sowie Handlungen, zu berücksichtigen sind, was natürlich auch eine Erfassung entsprechender Sachverhalte und die Entwicklung adäquater Messkriterien in den internen Berichtsprozessen bedingt. Die sich daraus ergebende Notwendigkeit der Erfassung von nicht monetär messbaren bzw. nur eingeschränkt objektivierbaren Faktoren führt zwangsläufig zu großen Herausforderungen bei den Institutionen, die sich entweder unternehmensintern (Interne Revision, Compliance-Abteilungen, Kontrollsysteme etc.) oder unternehmensextern (insbesondere Wirtschaftsprüfer) mit der Prüfung von Berichtsinhalten beschäftigen. Hier sind für die Zukunft sicherlich (zum Teil) neue Prüfungskonzepte, -methoden, -handlungen bzw. -aussagen gefordert (vgl. Haller & Zellner, 2014, S. 257).

Das IR-Framework strahlt aber auch deutlich in die Arbeit der tradierten Normensetzer aus. Denn einerseits sollten auf internationaler Ebene Institutionen wie das *International Accounting Standards Board* (*IASB*), die *Global Reporting Initiative* (*GRI*) oder die *International Federation of Accountants* (*IFAC*), die allesamt die Entwicklung des Framework maßgeblich unterstützt haben, in ihren Standardisierungsarbeiten berücksichtigen, dass mit dem Integrated Report (IRep) ein zusätzlicher Berichtstyp mit eigenständigen Berichtsinhalten existiert, der sich (teilweise) der Daten bedient, die sich aus ihren Normierungsarbeiten ergeben, und dem (ebenfalls) die Aufgabe zu Teil wird, den Informations- und Entscheidungsnutzen für die Berichtsadressaten, die im Wesentlichen die Kapitalgeber sind, zu verbessern. Im Sinne einer auch im Bereich der Standardsetzung zu fordernden Ressourceneffizienz sowie einer für alle Beteiligten hilfreichen inhaltlichen Abstimmung und Konvergenz der Berichtspflichten erscheint eine Berücksichtigung des IR-Framework im Rahmen der angestammten Standardisierungsarbeiten als absolut geboten. Andererseits liegen aber auch Ausstrahlungswirkungen auf die regionale bzw. nationale Normierung der Unternehmensberichterstattung nahe; so z.B. im Rahmen der Einführung entsprechender Regelungen zum IR oder in Form von Änderungen von Einzelregelungen bzw. (lediglich) Interpretationen im Hinblick auf die Lageberichterstattung auf EU- bzw. nationaler Ebene (vgl. Haller & Zellner, 2014, S. 257f.).

Unabhängig von diesen Umsetzungsentscheidungen in Bezug auf den IRep zeichnet sich allerdings (auch im IR-Framework) bereits heute klar ab, dass der integrierte Bericht weder die Finanzberichterstattung noch die Nachhaltigkeitsberichterstattung verdrängen bzw. ersetzen wird. Stattdessen kommt ihm die Funktion zu, diese Berichterstattungstypen zu komplementieren, indem er sich auf die Darstellung der wichtigsten Komponenten und deren Interdependenzen konzentriert, die dafür entscheidend sind, ob, und wenn ja, wie lange, ein Unternehmen in der Lage ist, Wert zu schaffen (vgl. Haller & Zellner, 2014, S. 258).[28]

Auf der Ebene der EU ist der Vorschlag zu einer Änderungsrichtlinie zur verpflichtenden Offenlegung von nichtfinanziellen Informationen – inkl. der Angabe entsprechender Leistungsindikatoren zu ökologischen und sozialen Belangen – im (konsolidierten) Lagebericht zu erwähnen, die Ende September 2014 beschlossen werden soll, innerhalb von zwei Jahren in nationales Recht umzusetzen ist und für große Unternehmen und Konzerne dann ab 2017 verpflichtend gelten soll (Europäisches Parlament, 2014). Damit soll der Übergang zu einer nachhaltigen globalen Wirtschaft, in der langfristige wirtschaftliche Rentabilität mit sozialer Gerechtigkeit und Umweltschutz verbunden wird, unterstützt werden. Mittels eines prinzipienbasierten Ansatzes soll sowohl die Flexibilität als auch die Konsistenz und Vergleichbarkeit der bereitgestellten nichtfinanziellen Informationen gewährleistet werden. Interessant dabei ist, dass der jeweilige Mitgliedsstaat den berichterstattenden Unternehmen ein Wahlrecht einräumen kann, einen gesonderten, befreiend wirkenden Bericht nach einem nationalen, europäischen oder internationalen Rahmenwerk zu erstellen, der dann auch über die Homepage des Unternehmens veröffentlicht werden kann. Den Mitgliedsstaaten ist es freigestellt, den betroffenen Unternehmen(sgruppen) eine externe Überprüfung der bereit gestellten, nichtfinanziellen Informationen in ökologischen und sozialen Belangen vorzuschreiben.

---

28 Jüngste empirische Untersuchungen zeigen, dass bereits viele Berichtselemente für einen Integrated Report vorhanden sind, Interdependenzen zwischen den einzelnen wertrelevanten Faktoren in der Unternehmensberichterstattung bisher jedoch kaum hergestellt werden (vgl. Aschauer, Dreisbach & Gaggl, 2014 und Haller & Fuhrmann, 2013). Vgl. zur „connectivity of information" Kajüter, Blaesing & Hannen (2013).

Für den besonderen Kreis der großen kapitalmarktorientierten Unternehmen besteht darüber hinaus auch noch die Verpflichtung, in der Erklärung zur Unternehmensführung Angaben zur Diversitätspolitik in Hinblick auf die personelle Zusammensetzung der Verwaltungs-, Leitungs- und Aufsichtsorgane des Unternehmens zu machen. Indem man so dem gleichgerichteten Denken der Organmitglieder (Gruppendenken) entgegenwirkt, sollen die Entscheidungen der Geschäftsleitung kritisch-konstruktiv hinterfragt werden und eine größere Aufgeschlossenheit für innovative Ideen erreicht werden.

Weiters ist die in Österreich von einigen Organisationen seit 2011 angewendete Gemeinwohl-Bilanz, die einem Multi-Stakeholder-Ansatz folgt, zu nennen (s. dazu Felber, 2012, S. 39–50). Diese misst als zentrale Werte die Menschenwürde, die Solidarität, die ökologische Nachhaltigkeit, die soziale Gerechtigkeit und die demokratische Mitbestimmung und Transparenz bzgl. der verschiedenen Stakeholder-Gruppen mithilfe von derzeit 17 Indikatoren, was eine ausgewogenere Führung von Organisationen bewirken soll. In der qualitativ hochwertigsten Ausbringungsstufe muss die Gemeinwohl-Bilanz auch extern positiv auditiert werden. Mittlerweile erstellen in Österreich bereits 34 Unternehmen eine Gemeinwohlbilanz und lassen diese auch extern prüfen, 22 Organisationen haben ihre Gemeinwohlbilanz einer Peer-Evaluierung unterzogen und 67 Firmen verfügen zumindest über eine vereinfachte Einstiegsbilanz (Verein zur Förderung der Gemeinwohl-Ökonomie, 2014).

Das Gemeinwohlstreben soll auch durch entsprechende externe Anreize incentiviert werden.

Es stellt sich allerdings die Frage, welche nichtmonetären Indikatoren zur Messung des Gemeinwohls herangezogen werden sollen, nach welchen Kriterien die Punktevergabe für die einzelnen nichtfinanziellen Indikatoren erfolgt und wie diese gewichtet werden. Damit ist ungewiss, wie verlässlich die ermittelten Gemeinwohl-Zahlen als Lenkungsgrößen sein können.

Auch auf Unternehmensebene gibt es mithin vielversprechende Ansätze, die in den nächsten Jahren zu einer grundlegenden Neuausrichtung und -gestaltung der externen Berichterstattung führen können.

Sowohl auf volks- als auch auf betriebswirtschaftlicher Ebene können diese neuen Formen einer erweiterten Berichterstattung, die neben ökonomischen Aspekten auch ökologische und soziale Dimensionen mitberücksichtigt und auf Nachhaltigkeit abstellt, ganz entscheidend dazu beitragen, Verantwortung zu übernehmen: zum einen durch umfassendere Informationen, die ein ganzheitliches Bild der Situationen und Entwicklungen zeichnen, in denen sich die verschiedenen Akteure bewegen. Darauf basierend sollten sich informiertere und holistischere Entscheidungen hinsichtlich des eigenen Tuns und Lassens treffen lassen. Zum anderen werden dabei auch explizit die Auswirkungen des eigenen Handelns auf andere Stakeholder (Gesellschaft und Umwelt) mitberücksichtigt, was einer umfassenden Übernahme von Verantwortung gleichkommt. Auch wenn sich bei den vorgestellten neuen Ansätzen „nur" um Berichte handelt, so ist doch anzunehmen, dass die dort behandelten Kenngrößen zu einem *integrated thinking* führen und damit auch in die Entscheidungsfindungen und in weiterer Folge die Handlungen der agierenden Personen einfließen sowie die Basis für eine Evaluierung der Verantwortungsübernahme bilden.[29]

---

29 Beim International Integrated Reporting Council (IIRC) (2013) heißt es auf S. 2: „*the cycle of integrated thinking and reporting, resulting in efficient and productive capital allocation, will act as a force for financial stability and sustainability*".

Literatur

Anholt, S. (2014). *The Good Country Index – Overall Rankings*. Verfügbar unter: http://www.goodcountry.org/ overall [08.07.2014].

Anzenbacher, A. (2003). *Einführung in die Ethik* (3. Aufl.). Düsseldorf: Patmos.

APA (2014). AK-Studie: Finanz dominiert EU-Lobbying. *derStandard.at, 10.04.2014*. Verfügbar unter: http://derstandard.at/1395364821092/AK-Studie-Finanz-dominiert-EU-Lobbying[14.06.2014].

Aschauer, E., Dreisbach, M. & Gaggl, P. (2014). Integrated Reporting im ATX Prime – eine empirische Analyse zur neuen Form der Unternehmensberichterstattung. *Zeitschrift für Recht und Rechnungswesen (RWZ), 24* (5), 155–164.

Baietto, T. (2011). La difficile mesure du bien-être des populations. *Le Monde, 01.06.2011*. Verfügbar unter: http://www.lemonde.fr/economie/article/2011/05/25/la-difficile-mesure-du-bien-etre-des-populations_1527397_3234.html#ens_id=1527182 [14.06.2014].

Bernanke, B.S. (2012). *Economic Measurement*. Remarks by Ben S. Bernanke, Chairman of the Board of Governors of the Federal Reserve System, via prerecorded video to the 32nd General Conference of the International Association for Research in Income and Wealth, 06.08.2012, Cambridge (Massachusetts). Verfügbar unter: http://www.federalreserve.gov/newsevents/speech/bernanke20120806a.pdf [14.07.2014].

Binswanger, M. (2010). *Die Tretmühlen des Glücks. Wir haben immer mehr und werden nicht glücklicher. Was können wir tun?* (5. Aufl.). Freiburg im Breisgau: Herder.

Bishop, M. & Green, M. (2011). We are what we measure. *World Policy Journal, 28* (1), 11–15.

Boecker, M. (2011). *Bäume wachsen nicht in den Himmel*. Vortrag im Rahmen der Tagung „Jetzt aber richtig! Lehren aus der aktuellen Weltkrise", 5.11.2011, Center for Global Learning, Nürnberg.

Bruni, L. & Porta, P.L. (Hrsg.). (2005). *Economics and Happiness – Framing the Analyses*. Oxford: Oxford University Press.

Coyle, D. (2014). *Is GDP still useful?* Verfügbar unter: http://www.oecdbetterlifeindex.org/de/blog-de/is-gdp-still-useful.htm [14.06.2014].

David, P.A. & Reder, M.W. (Hrsg.). (1974). *Nations and Households in Economic Growth. Essays in Honor of Moses Abramovitz*. New York: Academic Press.

Deci, E.L. (1971). Effects of externally mediated rewards on intrinsic motivation. *Journal of Personality and Social Psychology, 18* (1), 105–115.

Deci, E.L. & Ryan, R.M. (1985a). *Intrinsic motivation and self-determination in human behaviour*. New York: Plenum Press.

Deci, E.L. & Ryan, R.M. (1985b). The general causality orientations scale: Self-determination in personality. *Journal of Research in Personality, 19* (1), 109–134.

Diener, E. & Seligman, M. (2004). Beyond Money. Toward an Economy of Well-Being. *Psychological Science in the Public Interest, 5* (1), 1–31.

Dobelli, R. (2012). *Die Kunst des klugen Handelns. 52 Irrwege die Sie besser anderen überlassen*. München: Carl Hanser.

Easterlin, R. (1974). Does Economic Growth Improve the Human Lot? Some Empirical Evidence. In P.A. David & M.W. Reder (Hrsg.), *Nations and Households in Economic Growth. Essays in Honor of Moses Abramovitz* (S. 89–125). New York: Academic Press.

Easterlin, R. (2005). Building a Better Theory of Well-Being. In L. Bruni & P.L. Porta (Hrsg.), *Economics and Happiness – Framing the Analyses* (S. 29–64). Oxford: Oxford University Press.

Erber, G. (2010). Wohlstandsmessung durch Indikatoren zur Lebenszufriedenheit. *Wirtschaftsdienst, 90* (12), 831–839.

Europäisches Parlament (2014). *Standpunkt des Europäischen Parlaments festgelegt in erster Lesung am 15. April 2014 im Hinblick auf den Erlass der Richtlinie 2014/.../ EU des Europäischen Parlaments und des Rates zur Änderung der Richtlinie 2013/34/ EU im Hinblick auf die Offenlegung nichtfinanzieller und die Diversität betreffender Informationen durch bestimmte große Unternehmen und Gruppen.* Verfügbar unter: http://www.europarl.europa.eu/sides/   getDoc.do?pubRef=-//EP//TEXT+TA+P7-TA-2014-0368+0+DOC+XML+V0//DE [07.07.2014].

European Statistical System Committee (2011). *Sponsorship Group on Measuring Progress, Well-being and Sustainable Development.* Verfügbar unter: http://epp.eurostat. ec.europa.eu/portal/page/portal/pgp_ess/0_DOCS/estat/SpG_Final_report_Progress_ wellbeing_and_sustainable_deve.pdf [01.06.2014].

Felber, C. (2012). *Die Gemeinwohl-Ökonomie Erweiterte Neuausgabe.* Wien: Deuticke.

Frey, B.S. & Frey-Marti, C. (2010). *Glück – Die Sicht der Ökonomie.* Zürich/Chur: Rüegger.

Gehmacher, E. (2011). *Sozialkapital – Theorie im Feld der Wissenschaft.* Verfügbar unter: http://www.zukunftburgenland.at/upload/Downloads/tagung/Gehmacher_Sk10115. pdf [14.06.2014].

Gehmacher, E. (o.J.a). *Sozialkapital – Eine Einführung.* Verfügbar unter: http://dioezese-linzold.at/redsys/data/kbw_selba/GEHMACHER_Sozialkapital_Einfuehrung.pdf [14.06.2014].

Gehmacher, E. (o.J.b). *Sozialkapital-Theorie: Die Natur der Größenordnungen.* In: http:// www.foederalismus.at/pdfs/gehmacher.pdf [14.06.2014].

Gooch, A. (2012). Voyage of Discovery. *OECD-Observer, 290-291* (Q1-Q2 2012). Verfügbar unter: http://www.oecdobserver.org/news/fullstory.php/aid/3766/Voyage_of_ discovery.html [14.06.2014].

Greve, B. (Hrsg.). (2010). *Happiness and Social Policy in Europe.* Cheltenham: Edward Elgar.

Guwak, B. & Strolz, M. (2012). *Die vierte Kränkung. Wie wir uns in einer chaotischen Welt zurechtfinden.* Wien: Goldegg.

Haller, A. & Fuhrmann, C. (2013). Die Lageberichterstattung deutscher Unternehmen im Lichte des „Integrated Reporting" – Erste empirische Erkenntnisse. *Zeitschrift für internationale und kapitalmarktorientierte Rechnungslegung (KoR), 13* (5), 243–251.

Haller, A. & Zellner, P. (2014). Integrated Reporting Framework – eine neue Basis für die Weiterentwicklung der Unternehmensberichterstattung. *Der Betrieb, 67* (6), 253–258.

Haring, N. (2012). Messung der wirtschaftlichen Leistung und des gesellschaftlichen Fortschritts. *soziales_kapital, 8,* 1–17. Verfügbar unter: http://www.soziales-kapital.at/ index.php/ sozialeskapital/article/ viewFile/247/390.pdf [14.06.2014].

Hebel, C. & dpa (2014). Umfrage: Ein Drittel der Österreicher sehnt sich nach „starkem Führer". *Spiegel Online, 07.05.2014.* Verfügbar unter: http://www.spiegel.de/ politik/ausland/umfrage-in-oesterreich-jeder-dritte-will-starken-fuehrer-a-968137.html [14.06.2014].

Helliwell, J., Layard, R. & Sachs, J. (Hrsg.). (2013). *World Happiness Report 2012.* Verfügbar unter: http://www.earth.columbia.edu/sitefiles/file/Sachs%20Writing/2012/ World%20Happiness%20Report.pdf [14.06.2014].

Helliwell, J., Layard, R. & Sachs, J. (Hrsg.). (2014). *World Happiness Report 2013.* Verfügbar unter: http://unsdsn.org/wp-content/uploads/2014/02/WorldHappinessReport 2013_online.pdf [30. 05.2014].

International Integrated Reporting Council (IIRC) (2013). *The International <IR> Framework*. Verfügbar unter: http://www.theiirc.org/wp-content/uploads/2013/12/13-12-08-THE-INTERNATIONAL-IR-FRAMEWORK-2-1.pdf [04.05.2014].

Kahneman, D. & Deaton, A. (2010). High income improves evaluation of life but not emotional well-being. *Proceedings of the National Academy of Sciences of the United States of America (PNAS), 107* (38), 16489–16493.

Kahneman, D. & Krueger, A.B. (2006). Developments in the Measurement of Subjective Well-Being. *Journal of Economic Perspectives, 20* (1), 3–24.

Kajüter, P., Blaesing, D. & Hannen, S. (2013). „Connectivity of information" as a key principle of integrated reporting. *Zeitschrift für Internationale Rechnungslegung, 8* (5), 199–205.

Kant, I. (1784). Beantwortung der Frage: Was ist Aufklärung? *Berlinische Monatsschrift, 4*, 481–494.

Liessmann, K.P. (Hrsg.). (2009). *Geld. Was die Welt im Innersten zusammenhält?* (Philosophicum Lech Bd. 12). Wien: Paul Zsolnay.

Liessmann, K.P. (Hrsg.). (2012). *Die Jagd nach dem Glück. Perspektiven und Grenzen guten Lebens* (Philosophicum Lech Bd. 15). Wien: Paul Zsolnay.

Luks, F. (2012). *Irgendwas ist immer. Zur Politik des Aufschubs*. Marburg: Metropolis.

Marber, P. (2012). Brave New Math. *World Policy Journal, 29* (1), 72–81.

Marin, B. (2014). Sonderpensionen: Posse in – vorerst – acht Akten. *derStandard.at, 12.06.2014*. Verfügbar unter: http://derstandard.at/2000001941552/Sonderpensionen-Posse-in-vorerst-acht-Akten [13.06.2014].

Maslow, A.H. (1943). A Theory of Human Motivation. *Psychological Review, 50* (4), 370–396.

OECD (2001). *The Wellbeing of Nations. The Role of Human and Social Capital*. Paris: OECD Publishing. Verfügbar unter: http://www.oecd-ilibrary.org/docserver/download/9601011e.pdf?expires=1402780178&id=id&accname=guest&checksum=8C6608F3CFA6D05BC895C140D9AB330D [14.06.2014].

OECD (2007). *Statistics, Knowledge and Policy. Measuring and fostering the progress of societies*. Paris: OECD Publishing.

OECD (2012). *OECD work on measuring well-being and progress towards green growth*. Paris: OECD.

OECD (2013a). *How's Life? 2013. Measuring Well-Being*. Verfügbar unter: http://www.oecd-ilibrary.org/economics/how-s-life-2013_9789264201392-en [14.06.2014].

OECD (2013b). *How's Life? 2013. Measuring Well-Being. Country Snapshot Austria*. Verfügbar unter: http://www.oecd.org/statistics/HsL-Country-Note-AUSTRIA.pdf [14.06.2014].

OECD (2013c). *OECD Guidelines on Measuring Subjective Well-Being*. Paris: OECD Publishing.

OECD (2013d). *OECD work on measuring well-being and progress towards green growth*. Paris. Verfügbar unter: http://www.oecd.org/std/rioplus20%20to%20print.pdf [12.07.2014].

OECD Better Life Index (2014a). *Countries. Austria*. Verfügbar unter: http://www.oecdbetterlifeindex.org/countries/austria/ [14.06.2014].

OECD Better Life Index (2014b). *Responses*. Verfügbar unter: http://www.oecdbetterlifeindex.org/responses/ [14.06.2014].

OECD Better Life Index (2014c). *Responses. Austria*. Verfügbar unter: http://www.oecdbetterlifeindex.org/responses/#AUT [14.06.2014].

OECD Better Life Index (2014d). *Topics*. Verfügbar unter: http://www.oecdbetterlifeindex.org/topics/ [14.06.2014].

P., J. (2012). Happiness. No longer the dismal science? *The Economist online, 06.04.2012.* Verfügbar unter: http://www.economist.com/node/21552379 [14.06.2014].

P., L., W., R.L. & C., K.N. (2014). The goodness of nations. *The Economist online, 24.06.2014.* Verfügbar unter: http://www.economist.com/blogs/graphicdetail/2014/06/daily-chart-18 [03.07.2014].

Ruckriegel, K. (2008). „Beyond GDP" – vom Bruttoinlandsprodukt zu subjektiven Wohlfühlindikatoren. *Wirtschaftswissenschaftliches Studium (WiSt), 37* (6), 309–314.

Ruckriegel, K. (2010). Glücksforschung – Erkenntnisse und Konsequenzen. *Das Wirtschaftsstudium (WISU), 39* (8–9), 1140–1147.

Ruckriegel, K. (2011). Behavioral Economics – Erkenntnisse und Konsequenzen. *Das Wirtschaftsstudium (WISU), 40* (6), 832–842.

Ruckriegel, K. (2012a). Glücksforschung – Konsequenzen für die (Wirtschafts-)Politik. *Wirtschaftsdienst, 92* (2), 129–135.

Ruckriegel, K. (2012b). Glücksforschung – worauf es im Leben wirklich ankommt. In K.P. Liessmann (Hrsg.), *Die Jagd nach dem Glück. Perspektiven und Grenzen guten Lebens* (Philosophicum Lech Bd. 15) (S. 99–122). Wien: Paul Zsolnay.

Schwab, K. (Hrsg.). (2014). *The Global Competitiveness Report 2013–2014.* Genf: World Economic Forum. Verfügbar unter: http://www3.weforum.org/docs/WEF_GlobalCompetitivenessReport_2013-14.pdf [14.06.2014].

Smith, A. (1761). *The Theory of Moral Sentiments* (2. Aufl.). London. Verfügbar unter: http://books.google.at/books?id=xVkOAAAAQAAJ&printsec=frontcover&hl=de&source=gbs_ge_summary_r&cad=0#v=onepage&q&f=false [09.07.2014].

Smith, A. (1776). *An Inquiry into the Nature and Causes of the Wealth of Nations* (Bd. 1 & 2). Indianapolis: Liberty Press.

Stanzl, E. (2014). Frohsinn verlängert das Leben. *Wiener Zeitung, 412,* 26./27.04.2014, 29.

Stiglitz, J., Sen, A. & Fitoussi, J.-P. (Hrsg.). (2009). *Report by the Commission on the Measurement of Economic Performance and Social Progress.* Verfügbar unter: http://www.stiglitz-sen-fitoussi.fr/documents/rapport_anglais.pdf [14.06.2014].

The Economist online (2011). Well-being and wealth. The pursuit of happiness. *The Economist online, 24.05.2011.* Verfügbar unter: http://www.economist.com/blogs/dailychart/2011/05/well-being_and_wealth [14.06.2014].

The Economist online (2012). The wealth of nations. An alternative approach to measuring national well-being. *The Economist online, 05.06.2012.* Verfügbar unter: http://www.economist.com/node/21556495 [14.06.2014].

The Economist online (2014). A worrying wobble. Bank regulators should not have weakened rules that limit leverage. *The Economist online, 16.01.2014.* Verfügbar unter: http://www.economist.com/news/leaders/21594256-bank-regulators-should-not-have-weakened-rules-limit-leverage-worrying-wobble [14.06.2014].

van Praag, B.M.S. (2007). Perspectives from the Happiness Literature and the Role of New Instruments for Policy Analysis. *CESifo Economic Studies, 53* (1), 42–68.

Veenhoven, R. (2007). Measures of Gross National Happiness. In OECD, *Statistics, Knowledge and Policy. Measuring and fostering the progress of societies* (S. 231–253). Paris: OECD. Verfügbar unter: http://mpra.ub.uni-muenchen.de/11280/1/MPRA_paper_11280.pdf [14.06.2014].

Verein zur Förderung der Gemeinwohl-Ökonomie (2014): *UnterstützerInnen.* Verfügbar unter: https://www.ecogood.org/allgemeine-infos/gwoe-bewegung/unterstuetzerinnen [04.06. 2014].

von Ebner-Eschenbach, M. (1893). *Aphorismen: »Viertes Hundert«.* Wien.

Wagner, G.G. (2009). Zufriedenheitsindikatoren – Keine einfachen Zielwerte für die Politik. *Wirtschaftsdienst, 89* (12), 796–800.

Weber, M. (1988). Politik als Beruf. In J. Winckelmann (Hrsg.), *Max Weber. Gesammelte Politische Schriften* (5. Aufl.) (S. 505–560). Tübingen: UTB.

Wikipedia (2014a). *Basel III.* Verfügbar unter: http://de.wikipedia.org/wiki/Basel_III [14.06.2014].

Wikipedia (2014b). *Dodd–Frank Wall Street Reform and Consumer Protection Act.* Verfügbar unter: http://en.wikipedia.org/wiki/Dodd%E2%80%93Frank_Wall_Street_Re form_and_Consumer_Protection_Act [14.06.2014].

Wikipedia (2014c). *Liste der Länder nach Bruttoinlandsprodukt pro Kopf.* Verfügbar unter: http://de.wikipedia.org/ wiki/Liste_der_L%C3%A4nder_nach_Bruttoinlandspro dukt_pro_Kopf [14.06.2014].

Wikipedia (2014d). *Human Development Index.* Verfügbar unter: http://de.wikipedia.org/ wiki/Human_ Development _Index [14.06.2014].

Wikipedia (2014e). *Happy Planet Index.* Verfügbar unter: http://en.wikipedia.org/wiki/ Happy_Planet_Index [14.06.2014].

Wikipedia (2014f). *World Values Survey.* Verfügbar unter: http://en.wikipedia.org/wiki/ World_Values_Survey [14.06.2014].

Wikipedia (2014g). *Global Competitiveness Report.* Verfügbar unter: http://en.wikipedia. org/wiki/Global_Competitiveness_Report [14.06.2014].

Wikipedia (2014h). *Millennium-Entwicklungsziele.* Verfügbar unter: http://de.wikipedia. org/wiki/Millennium-Entwicklungsziele#cite_note-1 [12.07.2014].

Wikiprogress (2014). *Better Life Initiative.* Verfügbar unter: http://wikiprogress.org/index. php/Better_Life_Initiative [14.06.2014].

Wilkinson, R. & Pickett, K. (2010). *Gleichheit ist Glück – Warum gerechte Gesellschaften für alle besser sind.* Frankfurt am Main.

Winckelmann, J. (Hrsg.). (1988). *Max Weber. Gesammelte Politische Schriften* (5. Aufl.). Tübingen: UTB.

World Economic Forum (2014). *Sustainable Competitiveness.* Verfügbar unter: http:// www.weforum.org/content/pages/sustainable-competitiveness/ [14.06.2014].

Corporate Volunteering: Personalentwicklung und -bindung durch Engagement

Sabine Remdisch

Sich sozial zu engagieren, wird für Unternehmen zur immer entscheidenderen Erfolgsstrategie. Was früher oftmals nur als Imagepflege abgetan wurde, ist längst zum Baustein einer modernen Organisations- und Personalentwicklung geworden. So lassen sich, auch wenn die Wirkungsforschung auf diesem Feld noch am Anfang steht, bereits jetzt Nutzeneffekte durch das ehrenamtliche Engagement der Mitarbeiter für die Unternehmen erkennen. Demnach sorgt die Freiwilligentätigkeit nicht nur für eine Verbesserung der Unternehmensreputation. Auch Kunden lassen sich leichter gewinnen und binden. Gleiches gilt für die Rekrutierung, Motivation und Bindung von Personal. Das dürfte vor dem Hintergrund des stetig zunehmenden Fachkräftemangels für die Unternehmen zu einem wettbewerbsentscheidenden Aspekt werden. In den vergangenen Jahren haben dies mehr und mehr Unternehmen in Deutschland erkannt und sich der Frage gestellt, wie sie sich nachhaltig für die Gesellschaft einsetzen können. In diesem Artikel werden Beispiele des Corporate Volunteering vorgestellt und die Effekte diskutiert.

Welchen Stellenwert hat die Freiwilligenarbeit heute in der Gesellschaft und den Unternehmen?

Wertewandel, Globalisierung, Digitalisierung beschreiben aktuelle Entwicklungen in der Gesellschaft. Die Entwicklungen betreffen auch die Freiwilligenarbeit. Das klassische Ehrenamt (zum Beispiel Kirchen- oder Vereinsarbeit) wird zunehmend abgelöst oder ergänzt durch vielfältige Formen des bürgerschaftlichen Engagements. Freiwilligenarbeit wird internationaler und durch soziale Medien werden neue Formen der Freiwilligenarbeit möglich.

Auch gewinnen – beim heutigen Trend in der Gesellschaft in Richtung Schnelligkeit und Flexibilität – zeitlich überschaubare Engagementformen zunehmend an Bedeutung. Zeitlich beschränkte und lokale Aufgaben werden den traditionellen Langzeitbindungen und Pflichten vorgezogen. Außerdem möchten die Freiwilligen auch ihre eigenen Interessen und Bedürfnisse berücksichtigt wissen, wie beispielsweise Selbstverwirklichung, Spaß, soziales Lernen und Kompetenzaufbau. Die Prämisse von unbezahlter Hingabe wird abgelöst durch honorierte Aktivitäten und höhere Anforderungen an Ausbildung sowie an die Professionalität der Freiwilligen (vgl. van Schie, Wehner & Güntert, 2012). Insbesondere für junge Leute wird das freiwillige, bürgerschaftliche Engagement als Qualifikationsfaktor immer bedeutender. Möglichkeiten zu Fortbildungen und Erfahrungsaustausch werden wichtiger. Das ehrenamtliche Engagement dient dabei als Karrierefaktor im Sinne der Aufwertung des persönlichen Kompetenzportfolios sowie als Möglichkeit zum Erwerb neuer, beruflich relevanter Kompetenzen und Fähigkeiten. Ebenfalls an Bedeutung gewinnt die Anerkennungskultur. Die Aktivität der Ehrenamtlichen wahrzunehmen und ihnen ihre Leistung zu bescheinigen, ist ein wesentlicher Motor, um sie weiter zu ermutigen und gleichzeitig andere zum Ehrenamt hinzuführen.

Auch die Unternehmen haben die Freiwilligenarbeit für sich erkannt. Heutzutage gilt Freiwilligenarbeit als ein entscheidender Ausdruck unternehmerischer Sozialverantwortung. Gute Fachkräfte achten immer mehr auf die sozialen Aktivitäten von Unternehmen. Deshalb müssen die Unternehmen von heute sozial- sowie kulturell-motivierte Freiwilligenprojekte und andere ehrenamtliche Aktivitäten ihrer Mitarbeiter unterstützen – sie tun dies zum beiderseitigen Nutzen: Auf der einen Seite übernehmen sie gesellschaftliche Verantwortung und optimieren ihr Unternehmensimage, auf der anderen Seite stehen ökonomische Vorteile für das Unternehmen.

Freiwilligenarbeit sucht ihren Platz im Spannungsfeld zwischen materieller Orientierung und Streben nach Sinnerfüllung, zwischen Globalisierung und dem Wunsch nach regionaler, sozialer Verankerung, zwischen Individualisierung und dem Wunsch, Teil der Gemeinschaft zu sein, zwischen sozialem Pflichtgefühl und dem Drang nach Selbstverwirklichung und persönlicher Entwicklung.

Welche Erkenntnisse liefert die Wissenschaft zum bürgerschaftlichen Engagement von Mitarbeitern?

„Individuelle Freiwilligenarbeit ist der Versuch, Sinn zu erleben" (Wehner & Gentile, 2012, S. 8). Die Sinngenerierung durch bürgerschaftliches Engagement ist oft aktivierender Impuls zur Aufnahme einer ehrenamtlichen Tätigkeit – eine Tatsache, die auch durch den Deutschen Freiwilligensurvey untermauert wird. Bei diesem Survey handelt es sich um eine repräsentative Befragung zum freiwilligen Engagement in Deutschland, die sich an Personen ab 14 Jahren richtet – bislang erhoben in den Jahren 1999, 2004 und 2009. Die nächste Erhebungswelle ist geplant für 2014 (vgl. BMFSFJ, 2010).

Der Freiwilligensurvey zeigt auf, dass 2009 in Deutschland der größte Engagementbereich mit etwa 10 Prozent der Bevölkerung im Sport liegt, womit Sport und Bewegung über die Jahre der ungleich größte Engagementbereich blieb. Nachgeordnet folgen die Bereiche Schule/Kindergarten (6,9 Prozent), Kirche/Religion (6,9 Prozent), der soziale Bereich mit 5,2 Prozent, Kultur/Musik (5,2 Prozent) und der Freizeitbereich mit 4,6 Prozent (BMFSFJ, 2010, S. 7, Grafik Z2). Von den anderen Bereichen überschreiten nur die freiwillige Feuerwehr beziehungsweise die Rettungsdienste die Drei-Prozent-Marke.

> Die Daten des Freiwilligensurveys zeigen somit die große und über eine Dekade hinweg weitgehend stabile thematische Vielfalt der Möglichkeiten, sich freiwillig zu engagieren bzw. die Wahrnehmung dieser Möglichkeiten durch die Bürgerinnen und Bürger. Die Verteilung über die Bereiche hinweg hat sowohl etwas mit den Interessen der Freiwilligen zu tun als auch mit den Angeboten der Zivilgesellschaft (BMFSFJ, 2010, S. 7).

Der Anteil freiwillig Engagierter an der deutschen Gesamtbevölkerung insgesamt beträgt 36 Prozent. Damit liegt er im europäischen Vergleich im oberen Bereich – insgesamt engagieren sich hier im Durchschnitt 30 bis 39 Prozent der Erwachsenen freiwillig. Lediglich in den Niederlanden, Österreich, Schweden und Großbritannien ist mit 40 Prozent der Erwachsenen ein noch größeres ehrenamtliches Engagement zu verzeichnen. Allerdings variieren die Engagementquoten europaweit sehr stark, was sich vermutlich erklären lässt durch jeweils unterschiedliche Rahmenbedingungen in den einzelnen Ländern (vgl. GHK, 2010). Auffällig ist, dass sich in erster Linie nicht die Bevölkerungsgruppen engagieren, die über relativ viel Zeit verfügen, wie zum Beispiel Rentner oder Arbeitslose, sondern diejenigen Personen, die ohnehin stark in die Gesellschaft und Arbeitswelt eingebunden sind (van Schie et al., 2012, S. 69). Den prototypischen Freiwilligen, beziehungsweise die prototypische Freiwillige, beschreiben van Schie et al. (2012) wie folgt (vgl. auch BMFSFJ, 2010):

Der bzw. die prototypische Freiwillige

- ist im berufstätigen Alter, meist zwischen 35 und 54 Jahren
- hat ein eher hohes Bildungsniveau
- verfügt über ein gutes Haushaltseinkommen und eine gute berufliche Stellung
- engagiert sich häufig im sozialen Bereich oder in einem (Sport-)Verein
- hat eine enge religiöse Bindung
- verfügt über einen großen Freundes- und Bekanntenkreis
- lebt meist in einem partnerschaftlichen Verhältnis beziehungsweise in größeren Haushalten

Was bewegt Mitarbeiter dazu, sich gesellschaftlich zu engagieren?

Der Bedeutungszuwachs der Freiwilligenarbeit in Deutschland ist an den altruistischen Motivationslagen zu erkennen, die gemeinnützig Engagierte oft als Grund für die Ausführung ihrer Tätigkeit angeben. So ist es vor allem das Bedürfnis, die Gesellschaft zumindest im Kleinen mitzugestalten (61 Prozent) beziehungsweise die Gemeinschaft mit anderen zu finden (60 Prozent) (BMFSFJ, 2010), das als Motivation zur Aufnahme des Engagements angegeben wird.

Mösken, Dick und Wehner (2009) unternahmen in ihrer Studie den Versuch, subjektive Motive für freiwilliges Engagement insbesondere im Vergleich mit anderen Arbeitstätigkeiten zu erforschen. Diese wurden durch narrative Grid-Interviews erfasst und ausgewertet. Die Forschergruppe konnte feststellen, dass sich zwischen Erwerbs- und Freiwilligenarbeit durchaus Gemeinsamkeiten feststellen lassen. So sind die Aspekte „Pflicht, Öffentlichkeit, Wohlbefinden, Anstrengung, Anspruch, Entwicklung, Anerkennung und Aktivität" in den Bedeutungsspektren beider Tätigkeitsbereiche vorhanden (ebd., S. 26). Doch während mehr als die Hälfte der Interviewpartner mit der Erwerbstätigkeit die Konstrukte „Pflicht, Routine, Leistung und Existenz" verbindet, sind diese für die Freiwilligenarbeit eher irrelevant (ebd., S. 25). Letztere ist vielmehr gekennzeichnet durch den geteilten Gemeinschaftssinn, die Sinnhaftigkeit oder das emotionale Engagement, das die Freiwilligen mit in die Arbeit einbringen. Im direkten Vergleich kommt die gemeinnützige Arbeit der Idealvorstellung von „guter Arbeit" näher als die Erwerbstätigkeit.

Obwohl letzterer Zusammenhang von allen Interviewteilnehmern der Studie bestätigt wurde, stellte sich dennoch heraus, dass bei freier und qualitativer Herangehensweise „eine Vielzahl persönlicher Konstrukte [offenbar werden], welche individuell freiwillige Arbeit charakterisieren" (ebd., S. 27). Eine resümierende Beschreibung der Charakteristika gemeinnütziger Arbeit aus subjektiver Sicht stellt also eine starke Einschränkung der individuellen Kategorien dar, die zur Beschreibung jener Arbeit ursprünglich herangezogen wurden. Der individuelle Wert beziehungsweise die individuelle Motivlage gestaltet sich für das gemeinnützige Engagement deutlich heterogener als für die Erwerbsarbeit.

Knapp (2009) sieht den Qualifikationszuwachs durch das Ehrenamt als Motiv und beschreibt, dass die Ehrenamtlichen häufig über sich selbst und ihre neu erlebten Fähigkeiten überrascht sind. „Sie sehen, dass sie in der fremden Umgebung etwas leisten können, was sie sich nicht oder nicht in dieser Weise zugetraut hätten" (Knapp, 2009, S. 114). Sich selbst in dieser neuen und positiv-überraschenden Weise bei der Arbeit wahrzunehmen, kann zur Stärkung des Selbstbewusstseins führen und auf diese Weise in die erwerbstätige Praxis mitgenommen werden. Ebenfalls positiv wirkt sich die Anerkennung von Hilfsbedürftigen und anderen Freiwilligen aus. Durch Lob und Dank erfahren die Ehrenamtlichen Bestätigung – eine Erfahrung, die sie als angenehm und positiv beschreiben (vgl. ebd.).

Welche Formen unternehmerischen Engagements sind verbreitet?

Seit geraumer Zeit wird in Deutschland über die Verantwortung von Unternehmen in der Gesellschaft unter den Begriffen Corporate Social Responsibility und Corporate Citizenship diskutiert. Dabei stehen folgende Fragen im Mittelpunkt: Wie sieht die Rolle von Unternehmen in der Gesellschaft aus? Welche freiwilligen Aufgaben haben sie zu erfüllen? Und welchen Beitrag zur nachhaltigen Entwicklung der Gesellschaft müssen sie leisten?

> Corporate Social Responsibility und Corporate Citizenship bieten Unternehmen die Möglichkeit, sich die Aspekte ihrer sozialen und ökologischen Verantwortung bewusst zu machen und sich (altruistisch oder ökonomisch motiviert) durch eine freiwillige Selbstverpflichtung über die Gesetzeskonformität hinaus entsprechend zu verhalten. Dabei wird diese Mehrleistung als Investition verstanden, die sich auch für das Unternehmen langfristig bezahlt macht (etwa über ein positives Image in der Öffentlichkeit) (Pommering, 2005, S. 1).

Die Formen und Instrumente des unternehmerischen Engagements für die Gesellschaft sind vielfältig. Am häufigsten leisten Unternehmen Geld- und Sachspenden (Corporate Giving) und mehr als die Hälfte der engagierten Unternehmen unterstützen ihre Mitarbeiter bei freiwilligen, gemeinnützigen Einsätzen, zum Beispiel indem sie die Nutzung von Unternehmensressourcen wie PC oder Kopierer für gesellschaftliches Engagement erlauben oder für die Mitarbeiter während ihrer Freiwilligentätigkeit Freistellungsregelungen praktizieren (vgl. Braun, 2010, S. 7).

Diese betriebliche Form organisierter Freiwilligentätigkeit, bei der Unternehmen freiwillige, gemeinnützige Einsätze ihrer Mitarbeiter unterstützen, wird als Corporate Volunteering bezeichnet. Corporate Volunteering bezieht sich auf das Humankapital eines Unternehmens. Hier geht es vorrangig um die unvergütete, gemeinnützige Arbeit der Mitarbeiter, also um die Investition ihres Know-hows, ihrer Zeit und ihres Wissens (vgl. Pommering, 2005).

Nach Angaben des Hauptberichts des Freiwilligensurveys werden Arbeitnehmer am häufigsten unterstützt in Form von flexiblen Arbeitszeiten (72 Prozent) und in Form von Freistellungen (68 Prozent) sowie durch die Nutzung der betrieblichen Infrastruktur (65 Prozent) (vgl. BMFSFJ, 2010).

Neben der klassischen Form der individuellen Freiwilligenarbeit findet man in deutschen Unternehmen unter dem Begriff des Corporate Volunteering auch zunehmend gezielt organisierte Gruppenaktivitäten, die als Personalentwicklungsinstrument oder zur Förderung der Corporate Identity eingesetzt werden. Meist begründen die deutschen Großunternehmen ihr Engagement mit dem Ziel, gesellschaftliche Verantwortung zu übernehmen. Auch die Imagepflege und die Steigerung der Arbeitgeberattraktivität sind hierbei Anreize.

Die Möglichkeiten für unternehmerisches Engagement sind vielfältig – etwa im Hinblick auf Themen, eingebrachte Ressourcen und Kooperationsformen. Die folgende Aufzählung gibt einen Überblick über die unterschiedlichen Formen des unternehmerischen Engagements – von niedrigschwelligen Angeboten wie beispielsweise Aktionstagen bis hin zu umfassenden Programmen wie Mentoring:

Formen unternehmerischen Engagements (vgl. Pietsch, 2012, S. 16ff.)

- *Aktionstage (Days of Service, Freiwilligentage):* Unternehmen organisieren ein zeitlich begrenztes Engagement von Mitarbeitern für einen guten Zweck im Rahmen der regulären Arbeitszeit
- *Pro-bono-Projekte:* Unternehmen bieten ihre Dienstleistungen gemeinnützigen Projekten kostenlos an
- *Individuelle und Team-Entwicklungseinsätze:* Führungskräfte, Auszubildende oder Arbeitsgruppen werden zur persönlichen Weiterentwicklung oder Teambildung in eine gemeinnützige Einrichtung entsandt
- *Zeitkonten und regelmäßige Freistellung:* Mitarbeiter erhalten für die Ausübung ehrenamtlicher Tätigkeiten während der Arbeitszeit ein bestimmtes Zeitkonto
- *Secondments:* Mitarbeiter werden für einen Zeitraum von mehreren Monaten bis zu zwei Jahren an eine gemeinnützige Organisation entsandt
- *Mentoring (Partnerschaft):* Beschäftigte engagieren sich als Mentoren oder Tutoren in gemeinnützigen Projekten

Diese unterschiedlichen Formen des Engagements beinhalten unterschiedliche Entwicklungspotenziale für Mitarbeiter. Im Folgenden soll exemplarisch das Entwicklungspotenzial für die Arbeitnehmer dargestellt werden, das gegebenenfalls bereits durch einen einzelnen Aktionstag genutzt werden kann.

Durch die Freistellung für gemeinsame Aktivitäten im Rahmen eines gemeinnützigen Projektes, beispielsweise an Aktions- oder Aktivtagen, können sich Mitarbeiter gemeinsam engagieren. Im Fokus solch gebündelten Engagements steht meist zwar eher die öffentlichkeitswirksame und imagefördernde Freiwilligentätigkeit, doch laufen, wenn auch unbemerkt, informelle Lernprozesse ab, die im Anschluss auch für die berufliche Praxis nutzbar gemacht werden können (vgl. Knapp, 2009). Der Einsatz als Team, entweder als bereits in der Praxis bestehendes oder als neu zusammengestelltes, fördert die Teamfähigkeit jedes Mitarbeiters. Gerade für neu zusammengestellte Gruppen stellen sich schnell die Notwendigkeit der Aufgabenverteilung und gegebenenfalls auch die Frage nach der Gruppenleitung. Diese Gruppenprozesse müssen in der Gemeinschaft gelöst werden und fördern somit die Teamfähigkeit (vgl. Knapp, 2009; Pinter, 2006).

Über die Teamentwicklungsaspekte hinaus lässt sich pauschal festhalten, dass die Flexibilität der sich engagierenden Mitarbeiter durch den Einsatz im Rahmen eines Aktionstages gefordert und gefördert wird. Die Arbeitnehmer müssen sich sehr schnell auf eine neue Arbeitsumgebung und gegebenenfalls auf rasch und mehrfach wechselnde Aufgaben einstellen. Je nach zu absolvierendem Arbeitsauftrag und der damit einhergehenden Aufgabenstellung durchlaufen die Mitarbeiter einen individuellen, informellen Lernprozess. Dabei wird eine Tätigkeit mit pädagogischem Schwerpunkt andere Fähigkeiten und Kompetenzen schulen als die körperliche Arbeit in einem ökologisch ausgerichteten Projekt.

Um das Corporate Volunteering also als Teilaspekt der individuellen sowie strategischen Personalentwicklung zu integrieren, muss der informell ablaufende Lernprozess zunächst als solcher (an-)erkannt und im nächsten Schritt seine Integration in die professionelle Kompetenzentwicklung vorangetrieben werden. „Die im Ehrenamt erworbenen fachlichen und überfachlichen Qualifikationen können im Einzelfall für die berufliche Laufbahn anerkannt werden. Damit wird der Kompetenzerwerb gewürdigt und zusätzlich die Beschäftigungsfähigkeit innerhalb und außerhalb des Unternehmens gestärkt" (Thomas, 2014, S. 69).

Es gilt also das geleistete Engagement als Möglichkeit des Kompetenzerwerbs beziehungsweise als Lernchance zu erkennen und diesen Umstand auch durch die Mitarbeiter reflektieren zu lassen. Denn je mehr es gelingt, das hier stattfindende Lernen und die erworbenen Kompetenzen auf andere Felder zu übertragen, desto realistischer ist eine Nutzung der ehrenamtlichen Aktivitäten als Personalentwicklungsmaßnahme (vgl. dazu auch Knapp, 2009). Das ehrenamtliche Engagement erhält durch eine solch systematische Nutzung eine neue Perspektive. Denn in dieser Hinsicht stellt es eine Möglichkeit der Aufwertung und Sicherung des unternehmerischen Humankapitals dar.

> Längst geht es nicht mehr nur um den Giving-Back-Gedanken, der lange Zeit hinter dem Corporate Volunteering-Konzept steckte. Heutzutage müssen Unternehmen erkennen, dass das ehrenamtliche Engagement ihrer Mitarbeiter darüber hinaus eine Investition in den Fortschritt und wirtschaftlichen Erfolg des eigenen Unternehmens bedeutet (Thomas, 2014, S. 75).

Praxis-Beispiel: Volkswagen hat das Ehrenamt im Unternehmen fest verankert

Der Volkswagen-Konzern hat sich schon vor Jahren dem Konzept des Corporate Volunteering verschrieben und gilt wohl als eines der bekanntesten Good-Practice-Beispiele in Deutschland. Unter dem Motto „Ehrenamt ist Ehrensache" wurde 2007 die Initiative „Volkswagen pro Ehrenamt" gegründet. Ihr Ziel ist es, den Mitarbeitern das bürgerschaftliche, gemeinnützige Engagement näherzubringen und ihre Aktivitäten in diesem Bereich, insbesondere an den Unternehmensstandorten, zu unterstützen. Dazu wurde in Wolfsburg, dem Hauptsitz des Unternehmens in Deutschland, eine zugehörige Geschäftsstelle eingerichtet. „Volkswagen pro Ehrenamt" ist in den vergangenen Jahren zu einem festen Bestandteil der VW-Nachhaltigkeitsstrategie geworden.

> Die Organisation erfüllt eine wichtige Scharnierfunktion innerhalb des Unternehmens: ‚Volkswagen pro Ehrenamt' sorgt für die Vermittlung von Mitarbeitern, die sich sozial oder gesellschaftlich engagieren wollen, an gemeinnützige Initiativen, die Helfer suchen. Nicht nur an Standorten der Volkswagen AG, sondern über deren Regionen hinaus arbeitet ‚Volkswagen pro Ehrenamt' mit etwa 700 gemeinnützigen Organisationen und Einrichtungen zusammen (Thomas, 2014, S. 72).

Das Projekt richtet sich an alle Mitarbeiter – vom Auszubildenden bis zum Rentner. Auf allen Führungsebenen, vom Meister bis zum Top-Manager und Vorstand, werden regelmäßig Workshops und Informationsgespräche durchgeführt. Das schafft Sensibilisierung für freiwillige Tätigkeit. „Volkswagen fordert die eigene Lösungsfindung, um nachhaltige Strukturen zu entwickeln, und legt großen Wert darauf, Hilfe zur Selbsthilfe zu leisten" (Thomas, 2014, S. 66). Mittlerweile engagieren sich 30.000 VW-Mitarbeiter ehrenamtlich.

Die Unterstützung durch das Unternehmen äußert sich dabei primär in sogenannten Zeitspenden. Zur Promotion des Projektes und zur Sicherstellung des entsprechenden Stellenwertes innerhalb des Unternehmens wird das Projekt durch eine Kampagne begleitet, bei der Mitarbeiter von ihren Vorgesetzten persönliche Anerkennung für ihre ehrenamtliche Tätigkeit und darüber hinaus sichtbare Giveaways wie beispielsweise Ausweishalter erhalten. Diese sollen zum einen als symbolisches Dankeschön für das gesellschaftliche Engagement dienen, aber auch die interne Bekanntheit der Initiative im Unternehmen durch Sichtbarkeit des Logos stärken. Außerdem erkennen sich ehrenamtlich engagierte Mitarbeiter auf diese Weise untereinander und haben so die Möglichkeit, Netzwerke zu bilden (vgl. Thomas, 2014).

Praxis-Beispiel: Die Deutsche Bank motiviert zur Wissensvermittlung

Ein weiteres Beispiel für die erfolgreiche Implementierung eines Corporate-Volunteering-Programms stellt die Initiative „Pass on your Passion" der Deutschen Bank dar, die in dieser Form seit 2010 besteht und durch die das Unternehmen das gesellschaftliche Engagement seiner Mitarbeiter systematisch fördert (Deutsche

Bank, 2014a). Im Jahr 2013 engagierten sich rund 20.000 Mitarbeiter der Deutschen Bank ehrenamtlich; das entspricht einer Beteiligungsquote von rund 25 Prozent.

Der Fokus des ehrenamtlichen Engagements liegt dabei verstärkt auf der Vermittlung von Kompetenzen durch Coaching und Mentoring, um bessere Bildung und Chancengerechtigkeit zu erreichen. So verfolgen die Deutsche-Bank-Mentoring-Programme das Ziel, Wissen und Erfahrung weiterzugeben und zu teilen (Deutsche Bank, 2014b).

Im Programm „Führung stärken – Kompetenzen weitergeben" setzen Mitarbeiter in bezahlter Freistellung ihre Kernkompetenzen beispielsweise für Bildungseinrichtungen, Sozialunternehmer und Mikrofinanzinstitute ein. Das kann im Rahmen von längerfristigen Engagements in Deutschland oder auch internationalen Projekteinsätzen geschehen (Deutsche Bank, 2014c). Darüber hinaus unterstützt die Deutsche Bank das ehrenamtliche Engagement ihrer Mitarbeiter in Form von Geldspenden.

Praxis-Beispiel: Die Henkel AG gründet soziale Partnerschaften

Das Corporate-Volunteering-Programm „Henkel Smile" der Henkel AG & Co. KGaA ist ein weiteres Best-Practice-Beispiel. Es untergliedert sich konkret in drei Engagementbereiche: Der Bereich „Miteinander im Team – Mitarbeiterengagement" stellt die Unterstützung von ehrenamtlichen Engagements von Mitarbeitern durch Produkt-, Sach-, Geld- und Zeitspenden dar. Es existieren eine koordinierende Abteilung sowie Vernetzungsinstrumente. Die zweite Säule, „Henkel Friendship Initiative – Nothilfe", fokussiert sich auf die Unterstützung nach Katastrophen und damit auf die weltweite, unbürokratische und schnelle Soforthilfe in Form von Sach- und Geldspenden. Der dritte Bereich „Social Partnerships – Unternehmens- und Markenengagement" konzentriert sich auf verschiedene Partnerschaften und Initiativen, bei denen Schulen, Universitäten, soziale Einrichtungen, Sportvereine, Krankenhäuser, Kindergärten und Kulturveranstaltungen unterstützt werden (vgl. Henkel AG & Co. KGaA, 2011; 2013). Mit der Gründung der „Miteinander im Team – Mitarbeiterengagement"-Initiative 1998 war Henkel eines der ersten deutschen Unternehmen, das das ehrenamtliche Engagement von Mitarbeitern und Pensionären zu einem wesentlichen Element seiner Corporate-Social-Responsibility-Ausrichtung erklärt hat. Teamgedanke, Beitrag zu gesellschaftlicher Problemlösung sowie Herstellung einer Verbindung zwischen Unternehmen und dem jeweiligen Gemeinwesen an den unterschiedlichen Standorten stehen beim Engagement von Henkel im Vordergrund.

Praxis-Beispiel: Die Deutsche Börse zeigt regionale Verbundenheit

Die Gruppe Deutsche Börse fördert das außerberufliche, bürgerschaftliche Engagement ihrer Mitarbeiter auf vielfältige Weise: vom ausdrücklichen Anerkennen und Wertschätzen über das Schaffen unterstützender Rahmenbedingungen bis hin zum strategischen Aktivieren der Mitarbeiter (vgl. Deutsche Börse, 2014a). „So setzen wir Impulse, geben Anregungen und schaffen zeitliche Freiräume für das Engagement.

Dank unterschiedlicher, regelmäßig stattfindender Projekte ist Corporate Volunteering an verschiedenen Standorten inzwischen Teil unserer Unternehmenskultur geworden" (ebd.). Seit 2006 beteiligt sich die Gruppe Deutsche Börse an „Engage", einer von vier Frankfurter Unternehmen in enger Zusammenarbeit mit der Gesellschaft für Jugendbeschäftigung e.V. und Frankfurter Schulen ins Leben gerufenen Initiative: Mitarbeiter der Gruppe Deutsche Börse und drei weiterer Unternehmen helfen Schülern Frankfurter Berufsschulen beim Übergang in das Berufsleben (vgl. Deutsche Börse, 2014b). So unterstützen sie Schüler beim Erstellen ihrer Bewerbungsunterlagen und der Vorbereitung auf ein Bewerbungsgespräch für mehr Sicherheit im Bewerbungsverfahren und verbessern damit die Zukunftschancen der Jugendlichen und steigern deren Selbstwertgefühl. Diese Form des Engagements bietet die Möglichkeit für die Mitarbeiter, sich im Rahmen ihres Arbeitsverhältnisses sozial zu engagieren, und ist Ausdruck der Verbundenheit der Gruppe Deutsche Börse zu den Regionen ihrer Standorte (vgl. ebd.).

Welchen Nutzen hat gesellschaftliches Engagement für Unternehmen und Mitarbeiter?

Die Wirkungsforschung auf dem Feld des gesellschaftlichen Engagements steht noch am Anfang und ist recht lückenhaft. Dennoch lassen sich bereits jetzt Nutzeneffekte erkennen – und zwar auf drei Ebenen. So profitieren nicht nur die ehrenamtlich tätigen Mitarbeiter, sondern auch das Unternehmen und die Gesellschaft (Beispiele siehe Tabelle).

Ebene Individuum	Ebene Unternehmen	Ebene Gesellschaft
- Persönliches Commitment	- Positives Unternehmens-image	- Übernahme gesellschaftlicher Verantwortung
- Verantwortungs-übernahme	- Aufbau einer Arbeitgeber-marke	- Soziale Partnerschaften
- Kompetenzerweiterung (insbesondere soziale Kompetenz)	- Verantwortungskultur	- Regionale Vernetzung
- Persönlichkeits-entwicklung	- Kundenbindung	- Erhalt von Human-ressourcen
- Gesteigerte Belastbarkeit	- Personalentwicklung und -bindung	- Gesellschaftliche Integration
- Karriereförderlichkeit	- Mitarbeitermotivation	

Tabelle: Nutzeneffekte von Corporate Volunteering auf Ebene des Individuums, des Unternehmens und der Gesellschaft

Für die Unternehmen sind die zu erwartenden, positiven Auswirkungen eines Engagements im Bereich des Corporate Volunteering sehr vielschichtig. Als Baustein der übergreifenden Corporate-Social-Responsibility-Strategie eines Unternehmens ist Corporate Volunteering zunächst ein maßgeblicher Faktor im Rahmen der Imagearbeit. „Damit zeigen Unternehmen ihre soziale Verantwortung und gewinnen zugleich die Möglichkeit, ihr positives Bild in der Öffentlichkeit auszubauen" (Knapp, 2009, S. 98). Dies hat sowohl eine Signalwirkung nach außen als auch nach innen. Die Imagepflege wirkt sich dementsprechend auch positiv auf die Arbeitgeberattraktivität für potenzielle Mitarbeiter aus und kann somit als Faktor im Rahmen des Nachwuchs- und Talentmanagements betrachtet werden. Doch nicht nur die Bindung und Gewinnung von Mitarbeitern kann durch das Engagement im Rahmen des Corporate Volunteering unterstützt werden; auch auf Kunden kann das unternehmerische Engagement positiv wirken und somit die Kundenbindung stärken beziehungsweise die Marktposition verbessern.

Schank und Beschorner (2011) untersuchten, welche Effekte Experten – hier Vertreter aus Wissenschaft, Mittleragenturen und zivilgesellschaftlichen Organisationen, tätig im Rahmen der Unternehmensverantwortung – dem Corporate Volunteering zuschreiben und berichten im Ergebnis über positive Auswirkungen auf die Unternehmenskultur und die Arbeitgeberattraktivität der sich engagierenden Unternehmen.

Im Sinne des Netzwerkens leistet das Corporate Volunteering ebenfalls einen Beitrag, insbesondere hinsichtlich der regionalen Vernetzung. Die Kooperation mit Stiftungen, Hilfsprojekten und weiteren Akteuren der Freiwilligenarbeit trägt zur Bildung von wertvollen Beziehungsnetzwerken bei. Darüber hinaus ist auch hier die öffentlichkeitswirksame Signalwirkung für regionale Partner und Kunden hervorzuheben.

Die eigentlichen Akteure des Corporate Volunteering, nämlich die Mitarbeiter, profitieren auf individueller Ebene ebenfalls vom gesellschaftlichen Engagement. So unterschiedlich die Motivationslagen zu einem solchen Einsatz auch sein mögen, so sicher ist der positive Effekt, den dieser auf das persönliche Kompetenzportfolio – sowohl in professioneller als auch in persönlicher Hinsicht – sowie die Stellung im Unternehmen und in der Gesellschaft hat. So berichtet die Deutsche Bank, die große Resonanz weltweit bei den von der Bank angebotenen Freiwilligenprogrammen verzeichnet, dass ein Großteil der Mitarbeiter der Meinung ist, dass Volunteering ihre persönliche und berufliche Entwicklung fördert (Deutsche Bank, 2014a).

Viele ehrenamtliche Tätigkeiten sind mit Fort- und Weiterbildungen verbunden, die sowohl dem Mitarbeiter als auch dem Unternehmen zugute kommen. Die Mitarbeiter profitieren individuell in Form von Kompetenzerweiterungen und gestiegener Motivation (Schank & Beschorner, 2011). So erwerben sie durch ihr Engagement beispielsweise neue soziale und methodische Kompetenzen, wie Teamkompetenz oder interkulturelle Kompetenz.

> Im Rahmen der Freiwilligenarbeit haben Mitarbeiter die Chance, sich fachübergreifend zu qualifizieren. In der Regel handelt es sich hierbei um Qualifikationen, die weniger erlernbar, sondern mehr erfahrbar sind. Das bedeutet, dass diese spezifischen Schlüsselqualifikationen nur schwerlich oder gar nicht durch übliche Lernformate, wie Seminare, vermittelt werden können. Das ist einer der großen Vorteile des Corporate Volunteering (Thomas, 2014, S. 62).

Am Bespiel der E.ON Westfalen Weser AG zeigt Braun (2010) mögliche Entwicklungspotenziale auf. So erstrecken sich diese von der Persönlichkeitsentwicklung im Allgemeinen (84 Prozent) über den Ausbau von Teamfähigkeit (78 Prozent) und Kommunikationsfähigkeit (76 Prozent) bis hin zur Steigerung des Selbstbewusstseins (vgl. Braun, 2010, S. 30). Die ausgebauten oder gar neu erworbenen Fähigkeiten können sodann von mehr als 80 Prozent der Mitarbeiter in den beruflichen Kontext miteingebracht und genutzt werden (vgl. ebd.). Der Kompetenzzuwachs und der Nutzwert für die professionelle Praxis sind demnach hoch, sodass auch im Rahmen der Personalentwicklung ein Mehrwert durch die Förderung des Corporate Volunteerings generiert wird.

Neue kulturelle Erfahrungen, die Mitarbeiter abseits des unternehmerischen Alltags in den Ehrenamtsprojekten machen, stärken und fördern die Vernetzung untereinander und können somit auch die interne Unternehmenskommunikation verbessern.

Darüber hinaus fördert die Freiwilligentätigkeit die Belastbarkeit der Mitarbeiter und schafft Ausgeglichenheit. „Personen, die im mittleren Ausmaß – das heißt, zwölf bis 18 Stunden im Monat – freiwillig tätig sind, berichten seltener von einem Work-Life-Balance-Konflikt. Sie können sich also meist besser organisieren" (Theo Wehner, zitiert nach Schönherr, 2011). Die Vereinbarkeit verschiedener Aktivitäten und Bereiche gelingt ihnen also offensichtlich besser.

Der gemeinsame Einsatz in einem gemeinnützigen Projekt oder in einer entsprechenden Institution, die Zusammenarbeit mit Kollegen, mit denen im Berufsalltag kein täglicher Kontakt besteht, bietet die Möglichkeit, das professionelle wie auch private Netzwerk auszubauen, sowohl unternehmensintern als auch unternehmensextern.

Auch für die Gesellschaft ergeben sich Vorteile, da Corporate Volunteering zur Lösung gesellschaftspolitischer Probleme beitragen kann und das Innovationspotenzial einer Gesellschaft erhöht. Durch Engagement entsteht soziales Kapital; es werden Verantwortungsübernahme und Initiative gefördert. Unternehmen, die sich im Bereich des Corporate Volunteerings einbringen, stellen Ressourcen und Know-how für die Gesellschaft bereit.

Durch den durch Demografie und Digitalisierung angestoßenen Wandel der Arbeitswelt entsteht immer mehr Raum für neue Arbeitszeitmodelle. Heutzutage geht es um eine lebensphasenbezogene Gestaltung der Arbeit. Bisher getrennte Arbeitsformen wie Erwerbsarbeit und gemeinnützige Arbeit ergänzen sich immer stärker wie beispielsweise bei Secondments. Dadurch wird ein Bewusstseinswandel unterstützt, der dazu beiträgt, dass Tätigkeiten jenseits klassischer Erwerbsarbeit neue Wertigkeiten erhalten. Außerdem findet eine zunehmende Annäherung zwischen Wirtschaft und Non-Profit-Organisationen statt.

Für eine moderne Personalentwicklung ist eine Corporate-Volunteering-Strategie eine Chance. Es gilt das große Engagement, das Personen, die gesellschaftlich aktiv sind, mitbringen, auch für die betriebliche Realität zu nutzen und die Erfahrungen und das Wissen aus dem ehrenamtlichen Engagement auf den Job zu übertragen. Corporate Volunteering erweitert die Schlüsselkompetenzen der Mitarbeiter und kann daher – eng verzahnt mit den betrieblichen Lernprozessen – ein wertvolles Instrument der Personalentwicklung sein. Auch weil Mitarbeiter heutzutage immer mehr Wert auf die Work-Learn-Life-Balance legen, können die Unternehmen als Arbeitgeber punkten, die das ehrenamtliche Engagement ihrer Mitarbeiter aktiv fördern. Sie steigern ihre Attraktivität als Arbeitgeber und erhöhen ihre Bindungswirkung.

Literatur

Braun, S. (2010). *Monitor Engagement – Bürgerschaftliches Engagement von Unternehmen in Deutschland. Zwischen Tradition und Innovation* (Nr.3). Berlin: Bundesministerium für Familie, Senioren, Frauen und Jugend (BMFSFJ).

Bundesministerium für Familie, Senioren, Frauen und Jugend (BMFSFJ) (Hrsg.). (2010). *Hauptbericht des Freiwilligensurveys 2009 – Zivilgesellschaft, soziales Kapital und freiwilliges Engagement in Deutschland 1999-2004-2009.* München: TNS Infratest Sozialforschung.

Deutsche Bank (2014a). *Mitarbeiterengagement: pass on your passion.* Verfügbar unter: https://www.db.com/cr/de/mitarbeiter/mitarbeiterengagement.htm [28.06.2014].

Deutsche Bank (2014b). *Mentoring-Programme: Wer Wissen teilt, lässt Wissen wachsen.* Verfügbar unter: https://www.db.com/cr/de/konkret-erfahrung-weitergeben.htm [28.06.2014].

Deutsche Bank (2014c). *Pro-bono-Beratung – Kompetenzen weitergeben.* Verfügbar unter: https://www.db.com/cr/de/konkret-fuehrung-staerken.htm [28.06.2014].

Deutsche Börse (2014a). *Corporate Volunteering.* Verfügbar unter: http://deutsche-boerse.com/dbg/dispatch/de/kir/dbg_nav/corporate_responsibility/15_Employees/25_Corporate_volunteering [28.06.2014].

Deutsche Börse (2014b). *Engage.* Verfügbar unter: http://deutsche-boerse.com/dbg/dispatch/de/binary/gdb_content_pool/imported_files/public_files/10_downloads/Corporate_Responsibility/Projektsheets/Engage.pdf [28.06.2014].

Gentile, G. (2012). Corporate Volunteering und seine Facetten. In T. Wehner & G. Gentile (Hrsg.), *Corporate Volunteering. Unternehmen im Spannungsfeld von Effizienz und Ethik* (S. 55–64). Wiesbaden: Gabler Verlag.

GHK (2010). *Volunteering in the European Union* (Final Report). Verfügbar unter: http://ec.europa.eu/citizenship/pdf/doc1018_en.pdf [28.06.2014].

Henkel AG & Co. KGaA (Hrsg.). (2011). *Henkel Smile.* Düsseldorf: Henkel AG & Co. KGaA.

Henkel AG & Co. KGaA (Hrsg.). (2013). *Miteinander – Das Magazin für gesellschaftliches Engagement.* Düsseldorf: Henkel AG & Co. KGaA.

Heubel, A. (2010). *Engagement beweisen, soziales Kapital schaffen, Zukunftsfähigkeit sichern! Corporate Volunteering – ein innovatives Instrument für eine zukunftsfähige Personalentwicklung zur Förderung von Schlüsselkompetenzen?* Diplomarbeit, Leuphana Universität Lüneburg, Deutschland.

Knapp, K. (2009). Informelle Lernprozesse systematisch nutzen. Corporate Volunteering als Instrument der Personalentwicklung. *Bildungsforschung, 6* (1), 97–120. Verfügbar unter: http://www.pedocs.de/volltexte/2014/4713/pdf/bf_2009_1_Knapp_Informelle_Lernprozesse.pdf [28.06.2014].

Lorenz, C. & Cho, A. (2012). Dimensionsanalyse der CV-Beweggründe. In T. Wehner, T. & G. Gentile (Hrsg.), *Corporate Volunteering. Unternehmen im Spannungsfeld von Effizienz und Ethik* (S. 91–99). Wiesbaden: Gabler Verlag.

Mösken, G., Dick, M. & Wehner, T. (2009). Den Arbeitsbegriff weiter denken: Zur subjektiven Wahrnehmung von Arbeitstätigkeit durch freiwillig engagierte Menschen. *Empirische Arbeitsforschung: Empirische Beiträge aus der Psychologie, Soziolo-*

gie und Pädagogik der Arbeit, 4. Verfügbar unter: http://www.empirische-arbeitsfor schung.de/ausgabe/4/ [28.06.2014].

Pietsch, J. (2012). *Corporate Volunteering als Instrument der Personalarbeit*. Hamburg: Diplomica Verlag.

Pinter, A. (2006). *Corporate Volunteering in der Personalarbeit: ein strategischer Ansatz zur Kombination von Unternehmensinteresse und Gemeinwohl*. Lüneburg: Centre for Sustainability Management.

Pommering, T. (2005). *Gesellschaftliche Verantwortung von Unternehmen. Eine Abgrenzung der Konzepte Corporate Social Responsibility und Corporate Citizenship*. Verfügbar unter: http://fumzvrw.upj.de/fileadmin/user_upload/MAIN-dateien/Infopool/ Forschung/pommerening_thilo.pdf [28.06.2014].

Remdisch, S. (Hrsg.). (2014). *Human Performance Management*. Freiburg: Haufe Lexware GmbH & Co KG.

Schank, C. & Beschorner, T. (2011). Corporate Volunteering. Gesellschafts- und personalpolitische Perspektiven eines integrativen Konzepts. *uwf UmweltWirtschaftsForum, 19* (3–4), 285–292.

Schönherr, K. (2011). Zwischen Broterwerb und Ehrenamt. *ZEIT online, 16.06.2011*. Verfügbar unter: http://www.zeit.de/karriere/beruf/2011-06/ehrenamt-job-vereinbarkeit [28.08.2014].

Thomas, R. (2014). Personalbindung durch Wertschätzung: Volunteering als innovatives Instrument bei Volkswagen. In S. Remdisch (Hrsg.), *Human Performance Management* (S. 61–75). Freiburg: Haufe Lexware GmbH & Co KG.

Van Schie, S., Wehner, T. & Güntert, S.T. (2012). Freiwilligenarbeit als Bürger oder Mitarbeitende: Das Gleiche in Grün? In: T. Wehner & G. Gentile (Hrsg.), *Corporate Volunteering. Unternehmen im Spannungsfeld von Effizienz und Ethik* (S. 67–78). Wiesbaden: Gabler Verlag.

Wehner, T. & Gentile, G. (Hrsg.). (2012). *Corporate Volunteering. Unternehmen im Spannungsfeld von Effizienz und Ethik*. Wiesbaden: Gabler Verlag.

Autorinnen und Autoren

Karl-Michael BRUNNER, *A.o. Univ. Prof. Dr.*, Professor für Soziologie am Institut für Soziologie und empirische Sozialforschung an der Wirtschaftsuniversität Wien, Lehrbeauftragter an in- und ausländischen Universitäten. Forschungsschwerpunkte: Umwelt-, Konsum- und Ernährungssoziologie, Energiearmut, Soziologie nachhaltiger Entwicklung.

Ansgar BUSCHMANN, *Dr.*, Post-Doc am Centrum für Management der Westfälischen-Wilhelms-Universität Münster, Promotion im Anschluss an ein Studium in Münster mit Auslandsaufenthalten in den USA, Namibia und Singapur. Forschungsschwerpunkte: sich verändernde Geschäftsmodelle, insbesondere im Handel, und die gesellschaftlichen Entwicklungen auf denen diese beruhen.

Anja CHRISTANELL, *Dr.*, Geschäftsführerin am Österreichischen Institut für Nachhaltige Entwicklung (ÖIN), Lektorin am Institut für Soziologie und empirische Sozialforschung an der Wirtschaftsuniversität Wien. Forschungsschwerpunkte: Energiearmut, Nachhaltiger Konsum, Bildung für Nachhaltige Entwicklung.

Tim GÖBEL, Vizepräsident der Zeppelin Universität (ZU) in Friedrichshafen am Bodensee, verantwortet unter anderem das Auswahlverfahren der ZU, die Universitätskommunikation und die Weiterbildungsangebote der Universität.

Nikolai HARING, *Dr.*, Fachbereichsleiter Rechnungswesen und Controlling und Koordinator Praxiskontakte am Institut für Unternehmensführung an der FHWien der WKW. Forschungs- und Arbeitsschwerpunkte: Nachhaltigkeitsreporting, Rechnungswesen und Controlling in NPOs, wertorientierte Unternehmensführung und Risiko-Management.

Wolfgang HESOUN, *Ing.*, Vorsitzender des Vorstandes der Siemens AG Österreich, Präsident der Industriellenvereinigung Wien, Mitglied im Bundesvorstand der Industriellenvereinigung, seit den späten 1980er Jahren im Bauunternehmen PORR AG tätig und 2007 zum Vorstandsvorsitzenden des Unternehmens ernannt. Zuvor war er als Vorstandsmitglied bei PORR u.a. für Technologiemanagement und Umwelttechnik-Aktivitäten zuständig. Seit 2010 Vorsitzender des Vorstandes der Siemens AG Österreich.

Stephan A. JANSEN, *Prof. Dr.*, Gründungspräsident der Zeppelin Universität (ZU) in Friedrichshafen am Bodensee, Inhaber des Lehrstuhls für Strategische Organisation und Finanzierung | SOFI, Direktor des „Civil Society Center | CiSoC", Berater der deutschen Bundesregierung und der Bundeskanzlerin. Forschungsschwerpunkte: Management-, Organisations- und Netzwerktheorie.

Monika KÄS, *M.Sc.*, Vorstandsassistentin der St. Franziskus-Stiftung Münster, wo sie zuvor das einjährige kaufmännische Trainee-Programm durchlaufen hat. Studium der Betriebswirtschaftslehre mit Schwerpunkt Krankenhausmanagement an der

Universität Münster, der Universität München und der Turku School of Economics in Finnland.

Maria-Sibylla LOTTER, *Prof. Dr.*, Professorin für Philosophie unter besonderer Berücksichtigung der Ethik und Ästhetik am Institut I für Philosophie der Ruhr-Universität Bochum. Arbeitsschwerpunkte: Schuld und Verantwortung, Lüge und Selbsttäuschung, das Verhältnis von künstlerischen und theoretischen Darstellungsformen.

Benjamin MÜLLER, *M.A.*, wissenschaftlicher Mitarbeiter am Lehrstuhl für Pädagogische Psychologie an der Universität Vechta sowie am dort ansässigen Zentrum für Vertrauensforschung. Forschungsschwerpunkte: soziale Verantwortung im Kontext sozialer Ungleichheit, Stereotypisierung und Diskriminierung, Bildung für nachhaltige Entwicklung im Lehr-Lern-Kontext.

Bastian NEYER, *M.Sc.*, wissenschaftlicher Mitarbeiter am Lehrstuhl für Betriebswirtschaftslehre, insbesondere Organisation, Personal und Innovation der Universität Münster. Studium der Betriebswirtschaftslehre mit den Schwerpunkten Management und Information Systems. Forschungsgebiete: nachhaltige Unternehmensführung, insbesondere inter- und intraorganisationales Risikomanagement.

Ann-Marie NIENABER, *Dr. MScBA, M.A., BScBA*, Associate Professor in Business Management und Co-director des Centre for Trust, Peace and Social Relations an der Coventry Universität (United Kingdom) sowie am Lehrstuhl für BWL, insbesondere Organisation, Personal und Innovation an der Westfälischen Wilhelms Universität in Münster (Deutschland). Arbeitsschwerpunkte: Vertrauen und ethisches Verhalten in und zwischen Organisationen, Vertrauen und Mistrauen in Teams, Compliance.

Sabine REMDISCH, *Univ.-Prof. Dr.*, Personal- und Organisationspsychologin und Direktorin des Instituts für Performance Management an der Leuphana Universität Lüneburg, Leiterin des MBA-Studiengangs „Performance Management" und des Zertifikatsstudiums „Coaching". Forschungsschwerpunkt: Steuerung der Human Performance. Wissenschaftliche Leiterin diverser Forschungs- und Praxisprojekte zu den Themen Lebenslanges Lernen, Personalentwicklung und -bindung sowie Führung. Tätigkeit als Coach und Managementtrainerin sowie als Begleitforscherin und Evaluatorin in mehreren großen Unternehmen.

Gerhard SCHEWE, *Univ.-Prof. Dr.*, Lehrstuhl für Betriebswirtschaftslehre, insbesondere Organisation, Personal und Innovation an der Universität Münster, Leiter des Centrum für Management (CfM) sowie der Forschungsstelle für Textilwirtschaft (FATM) und des Risk & Compliance Research Center (RCRC), Gründungsmitglied sowie Mitglied im Executive Board des EMBA- bzw, LL.M.-Studiengangs „Merger & Acquisition".

Martin K.W. SCHWEER, *Univ.-Prof. Dr.*, Inhaber des Lehrstuhls für Pädagogische Psychologie an der Universität Vechta, Leiter des dort ansässigen Zentrums für Vertrauensforschung sowie der sportpsychologischen Arbeitsstelle „Challenges", mit langjähriger Erfahrung in der Beratung und Betreuung von Leistungs- und Hochleistungssportler/inne/n sowie in der Unternehmens- und Führungskräfteberatung. Forschungs- und Beratungsschwerpunkte: soziale Wahrnehmung und interpersonales Verhalten, Vertrauen, Loyalität und soziale Verantwortung, soziale Ungleichheit, Stereotypisierung und Diskriminierung.

Manfred ZOTTL, *MSc*, Risikomanager im Krankenhaus, Mitarbeiter des Karl Landsteiner Instituts für klinisches Risikomanagement, Projektleitungen für die österreichische Plattform Patientensicherheit, Qualitätsmanager, Auditor, Senior Process Manager. Arbeitsschwerpunkte: Konzeption und Implementierung von PatientInnensicherheitssystemen.

Herausgeber

Andreas Streinzer ist Programm-Manager für das Projekt University Meets Industry am *Postgraduate Center* der Universität Wien. Er hat ein Diplom in Kultur- und Sozialanthropologie und dissertiert in diesem Fach an der Universität Wien. Seine berufliche Laufbahn führte über Positionen in internationalen Nichtregierungsorganisationen; er leitet den Forschungsverein *cooperate* und ist ab Oktober 2014 Stipendiat der Österreichischen Akademie der Wissenschaften.

Nino Tomaschek ist Leiter des *Postgraduate Center* der Universität Wien. Er ist Privatdozent für Wissenschaftstheorie und habilitierte über Systemisches Transformationsmanagement an der Universität Augsburg, wo er auch die Augsburger Schule des Innovations-Coaching mitbegründete. Er ist Autor von zahlreichen Fachbüchern und als Consultant für Unternehmen und Organisationen tätig. Seit Jänner 2012 ist er Sprecher der österreichischen Vernetzungsplattform *„AUCEN"* (Austrian University Continuing Education and Staff Development Network).

Nino Tomaschek, Edith Hammer (Hrsg.)

University Meets Industry

Perspektiven des gelebten Wissenstransfers
offener Universitäten

University – Society – Industry, Band 1
2012, 276 Seiten, br., 29,90 €
ISBN 978-3-8309-2745-7
E-Book-Preis: 26,99 €; ISBN 978-3-8309-7745-2

Dieser Band betrachtet das Thema „Wissenstransfer" aus vielfältigen Perspektiven: Rahmenbedingungen und Strukturen für gelingende Kooperationen werden ebenso berücksichtigt wie individuelle und organisationale Lernprozesse oder die Förderung von Wirtschaftsräumen durch den gezielten Austausch zwischen Wissenschaft und Praxis.

Edith Hammer, Nino Tomaschek (Hrsg.)

Vertrauen

Standpunkte zum sozialen, wirtschaftlichen
und politischen Handeln

University – Society – Industry, Band 2
2013, 208 Seiten, br., 29,90 €
ISBN 978-3-8309-2874-4
E-Book-Preis: 26,99 €; ISBN 978-3-8309-7874-9

In dreizehn disziplinübergreifenden Beiträgen vereint der Band Perspektiven aus Wissenschaft und Praxis. Der Schwerpunkt des ersten Teils liegt auf psychologischen und kulturellen Aspekten der Vertrauensbildung. Der zweite Teil des Bandes geht auf Vertrauensbildung im Kontext des organisationalen Wandels ein. Herausforderungen für Politik und Wirtschaft im Zusammenhang mit Vertrauenskrisen werden im dritten Teil diskutiert.

Nino Tomaschek, Elke Gornik (Hrsg.)

The Lifelong Learning University

2011, 220 Seiten, br., 29,90 €
ISBN 978-3-8309-2417-3
E-Book-Preis: 26,99 €; ISBN 978-3-8309-7417-8

Lifelong Learning (LLL) scheint eines der zentralen Schlagworte unserer heutigen Zeit zu sein. Wie nun Lifelong Learning an Universitäten „lebbar" gemacht werden kann, welche Konzepte in diesem Bereich vorhanden sind, welche Formen und Formate bereits erfolgreich umgesetzt werden und welche wesentlichen Aspekte für die Zukunft von Lifelong Learning Relevanz haben, wird in diesem Buch von renommierten Autorinnen und Autoren untersucht.

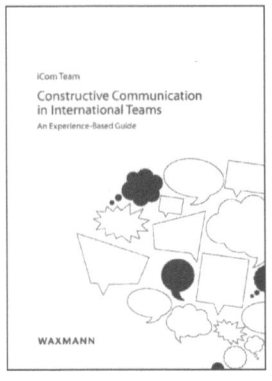

iCom Team

Constructive Communication in International Teams

An Experience-Based Guide

2014, 248 Seiten, br., 34,90 €
ISBN 978-3-8309-3025-9
E-Book-Preis: 30,99 €; ISBN 978-3-8309-8025-4

Based on the principles of humanistic management, this book offers a new angle on how effective communication can make a difference in your work life. The international team of authors bridges the gap between universities and the business world. They elaborate new paths to communication, leadership, and knowledge management, using real cases and research-based insights. This book doesn't offer just simple „How-to-solutions", it aims at something more substantial: professional development and personal growth.